Hannes Heer/Christian Streit
Vernichtungskrieg im Osten
Judenmord, Kriegsgefangene und Hungerpolitik

Hannes Heer, geb. 1941; Studium der Geschichte und Literatur in Bonn und Freiburg. Staatsexamen 1968 in Bonn, aber wegen Aktivitäten im Sozialistischen Deutschen Studentenbund (SDS) keine Zulassung zum Schuldienst. Arbeit als Rundfunkjournalist, Theaterdramaturg und Regisseur von Dokumentarfilmen. 1993 bis 2000 Mitarbeiter am Hamburger Institut für Sozialforschung und Leiter der Wehrmachtsausstellung 1995-1999. Veröffentlichungen: Vernichtungskrieg. Verbrechen der Wehrmacht 1941 bis 1944 (Hrsg. zusammen mit Klaus Naumann), Hamburg 1995; Tote Zonen. Die deutsche Wehrmacht an der Ostfront, Hamburg 1999; Wie Geschichte gemacht wird. Zur Konstruktion von Erinnerungen an Wehrmacht und Zweiten Weltkrieg (Mitherausgeber), Wien 2003; Vom Verschwinden der Täter. Der Vernichtungskrieg fand statt, aber keiner war dabei, Berlin 2004; Hitler war's. Die Befreiung der Deutschen von ihrer Vergangenheit, Berlin 2005. Carl-von-Ossietzky-Medaille der Internationalen Liga für Menschenrechte 1997. Mitglied der Gewerkschaft ver.di. Hannes Heer lebt in Hamburg.

Christian Streit, geb. 1942; Studium der Geschichte und der Anglistik in Heidelberg und am Dartmouth College, Hanover, NH, USA, Promotion 1977. Bis 2005 Gymnasiallehrer, Arbeitsschwerpunkt: Nationalsozialismus. Veröffentlichungen: Keine Kameraden. Die Wehrmacht und die sowjetischen Kriegsgefangenen 1941-1945 (4. Aufl. 1997; Erstauflage 1978); Angehörige des militärischen Widerstandes und der Genozid an den Juden im Südabschnitt der Ostfront. In: Gerd R. Ueberschär (Hrsg.), NS-Verbrechen und der militärische Widerstand gegen Hitler, Darmstadt 2000, S. 90-106. Christian Streit lebt in Heidelberg.

Frank Heidenreich, geb. 1956; Gewerkschaftssekretär, seit 1989 Bildungsreferent in der IG Metall (Bildungszentrum Berlin). Schwerpunkte: Geschichte, Gesellschaftspolitik. Letzte Veröffentlichung: Nach Krieg und Faschismus – Arbeiterpolitik und Betriebsräte 1945, In: Neuanfang 1945. Belegschaften und Betriebsräte setzen die Produktion in Gang, Hamburg 2019, S. 24-57. – Mitgliedschaften: Gewerkschaftsmitglied (seit 1976), attac und Vorstand des Berliner InkriT e.V. Frank Heidenreich lebt in Potsdam.

Lothar Wentzel, geb. 1947; wiss. Mitarbeiter an der Universität Münster, 1987-2012 Gewerkschaftssekretär in der IG Metall-Vorstandsverwaltung, zuletzt in der Grundsatzabteilung. Letzte Veröffentlichung: Nachdenken über die Novemberrevolution 1918 – Chance zu einer sozialistischen Revolution? In: IG Metall Bezirksleitung Küste (Hrsg.): Matrosenaufstand und Novemberrevolution 1918, Hamburg 2020. Mitglied der German Labour History Association. Lothar Wentzel wohnt in Frankfurt am Main.

Hannes Heer/Christian Streit

Vernichtungskrieg im Osten

Judenmord, Kriegsgefangene und Hungerpolitik

Herausgegeben und mit einem Vorwort
von Frank Heidenreich und Lothar Wentzel

VSA: Verlag Hamburg

www.vsa-verlag.de

Gefördert durch

Hans **Böckler**
Stiftung

Mitbestimmung · Forschung · Stipendien

Titelfoto: Sowjetische Kriegsgefangene aus dem Kessel von Białystok, Juli 1941, vorne rechts ein Angehöriger der Feldgendarmerie der Wehrmacht.
Foto: Gerhard Gronefeld (© DHM, Berlin, Inv.-Nr. GG 428/6a)

Druck und Buchbindearbeiten: CPI books GmbH, Leck
ISBN 978-3-89965-039-0

Inhalt

für Manfred Messerschmidt

Vorwort

> *»... das Ziel vereiteln, das die Täter während und nach dem Krieg so wirkungsvoll verfolgt haben – die Vernichtung der Erinnerung.«*[1]

Dieses Buch behandelt in vier Beiträgen den Vernichtungskrieg im Osten und die deutschen Verbrechen in Polen und der Sowjetunion. Ermordet wurden sechs der elf Millionen europäischen Juden, eine halbe Million Sinti und Roma, drei Millionen nicht-jüdischer Polen, zwei Millionen Jugoslawen. Dem Völkermord an der sowjetischen Bevölkerung fielen mehr als 28 Millionen Menschen zum Opfer.[2]

»Nicht West- und nicht Ostorientierung darf das künftige Ziel unserer Außenpolitik sein, sondern Ostpolitik im Sinne der Erwerbung der notwendigen Scholle für unser deutsches Volk.«[3] Diese Aussage zur künftigen deutschen »Bodenpolitik« in der Sowjetunion, die Hitler in *Mein Kampf* machte, präzisierte er einige Tage nach seiner Ernennung zum Reichskanzler in einer Rede vor Reichswehrgenerälen am 3. Februar 1933: Es gehe um »Eroberung neuen Lebensraums im Osten u[nd] dessen rücksichtslose Germanisierung«.[4] In diesem Rahmen gab Heinrich Himmler im Sommer 1941 den *Generalplan Ost* in Auftrag, der die Grundsätze für die Germanisierung der eroberten Ostgebiete formulierte. Dieser Plan sah die mörderische »Umsiedlung« von weiteren 30 Millionen Zivilisten vor.[5]

Mit der Besetzung weiter Teile der Sowjetunion 1941/42 schuf die Wehrmacht die Voraussetzungen für den Judenmord der SS-Einsatzgruppen und Polizeibataillone hinter der Front. Darauf aber war die Rolle der Wehrmacht nicht beschränkt – weder in der Planung des Ostkriegs, noch in der tatsächlichen Kriegführung seit dem 22. Juni 1941, noch im Alltag des deutschen Besatzungsregimes. »Der Vernichtungskrieg wurde aktiv und mit ideo-

---

[1] Hannes Heer, *Vom Verschwinden der Täter. Der Vernichtungskrieg fand statt, aber keiner war dabei.* 2. Aufl., Berlin 2010, S. 104.

[2] Hannes Heer, 20 Jahre Wehrmachtsausstellung. Thesen, Debatten, Folgen, in: Jens Westemeier (Hrsg.), *»So war der deutsche Landser ...«. Das populäre Bild der Wehrmacht,* Paderborn 2019, S. 79-100, 82.

[3] Adolf Hitler, *Mein Kampf* [1925/27]. München 1941, S. 757.

[4] Rede Hitlers vor der Generalität der Reichswehr am 3.2.1933, Aufzeichnung von General Liebmann, in: Karl Lange, *Der »Terminus »Lebensraum« in Hitlers* Mein Kampf. In: Vierteljahreshefte für Zeitgeschichte, Heft 4 (1965), S. 426-437, hier: 427.

[5] Mechthild Rössler/Sabine Schleiermacher, *»Der Generalplan Ost«. Hauptlinie der nationalsozialistischen Planungs- und Vernichtungspolitik,* Berlin 1993.

logischer Überzeugung von der Wehrmacht umgesetzt.«[6] Dazu gehörten die Erschießung aller gefangenen Politkommissare der Roten Armee, die Massaker an der Zivilbevölkerung zur Vergeltung von sowjetischen Partisanenaktionen und das Massensterben infolge der deutschen Hungerpolitik. Ein Großverbrechen war auch der lange geleugnete und vergessene Tod von 3,3 Millionen sowjetischen Soldaten in deutscher Kriegsgefangenschaft. Sie waren in der Regel Wehrmachtsoldaten als Bewachern ausgeliefert und wurden zu Tausenden erschossen; die meisten starben des Hungers, an Seuchen und nicht behandelten Krankheiten. Die Sterblichkeit lag bei 60 Prozent.[7] Insgesamt verloren 11,4 Millionen Rotarmisten und 17 Millionen sowjetische Zivilisten, darunter fast drei Millionen Juden, ihr Leben. Während die SS-Einsatzgruppen und Polizeibataillone die Juden ermordeten, trugen die an der »Ostfront« eingesetzten zehn Millionen Soldaten der Wehrmacht die Verantwortung für den Tod von elf Millionen Rotarmisten und 14 Millionen Zivilisten.[8]

Nach 1945 stritten die meisten Deutschen alle persönliche Schuld an diesen Verbrechen ab. Saul K. Padover, Offizier der US-Armee, der 1944 als Mitarbeiter der *Abteilung für psychologische Kriegführung* nach Deutschland kam, erarbeitete im Auftrag der künftigen US-Besatzungsmacht auf Basis von Befragungen in der Aachener Region den ersten Bericht über Einstellungen und Erwartungen der Deutschen nach dem Sieg der Alliierten. »Seit zwei Monaten sind wir hier zugange«, notierte er ernüchtert, »wir haben mit vielen Menschen gesprochen, wir haben jede Menge Fragen gestellt, und wir haben keinen Nazi gefunden. Jeder ist ein Nazigegner. Alle Leute sind gegen Hitler. Sie sind schon immer gegen Hitler gewesen.«[9] Nicht eine Spur von Schuldbewusstsein zeigten die Befragten. »Hitler wird vorgeworfen, den Krieg verloren, und nicht, ihn begonnen zu haben.«[10]

Mitte der 1950er Jahre, so der Historiker Norbert Frei, hatte sich in Westdeutschland »ein öffentliches Bewusstsein durchgesetzt, das die Verantwortung für die Schandtaten des *Dritten Reiches* allein Hitler und ei-

---

6 Jan Korte, Die vergessenen Opfer. Sowjetische Kriegsgefangene, in: Fraktion DIE LINKE. im Bundestag (Hrsg.), *Befreiung und Befreier. Vernichtungskrieg in Osteuropa und das Schicksal der sowjetischen Kriegsgefangenen im deutschen Bewusstsein,* Berlin, Oktober 2015, S. 6.

7 Christian Streit, *Keine Kameraden. Die Wehrmacht und die sowjetischen Kriegsgefangenen 1941-1945,* 4. Aufl., Bonn 1997 (Erstauflage 1978), S. 244ff.

8 Heer, *20 Jahre Wehrmachtsausstellung,* a.a.O., S. 82.

9 Saul K. Padover, *Lügendetektor. Vernehmungen im besiegten Deutschland 1944/45,* München 2001, S. 46.

10 Ebd., S. 94.

ner kleinen Clique von *Hauptkriegsverbrechern* zuschrieb, während es den Deutschen in ihrer Gesamtheit den Status von politisch *Verführten* zubilligte [...].«[11] Keiner war's gewesen und niemand hatte etwas gewusst. Die Schlussfolgerung: »Hitler war's.«[12]

Waren die Deutschen einmal befreit von Schuld und Verantwortung für Faschismus und Krieg, konnten sie sich im Gefühl von Selbstmitleid zu den eigentlichen Opfern stilisieren, und zwar in dreifacher Hinsicht: erst Opfer von Hitler, dann Opfer des Krieges und des Bombenkrieges und schließlich Opfer der Entnazifizierung.[13] Die übergroße Mehrheit der Deutschen sah in den *Nürnberger Prozessen* 1945 »Siegerjustiz« und nicht einen Ansatz, Kriegs- und Menschheitsverbrechen zu untersuchen und die Täter in rechtstaatlichen Verfahren zur Verantwortung zu ziehen.

Nach »Zusammenbruch« und »Chaos« in der frühen Nachkriegszeit ließen sich nun Biografien ebenso wie die Geschichte von Organisationen – der Wehrmacht etwa – neu schreiben und umdeuten. Die Wehrmacht, so wurde 1945 in einer für die Nürnberger Prozesse verfassten Denkschrift von fünf Wehrmachtsgenerälen behauptet, habe stets Distanz zur Partei gehalten, sie habe den Krieg nach den Regeln des Kriegsvölkerrechts geführt, die Judenvernichtung sei Sache nur von SS und Einsatzgruppen gewesen.[14] Mit anfangs noch zögerlicher Unterstützung der anglo-amerikanischen Besatzungsmächte erfolgte die Rehabilitierung der Wehrmacht und der Millionen deutschen Soldaten. Die Legende von der »sauberen Wehrmacht« war funktional im Kontext des Kalten Kriegs und immer unentbehrlicher, je näher die Wiederbewaffnung rückte. Wieder stand der Feind im Osten. Die antikommunistische Formierung in der Bundesrepublik machte die Rückkehr der alten Eliten aus Staat, Wirtschaft und Justiz in Machtpositionen plausibel. Jürgen Habermas nannte die erste Lebenslüge der 1949 gegründeten BRD: »*Wir sind Demokraten.*«[15]

---

[11] Norbert Frei, *Vergangenheitspolitik. Die Anfänge der Bundesrepublik und die NS-Vergangenheit,* München 1996, S. 405.

[12] So der Haupttitel des Buchs von Hannes Heer, *»Hitler war's«. Die Befreiung der Deutschen von ihrer Vergangenheit,* Berlin 2008.

[13] Korte, a.a.O., S. 5.

[14] Manfred Messerschmidt, Vorwärtsverteidigung. Die »Denkschrift der Generäle« für den Nürnberger Gerichtshof, in: Hannes Heer/Klaus Naumann (Hrsg.), *Vernichtungskrieg. Verbrechen der Wehrmacht 1941 bis 1944,* Hamburg 1995, S. 531 bis 550.

[15] Jürgen Habermas, Die zweite Lüge der Bundesrepublik: Wir sind wieder »normal« geworden, Zeit, 11.12.1992, zit. n. Hannes Heer, Die Legende von der »sauberen Wehrmacht« und deren halbherziges Ende, in: Fraktion DIE LINKE. im Bundestag (Hrsg.), *Befreiung und Befreier,* a.a.O., S. 13.

Erste Veränderungen in der öffentlichen Meinung wurden in den 1960er Jahren spürbar. Anstöße dazu gaben die Presseberichte über den Eichmann-Prozess 1961/62 und die Auschwitz-Prozesse ab 1963 sowie die dadurch ausgelösten Diskussionen. Aufgenommen durch die Studentenbewegung von 1968, wurde die Aufarbeitung der Nazizeit zu einer Schlüsselfrage für eine ganze Generation. Dies führte zu starken politischen und auch familiären Spannungen. Die Forderungen der radikalen Bewegung der Studierenden und Auszubildenden nach einer nachholenden Entnazifizierung und Demokratisierung von unten bewirkten eine Zäsur in der öffentlichen Wahrnehmung der Nazizeit, was den Boden bereitete für kritische NS-Forschung und solchen Untersuchungen Aufmerksamkeit und ein breites öffentliches Interesse verschaffte.

1969 veröffentlichte Manfred Messerschmidt eine bahnbrechende Untersuchung über die Nazifizierung von Reichswehr und Wehrmacht 1933-1939.[16] Diese sorgte in der Außerparlamentarischen Opposition (APO) und in der neuen Regierungskoalition von SPD und FDP für Aufsehen und führte dazu, dass der Autor im Jahr darauf zum Leiter des *Militärgeschichtlichen Forschungsamts* der Bundeswehr (MGFA) in Freiburg ernannt wurde. Damit nahm eine kritische deutsche Militärgeschichtsschreibung ihren Anfang.[17]

Ein sehr nachhaltiger Impuls für die Wehrmachtsforschung ging von Christian Streits Dissertation aus, die 1978 veröffentlicht wurde.[18] Streit – Autor von zwei Beiträgen in diesem Band – untersuchte grundlegend die Vernichtung von 3,3 Millionen sowjetischen Kriegsgefangenen in deutscher Hand. Der Titel erlebte vier Auflagen und stellt bis heute ein Standardwerk dar.

In dieselbe Zeit fiel die Ausstrahlung der amerikanischen TV-Serie *Holocaust* im Januar 1979 auch im westdeutschen Fernsehen. Massenmedial wurde der industriell betriebene Völkermord an den europäischen Juden, der Zivilisationsbruch Auschwitz, im öffentlichen Gedenken verankert. Ihr starkes Echo in der deutschen Bevölkerung trug dazu bei, dass die zwei fol-

---

[16] Manfred Messerschmidt, *Die Wehrmacht im NS-Staat. Zeit der Indoktrination*, Hamburg 1969.

[17] Dazu zählen etwa Helmut Krausnick/Hans-Heinrich Wilhelm, *Die Truppe des Weltanschauungskrieges. Die Einsatzgruppen der Sicherheitspolizei und des SD 1938-1942*, Stuttgart 1981; sowie die wegweisenden Beiträge von Jürgen Förster und Rolf-Dieter Müller im Band 4 der Reihe *Das Deutsche Reich und der Zweite Weltkrieg*, Stuttgart 1983.

[18] Streit, *Keine Kameraden*, a.a.O., Stuttgart 1978. – Auch die vierte Auflage von 1997 ist inzwischen vergriffen.

genden Jahrzehnte zu »Hochphasen« der öffentlichen Beschäftigung mit der Geschichte des Dritten Reiches« wurden.[19]

Nach der deutschen Wiedervereinigung machte sich das *Hamburger Institut für Sozialforschung* an das Projekt einer Globalgeschichte des 20. Jahrhunderts, in dessen Rahmen der Krieg 1939 bis 1945 ein zentraler Gegenstand sein sollte. »Die Wehrmacht – mit 19 Millionen Angehörigen die größte Organisation des NS-Regimes – [...] führte einen Krieg, dessen Ziel nicht mehr der Sieg über feindliche Armeen war, sondern die Zerstörung von ganzen Gesellschaften, die Dezimierung von rassisch minderwertig eingestuften Völkern wie den Slawen und die Ausrottung ganzer Volksgruppen wie der Juden.«[20] Die im März 1995 eröffnete Ausstellung mit dem Titel *Vernichtungskrieg. Verbrechen der Wehrmacht 1941-1944* wanderte vier Jahre durch Deutschland und Österreich. In 34 Städten sahen 900.000 Menschen die Ausstellung. Auch die mediale Aufmerksamkeit war groß. Das »Hauptanliegen« der Ausstellungsmacher, resümierte Norbert Frei, wurde erreicht: »Die gesellschaftliche Wirkmacht der jahrzehntealten Legende von der *sauberen Wehrmacht*, gegen die die Geschichtsschreibung bis dahin wenig ausgerichtet hatte, war durch die Bilderschau gebrochen.«[21] Leiter und Kurator der Wehrmachtsausstellung 1995 bis 1999 war Hannes Heer. Von ihm stammen zwei Aufsätze in diesem Buch.

Seit den 1980er Jahren wurde in der Bundesrepublik anhaltend und sehr erbittert über die NS-Zeit und insbesondere über die Rolle der Wehrmacht im Nationalsozialismus diskutiert – nicht zuletzt im Zusammenhang der beiden Ausstellungen über die Verbrechen der Wehrmacht 1995-2004.[22] Die Debatte führte zu einer zunehmenden Übereinstimmung in der breiten Öffentlichkeit darüber, dass die Wehrmacht im Osten einen verbrecherischen Krieg geführt hatte und deshalb für die Bundeswehr nicht mehr als Vorbild dienen kann. Diese Einigkeit quer durch alle Parteien zeigte sich

---

[19] Norbert Frei, »Vergangenheit, die nicht vergehen will«. Engagement und Ermüdung im »Erinnerungsdienst«, in: Norbert Frei u.a., *Zur rechten Zeit. Wider die Rückkehr des Nationalismus,* Berlin 2019, S. 130.

[20] Heer, *Vom Verschwinden der Täter,* a.a.O., S. 15.

[21] Frei, *»Vergangenheit, die nicht vergehen will«,* a.a.O., S. 131.

[22] Der Leiter des Hamburger Instituts Jan Philipp Reemtsma zog 1999 die erste Wehrmachtsausstellung wegen öffentlicher Vorwürfe von angeblich gefälschten Fotos zurück und übergab sie zur Überprüfung einer internationalen Historikerkommission. Die Kommission wies die Fälschungsvorwürfe zurück und rehabilitierte die Autoren. Reemtsma eröffnete 2001 eine neue Ausstellung. Zu Geschichte und Konzeption dieser zweiten Ausstellung vgl. in diesem Band den Beitrag von Hannes Heer, Der Vernichtungskrieg gegen die Sowjetunion: Massenmord nach Plan, S. 37f.

etwa in der Bundestagsdebatte zum 70. Jahrestag des Überfalls auf die Sowjetunion am 30. Juni 2011 besonders deutlich.[23]

Während 2011 noch ein Antrag der Linkspartei und 2013 ein gemeinsamer Antrag von Bündnis 90/Die Grünen und SPD zur Entschädigung der letzten überlebenden sowjetischen Kriegsgefangenen gescheitert waren, kam es 2015 zu einer gemeinsamen Entschließung aller im Bundestag vertretenen demokratischen Parteien und damit zu einer symbolischen außergesetzlichen Regelung für etwa 1400 betroffene ehemalige Sowjetsoldaten. Diesem Beschluss trug Bundespräsident Joachim Gauck Rechnung in mehreren Reden zum 70. Jahrestag des Endes des Zweiten Weltkriegs am Ort der ehemaligen (Senne-)Kriegsgefangenenlager. Er erinnerte daran, dass »Millionen von Soldaten der Roten Armee [...] in deutscher Kriegsgefangenschaft ums Leben gebracht worden« sind, und er nannte Täter: »die Wehrmacht [...]«, die »sich schwerer und schwerster Verbrechen schuldig gemacht« habe.[24]

In den ersten 60 Jahren der Bundesrepublik waren rechtsradikale Parteien wie die Sozialistische Reichspartei (SRP), NPD, DVU und die Republikaner nach zwischenzeitlichen Erfolgen in Landtagswahlen stets gescheitert und verschwanden. Dafür sorgte ein in der Bevölkerung verankerter Grundkonsens, dass nationalsozialistisch geprägte Parteien keine politische Macht gewinnen dürfen.

Inzwischen und zum ersten Mal in der Nachkriegsgeschichte gibt es im Bundestag und in allen Landtagen eine Partei, die eine breite Wählerschaft anspricht und erschreckende Erfolge erzielt, obwohl sie offen rechtsextrem-rassistische Ziele vertritt und mit ihrem Geschichtsverständnis vor allem auf eine Revision der Geschichtsschreibung über die NS-Zeit abzielt.

Alexander Gauland verharmlost die NS-Zeit in unerträglicher Weise als einen »Vogelschiss in über 1000 Jahren erfolgreicher deutscher Geschichte«, Björn Höcke will sich »die Geschichte wieder neu aneignen« und fordert eine »erinnerungspolitische Wende um 180 Grad«. Beide handeln dabei nach dem Motto, dass »nicht sein kann, was nicht sein darf«.

Trotz aller Differenzen in der AfD vermeidet die Parteiführung bisher den Bruch mit dem »Flügel«, weil sie ihn zur Mobilisierung von Wählerinnen und Wählern braucht und sich auch der innerparteilichen Mehrheitsverhältnisse nicht sicher sein kann. Ein solches Bündnis von Rechtskonservativen und der extremen Rechten hatten wir, mit fatalem Ergebnis, in der

[23] https://dip21.bundestag.de/dip21/btp/17/17117.pdf, Bundestagsprotokoll, S. 122-129.

[24] Joachim Gauck, Rede am 6. Mai 2015, www.bundespraesident.de

deutschen Geschichte schon einmal, als Deutschnationale und der rechte Flügel des Zentrums (von Papen) Hitler »engagieren« und »zähmen« wollten, um mit seiner Hilfe SPD und Gewerkschaften und die Arbeiterbewegung insgesamt als politische Kräfte auszuschalten.

Aus diesem Befund und historischer Erfahrung ergibt sich für die Gewerkschaften die geradezu fundamentale Notwendigkeit, in ihren Organisationen und in den Betrieben rechtsextremen Einstellungen entgegenzuarbeiten. Die Gewerkschaften in Deutschland verdanken der Befreiung vom Faschismus 1945 die Wiedergewinnung ihrer legalen Existenz und ihre von Repression weitgehend freie Betätigung. Ohne Demokratie keine freien Gewerkschaften.

In den Gewerkschaften entstanden seit den 1980er Jahren örtliche Initiativen, die sich mit der Geschichte der Betriebe im Nationalsozialismus und besonders mit der Zwangsarbeit in allen Bereichen der deutschen Kriegswirtschaft auseinandersetzten. Bei den Forschungen zur Lage der Millionen polnischer und sowjetischer Zwangsarbeiter*innen trat das besonders brutale Vorgehen gegenüber den 5,7 Mio. sowjetischen Kriegsgefangenen zutage, von denen nur etwa 40% überlebten. Den 70. Jahrestag des Überfalls der deutschen Wehrmacht auf die Sowjetunion nahm das IG Metall-Bildungszentrum Berlin 2011 zum Anlass, um mit einer Tagung an das Verbrechen an den sowjetischen Kriegsgefangenen zu erinnern und dies in den Zusammenhang mit dem ganzen Vernichtungskrieg im Osten zu stellen. Daraus entstand dieses Buch in erster Auflage 2012.[25]

Wie das Beispiel der Tagung zeigt, kann die Auseinandersetzung mit rechtsextremen und geschichtsrevisionistischen Positionen auch in der gewerkschaftlichen Bildungsarbeit stattfinden. Zum Seminarangebot der IG Metall gehören Veranstaltungen der gesellschaftspolitischen Weiterbildung, Argumentationstrainings zu rechten Parolen und Seminare über Rechtspopulismus im Betrieb. Hinzu kommen Geschichtsseminare, die seit Langem ein fester Bestandteil des Seminarplans sind. In den einwöchigen, überwiegend im Berliner Bildungszentrum stattfindenden Geschichtsseminaren (zur NS-Politik und Krieg sowie zu 1945/Nachkrieg) lässt sich der Vernichtungs- und Weltanschauungskrieg 1941-1945 diskutieren und begreifen. Der Besuch der 2014 überarbeiteten Dauerausstellung im *Deutsch-Russischen Museum Berlin-Karlshorst* – am historischen Ort der Unterzeich-

---

[25] Chaja Boebel/Frank Heidenreich/Lothar Wentzel (Hrsg.), *Vernichtungskrieg im Osten und die sowjetischen Kriegsgefangenen. Verbrechen – Verleugnung – Erinnerung.* Mit Beiträgen von Hannes Heer, Eberhard Radczuweit und Christian Streit. VSA: Verlag Hamburg 2012.

nung der Kapitulation am 8. Mai 1945 – leistet dafür wertvolle Dienste. Das Einführungskapitel (über die Zeit vor dem 22. Juni 1941) im Raum 1 umfasst einen Exkurs, der die deutschen Planungen für den Vernichtungskrieg vorstellt. In den Räumen 3 und 4 (sowjetische Kriegsgefangene; deutsche Besatzungsherrschaft) geht es um Aspekte der Vernichtungspolitik wie die Blockade Leningrads, bei der mindestens 800.000 Menschen den Hungertod starben.[26] Die mit Sorgfalt ausgewählten Fotografien aus deutschen und russischen Quellen vermögen Eindrücke von diesem Krieg im Osten zu vermitteln. Geschichtslernen braucht solche Ausstellungen und letztlich auch solide Forschungsgrundlagen aus Büchern durch Bücher wie diesem.

*

Die Erstauflage war seit geraumer Zeit nicht mehr lieferbar. Da der geschichtspolitische Streitwert des Themas unverändert hoch ist, beschlossen die Autoren, die Herausgeber und der Verlag eine erweiterte Neuauflage. Sie enthält zwei neue Beiträge: Hannes Heer geht der Rolle der Wehrmacht beim Judenmord in der Periode der Anfangsverbrechen im Juni/Juli 1941 nach. Christian Streit untersucht die deutsche Hunger-Politik im Osten. Die inhaltliche Erweiterung begründet den geänderten Untertitel.

Wir danken der Hans-Böckler-Stiftung des DGB für die Förderung dieser Publikation.

Juli 2020 *Frank Heidenreich/Lothar Wentzel*

---

[26] Deutsch-Russisches Museum Berlin-Karlshorst (Hrsg.), *Katalog zur Dauerausstellung*, Berlin 2014, S. 110-114.

Zerstörtes Minsk (1944). Die weißrussische Metropole wurde im Krieg fast vollständig zerstört. Die Bevölkerung – darunter 100.000 Juden – wurde deportiert oder ermordet. (Foto: Iwan Schagin © Museum Berlin-Karlshorst)

Provisorische Grabstätte sowjetischer Soldaten, Stalingrad, 1942/43 (Foto: Georgij Selma © Deutsches Historisches Museum [DHM], Berlin)

Hannes Heer

Der Vernichtungskrieg gegen die Sowjetunion: Massenmord nach Plan

1. Prolog eines Krieges

Im Zentrum von Hitlers Denken stand der Krieg. In seiner 1924 verfassten programmatischen Grundsatzerklärung »Mein Kampf« war das offen ausgesprochen worden und sein 1928 verfasstes »Zweites Buch« hatte diesen Gedanken weiter zugespitzt: Kampf war das Natürliche und Krieg nicht mehr nur Mittel zum Zweck, sondern das Ziel und Wesen aller Politik.[1] Hitler leitete sein Konzept direkt aus dem Naturgesetz ab. Da das Recht des Stärkeren den Ablauf des einzelnen Lebens wie den Gang der Weltgeschichte bestimme, habe der Krieg als die höchste Lebensäußerung eines Volkes und als die einzige Überlebenschance einer Nation zu gelten. Der Gegner stehe aufgrund eines historischen Antagonismus, der durch Deutschlands Niederlage 1918 und den Sieg der russischen Revolution 1917 nur eine gefährliche Zuspitzung erfahren habe, schon lange fest: Das Krebsgeschwür der Geschichte seien die Juden, die extremste Verkörperung dieses Übels aber der Bolschewismus. Dieser jüdische Bolschewismus schicke sich an, den Tod der höheren, indogermanischen Rassen zu besiegeln und damit die Weltherrschaft zu erringen. Als einzige Ziele eines künftigen deutschen Waffengangs habe die Ausrottung dieser Weltverderber und die eigene gewaltsame Eroberung von Lebensraum im Osten zu gelten. Dabei seien alle supranational verabredeten oder aus der gültigen Ethik folgenden völkerrechtlichen oder moralischen Begrenzungen im Falle eines solchen Krieges nicht bindend. Der Kampf gegen den Rassenfeind und für Lebensraum sei ein Krieg um Deutschlands Schicksal und daher ein gerechter Krieg. Er dürfe folglich mit allen – auch den inhumansten – Mitteln geführt werden.[2]

---

[1] Gerhard L. Weinberg (Hrsg.), *Hitlers Zweites Buch. Ein Dokument aus dem Jahre 1928,* Stuttgart 1961, S. 46ff.; Geheimrede Hitlers vor Offizieren am 25.1.1939, zit. bei Hans-Adolf Jacobsen/Werner Jochmann (Hrsg.), *Ausgewählte Dokumente zur Geschichte des Nationalsozialismus 1933-1945,* Bielefeld 1961, S. 5. Vgl. auch Hitlers Denkschrift 1936 zum Vierjahresplan (Dokument 1 im Anhang).

[2] Adolf Hitler, *Mein Kampf,* 613.-617. Aufl., München 1941, S. 148f., 312f., 316f., 321ff., 384ff., 440, 473ff., 596f., 739ff., 358ff., 750ff., 195f.; vgl. auch Hans-Adolf Jacob-

Der Weg dahin sei nicht auf einmal, sondern nur in Etappen zu erreichen. Nach der »Wiedervereinigung« mit Österreich in einem Großdeutschen Reich[3] stehe die »Vernichtung« des »unerbittlichen Todfeindes« Frankreich auf der Tagesordnung.[4] Dann beginne der eigentliche Schicksalskampf des deutschen Volkes im Osten,[5] der im vertraglichen Bündnis, mindestens aber mit stillschweigender Billigung der an kontinentalen Machtverschiebungen desinteressierten »Seemacht« England erfolgen[6] werde: Länder wie Polen und die Tschechoslowakei besäßen, als »Ausgeburten« des Versailler Vertrages von 1919 und als Teil der slawischen Minderrasse, kein Lebensrecht und seien zu »germanisieren«.[7] Die »Friedens«-Jahre nach der Machtübernahme 1933 dienten Hitler dazu, diesen Krieg als Projekt in Politik und Gesellschaft Nazideutschlands durchzusetzen.

Die Wehrmacht als zweite Säule im NS-Staat

Am 3. Februar 1933, vor allen anderen Trägern staatlicher Macht, lud Hitler die Befehlshaber des Heeres und der Marine ein, um ihnen sein Programm zu erläutern. Es bestand aus vier Punkten: 1.) Die Wehrmacht sei der einzige Waffenträger der Nation, eine Verschmelzung mit Parteiformationen wie der SA komme nicht infrage. 2.) Als überparteiliche und unpolitische Institution habe sie dem Schutz des Reiches, nicht aber der Befriedung von Kämpfen im Innern zu dienen; letzteres sei Sache der Partei. 3.) Zur Wehrhaftmachung des Volkes müssten die militärischen Beschränkungen des Versailler Vertrages, u.a. das Verbot der allgemeinen Wehrpflicht, beseitigt und die marxistisch-pazifistische Gesinnung in Deutschland ausgerottet werden. Wörtlich: *»Wer sich nicht bekehren will, muss gebeugt werden. Ausrottung des Marxismus mit Stumpf und Stil. Einstellung der Jugend und des ganzen Volkes auf den Gedanken, dass nur der Kampf uns retten kann.«* 4.) Langfristiges Ziel seiner Politik, so schloss Hitler, sei die *»Eroberung*

---

sen, Krieg in Weltanschauung und Praxis des Nationalsozialismus 1919-1945, in: Rudolf Necker/Adam Wandruzka (Hrsg.), *Beiträge zur Zeitgeschichte. Festschrift für Ludwig Jedlicka*, St. Pölten 1978, S. 238ff.

[3] Hitler, *Mein Kampf*, S. 1.

[4] Ebenda, S. 766, 699.

[5] Ebenda, S. 741, 358, 751f., 741, 742.

[6] Ebenda, S. 697ff.

[7] Hitler lehnte die bisherige Polenpolitik der sprachlichen »Eindeutschung« als Halbheit ab und sprach sich implizit für deutsche Kolonisation und Beseitigung der Polen aus, ebenda, S. 297, 429f.; die Tschechen hasste er schon seit seiner Wiener Zeit, vgl. Ian Kershaw, *Hitler*, Stuttgart 1998, Bd. 1, S. 143.

neuen Lebensraums im Osten und dessen rücksichtslose Germanisierung«.[8] Der vierte Punkt umriss schon das künftige »Unternehmen Barbarossa« – totale Unterwerfung der Sowjetunion und gewalttätige Verfügbarmachung ihrer Bevölkerung, um dort eine autarke, auf Agrarprodukte und Rohstoffe orientierte Großraumwirtschaft zu etablieren, die Deutschlands Unabhängigkeit von der Weltwirtschaft garantieren sollte.

Diese Ausführungen des neuen Reichskanzlers waren nichts anderes als das Angebot eines Paktes zwischen NSDAP und Wehrmacht. Für die versprochene Revision des Versailler Vertrages und Deutschlands Wiederaufstieg zur Großmacht verlangte Hitler die Tolerierung seiner Politik im Inneren. Die Generäle signalisierten nach der Begegnung ihre Zustimmung: *»Erkenntnis [ist] notwendig, dass wir in einer Revolution stehen. Morsches im Staat muss fallen, das kann mit Terror geschehen. Die Partei wird gegen Marxismus rücksichtslos vorgehen. Aufgabe der Wehrmacht, Gewehr bei Fuß. Keine Unterstützung, falls Verfolgte Zuflucht bei der Truppe suchen.«*[9]

Hitler tat das Seine und hielt Wort – mit der Schaffung der zunächst noch geheimen deutschen Luftwaffe im Mai 1933, mit der Einführung der allgemeinen Wehrpflicht am 16. März 1935, mit dem Einmarsch der Wehrmacht in das entmilitarisierte Rheinland und der damit wieder gewonnenen militärischen Souveränität im März 1936. Die Reichswehr stand wie versprochen als Gegenleistung dafür bei allen Etappen des Umbaus der eroberten Republik in einen totalitären Unrechtsstaat Gewehr bei Fuß. Die nach dem Reichstagsbrand im Februar 1933 erlassene »Verordnung zum Schutz des Deutschen Volkes« und das folgende »Ermächtigungsgesetz« hatten alle wichtigen Grundrechte außer Kraft gesetzt und die willkürliche Verfolgung der politischen Gegner ermöglicht. Gewerkschaften und demokratische Parteien wurden im Mai/Juni aufgelöst, die NSDAP fungierte ab jetzt als Monopolpartei. Während Zehntausende von Kommunisten und Sozialisten die neu geschaffenen KZ füllten, wurde mit dem »Gesetz zur Wiederherstellung des Berufsbeamtentums« am 7. April 1933 die endgültige Vertreibung der Juden in Gang gesetzt. Ein Jahr später, am 30. Juni 1934, war die Gefahr eines Konflikts zwischen Hitlers Parteiarmee

[8] Manfred Messerschmidt, Die Wehrmacht im NS-Staat. Zeit der Indoktrination, Hamburg 1969, S. 11; ders., Außenpolitik und Kriegsvorbereitung, in: Wilhelm Deist/Manfred Messerschmidt/Hans-Erich Volkmann/Wolfram Wette, *Ursachen und Voraussetzungen des Zweiten Weltkrieges,* Frankfurt a.M. 1989, S. 645f.

[9] So lautete die Weisung, die von Oberst Walther von Reichenau, dem Stabschef des Reichswehrministers, in dessen Auftrag im Februar 1933 an die Befehlshaber erging, zit. bei Klaus-Jürgen Müller, *Das Heer und Hitler. Armee und nationalsozialistisches Regime,* Stuttgart 1969, S. 64.

und der Wehrmacht durch das Abschlachten von Ernst Röhm und mehr als 100 seiner SA-Führer gebannt. Kurz darauf, nach dem Tod des Reichspräsidenten Paul von Hindenburg, übernahm der Reichskanzler Hitler auch dessen Amt: Er war jetzt Oberbefehlshaber der Wehrmacht. Diese leistete ihren Eid ab sofort nicht mehr auf Verfassung und Vaterland, sondern persönlich »auf den Führer des Deutschen Reiches und Volkes Adolf Hitler«.

Die am 15. September 1935 auf dem Reichsparteitag in Nürnberg erlassenen »Rassengesetze« machten die deutschen Juden zu politisch rechtlosen Staatsangehörigen. Die Wehrmacht hatte diese Apartheid-Politik schon vorher praktiziert: Am 28. Februar 1934 waren alle jüdischen Offiziere und Soldaten aus der Truppe entfernt worden. Der Begriff der »Rassenschande« wurde ab jetzt Teil des Dienstreglements, und Offizieren war die Ehe mit Jüdinnen verboten. Die rabiate Durchsetzung des »Arier-Paragraphen« war nicht nur vorauseilender Gehorsam der Wehrmachtsführung in einer Einzelfrage, sondern Ergebnis der von ihr systematisch betriebenen »Heranführung der Truppe an den Nationalsozialismus«.

Seit Herbst 1933 hatte der »nationalpolitische Unterricht« die Aufgabe, die »Leitgedanken der nationalsozialistischen Weltanschauung« und die tagespolitischen Maßnahmen der NSDAP zum »revolutionären Umbau von Staat und Gesellschaft« im Offizierskorps zu verankern.[10] »Wehrmacht und Staat sind eins geworden«, verkündete der Reichswehrminister Werner von Blomberg schon 1934 voll Stolz.[11] Hitler bestätigte, die neue Staatsführung werde »von zwei Säulen getragen, politisch von der in der nationalsozialistischen Bewegung organisierten Volksgemeinschaft, militärisch von der Wehrmacht«.[12] Das entsprach durchaus dem Selbstverständnis der Mehrheit der Uniformträger. Das Bündnis NSDAP und Wehrmacht war mehr als ein taktischer Deal zur Sicherung der eigenen Interessen, es basierte auf einer großen Schnittmenge gemeinsamer politischer Überzeugungen: Die Militärs des 100.000-Mann-Heeres hatten die Republik von Weimar abgelehnt und wollten den autoritären Führerstaat, sie hassten demokratische Parteien und international agierende Gewerkschaften, die ihnen als Steigbügelhalter des Bolschewismus galten. Ihre Ziele hießen Rache für Versailles und ein neuer Krieg für Deutschlands Größe. Juden waren ihnen suspekt, und sie hatten nichts dagegen, dass ihre angebliche »Macht« beschnitten wurde. Diese, wie Manfred Messerschmidt formuliert hat, »Teil-

---

[10] Messerschmidt, *Wehrmacht*, S. 21ff.
[11] *Völkischer Beobachter* vom 29.6.1934.
[12] Müller, *Das Heer und Hitler*, S. 67.

identität der Ziele«[13] sorgte dafür, dass das Bündnis von 1933 gelang: Es sicherte Hitler den Sieg und besiegelte Deutschlands Schicksal.

Der Krieg als politisches und gesellschaftliches Projekt

Der erste Schritt zur Vorbereitung des künftigen Krieges war die Rache für die »Schmach« der Niederlage im Ersten Weltkrieg 1914/18 und die nachfolgende »Schande« des Versailler Friedensschlusses 1919 an den dafür Verantwortlichen – den »Marxisten« und den »Juden«. Die politischen Gegner, Kommunisten, Sozialdemokraten und Gewerkschafter, wurden mit brutaler Gewalt oder auf dem Verordnungswege eliminiert. Die Juden wurden aus dem Staatsdienst und den öffentlichen Einrichtungen vertrieben und dann in einem zweiten Schritt durch die »Rassengesetze« 1935 zu Bürgern zweiter Klasse gemacht. Durch den Ausschluss der »rassischen« und »politischen« Gegner Deutschlands entstand eine »Volksgemeinschaft«, die mehr war als die von der NSDAP propagierte Überwindung des »Klassenkampfes«. Die »arische Volksgemeinschaft« bildete den »rassereinen« Kern eines künftigen Großdeutschen Reiches und die ideologisch homogene »Gesinnungsgemeinschaft« für den unausweichlichen künftigen Krieg. Den materiellen Vorteil, »Volksgenosse« zu sein, erfuhren die Deutschen erstmals, als 1937 die systematische »Arisierung« jüdischen Eigentums begann und als 1938 mit Österreich und dem tschechoslowakischen »Sudetenland« die ersten territorialen »Heimholungen ins Reich« erfolgten.

Das Chaos der internationalen Politik, die infolge der europaweit umstrittenen, von den Verliererstaaten des Ersten Weltkrieges bekämpften Versailler Verträge wie der weltweiten ökonomischen Dauerkrise noch zu keiner neuen Ordnung gefunden hatte, nutzte Hitler, um die im »Versailler Schandfrieden« gegen Deutschland verhängten Einschränkungen der nationalen Souveränität zu annullieren und die Grenzen in Europa zu revidieren. Das war auch möglich, weil Nazideutschland die Bindung an international gültige Rechtsnormen und seine Zugehörigkeit zum 1919/20 gegründeten Völkerbund beendet und sich als »autarkes« Rechtssubjekt gesetzt hatte. Als rechtsverbindlicher Maßstab allen politischen Handelns galt fortan die Maxime: *»Recht ist, was dem deutschen Volke nutzt.«* Die von den Siegermächten geduldete endgültige Aufkündigung des Versailler Vertrages durch die Annexion Österreichs und des Sudetenlandes – Hitlers »Blumenkriege« – wurde von der überwältigenden Mehrheit der Deutschen ebenso begrüßt wie das diesem Handeln zugrunde liegende Modell einer

[13] Messerschmidt, *Wehrmacht*, S. 1.

Politik, die statt auf langwierige rechtsförmige Verfahren und zähes diplomatisches Paktieren auf rasche Entscheidungen und offene Gewalt setzte.[14]

Dennoch traute Hitler seinem Volk und dessen Gewalt- und Wehrbereitschaft noch nicht ganz über den Weg. Am 5. November 1937 hatte er den Befehlshabern der Wehrmacht seinen Entschluss mitgeteilt, die Schicksalsfrage des deutschen Volkes, die »Eroberung von Lebensraum«, ab sofort mit kriegerischen Mitteln zu lösen. Erste Ziele auf diesem Weg seien Österreich und die Tschechoslowakei.[15] Entsprechend waren durch einen Akt staatlicher Erpressung am 12. März 1938 Österreich, dann aufgrund des Münchner Abkommens am 10. Oktober 1938 das mehrheitlich von Deutschen bewohnte tschechoslowakische »Sudetenland« annektiert worden. Bevor Hitler die nächsten, sehr viel riskanteren Schritte – die »Zerschlagung der Resttschechei« und den Überfall auf Polen – einleitete, ließ er am 10. November 1938 in Berlin 400 Journalisten und Verleger zusammenrufen, um sie auf die größte Propagandakampagne der Neuzeit einzuschwören. Am Beginn seiner Rede stand das Bekenntnis, sein bisheriges Eintreten für eine friedliche Beseitigung des durch den Versailler Vertrag entstandenen Unrechts sei ein bewusstes Täuschungsmanöver gewesen, um dem deutschen Volk Handlungsfreiheit und militärische Souveränität zurückzugewinnen. Allerdings habe diese langjährige Friedenspropaganda auch dazu geführt, dass viele glaubten, er trete für Frieden um jeden Preis ein. Daher sei es jetzt an der Zeit, *»das deutsche Volk psychologisch umzustellen und ihm langsam klarzumachen, daß es Dinge gibt, die [...] mit den Mitteln der Gewalt durchgesetzt werden müssen«*. Das werde nicht dadurch erreicht, indem man einfach nur die Gewalt als solche predige. Es komme vielmehr darauf an, belehrte Hitler die handverlesenen Meinungsmacher, *»bestimmte außenpolitische Vorgänge so zu beleuchten, daß die innere Stimme des Volkes selbst langsam nach der Gewalt zu schreien [beginne]«*, dass *»im Gehirn der breiten Masse des Volkes ganz automatisch allmählich die Überzeugung ausgelöst [werde]: so aber kann es auf keinen Fall weitergehen«*.[16] Dieses Gefühl des »So-kann-es-nicht-weitergehen«, das in den kommenden Monaten systematisch mobilisiert wurde, speiste sich aus der angeblichen Verweigerung des Lebensraums für das deutsche Volk und aus dessen vermeintlicher Einkreisung durch eine von England

---

[14] Joachim Fest, *Hitler*, Frankfurt a.M./Berlin/Wien 1973, S. 694f.

[15] Vgl. Messerschmidt, *Außenpolitik und Kriegsvorbereitung*, S. 752ff.

[16] Wolfram Wette, Ideologien, Propaganda und Innenpolitik als Voraussetzungen der Kriegspolitik des Dritten Reiches, in: Deist/Messerschmidt/Volkmann/Wette, *Ursachen und Voraussetzungen*, S. 157f.

angeführte Kriegskoalition.[17] Der Einmarsch in Prag am 15. März 1939 und der Überfall auf Polen am 1. September 1939 schienen der Ausweg aus dieser Sackgasse zu sein. Dass beide Coups gelangen, schuf den vorgeschobenen Kriegsgründen eine nachträgliche Legitimierung.

Polen: die Einübung in den Völkermord

Am 22. August 1939, während die internationale Diplomatie heiß lief, um den drohenden Ausbruch des Krieges noch zu verhindern, hatte Hitler auf dem Obersalzberg die für den Feldzug vorgesehenen Befehlshaber versammelt und Klartext gesprochen: *»Herz verschließen gegen Mitleid. Brutales Vorgehen. [...] Restlose Zertrümmerung Polens ist das militärische Ziel.«*[18] – *»Nicht Land [...] besetzen, sondern die Kräfte [...] vernichten.«*[19] – *»Mit der physischen Vernichtung [der Bevölkerung gewinnt Deutschland] den Lebensraum, den wir brauchen.«*[20] – *»Mittel gleichgültig. [...] Es handelt sich nicht darum, das Recht auf unserer Seite zu haben, sondern ausschließlich um den Sieg.«*[21] Die Vorbehalte seiner Generäle wegen eines drohenden Angriffs Englands und Frankreichs im Westen entkräftete Hitler mit dem Hinweis auf den unterschriftsreifen Nichtangriffspakt mit Stalin, der vorsah, dass die deutsch-sowjetische Allianz Polen militärisch in die Zange nehmen und nach dem Sieg unter sich verteilen werde.[22]

Dies würde kein normaler Waffengang werden, das wussten die Militärs schon während der Rede. Aber Polen war auch kein normaler Gegner, sondern wurde wegen seiner angeblichen kulturellen wie ökonomischen Rückständigkeit von großen Teilen der Deutschen seit Jahrhunderten verachtet und wegen der durch den Versailler Vertrag sanktionierten Annexionen von ehemals deutschen Gebieten gehasst.[23] Entsprechend rassistisch waren die Instruktionen, die von der Abteilung Wehrmachtspropaganda des Oberkommandos der Wehrmacht (OKW) Ende August 1939 an die Truppe verteilt wurden: *»In seinen Forderungen ist der Pole maßlos, in seinen Versprechungen unzuverlässig. [...] Er ist willkürlich und rücksichtslos gegen*

---

[17] Ebenda, S. 159.

[18] Aufzeichnung Admiral Canaris, zit. bei Messerschmidt, *Außenpolitik und Kriegsvorbereitung*, S. 842.

[19] Helmuth Groscurth, *Tagebücher eines Abwehroffiziers 1938-1940*, hrsg. von Helmut Krausnick und Harald C. Deutsch, Stuttgart 1970, S. 180 (Eintrag vom 24.8.1939).

[20] Zit. bei Martin Broszat, *Nationalsozialistische Polenpolitik*, Stuttgart 1961, S. 11.

[21] Franz Halder, *Generaloberst Halder, Kriegstagebuch. Tägliche Aufzeichnungen des Chefs des Generalstabes des Heeres 1939-1942*, hrsg. vom Arbeitskreis für Wehrforschung Stuttgart, Bd. 1, Stuttgart 1962, S. 25 [im Folgenden Halder, KTB].

[22] Ebenda.

[23] Martin Broszat, *Zweihundert Jahre deutsche Polenpolitik*, München 1963.

andere. Grausamkeiten, Brutalität, Hinterlist und Lüge sind Kampfmittel, die er an Stelle der ruhigen Kraft in der Erregung gebraucht.«[24]

Die Truppenkommandeure zogen daraus, noch bevor der erste Schuss gefallen war, eindeutige Schlussfolgerungen: »Dem hinterhältigen Charakter des Slaven entsprechend« müsse mit einem Krieg hinter der Front gerechnet werden, dessen Träger vor allem die Geistlichen sein würden, die bekanntlich »fanatische Deutschenhasser« seien. Auch von der übrigen Bevölkerung sei mit »hetzerischer Tätigkeit« zu rechnen. Das einzige Mittel dagegen sei »rücksichtsloses Durchgreifen«.[25] Das Heeresgruppenkommando 5 präzisierte, *»Erschießungen sind am wirksamsten.«*[26]

Es verwundert nicht, dass die Truppe – derart eingestellt – nach Überschreiten der Grenze das Feuer auf jeden eröffnete, der im Verdacht stand, Sabotage oder Widerstand zu leisten.[27] Dutzende von Dörfern gingen schon in den ersten Kriegstagen in Flammen auf, Hunderte von Einwohnern wurden erschossen.[28] In Städten wie Katowice und Częstochowa kam es zu Massakern mit Hunderten von Toten.[29] Die Opfer waren in vielen Fällen Freiwillige, die von den ohne Kriegserklärung überfallenen polnischen Streitkräften als »Hilfstruppen« mobilisiert worden waren oder sich freiwillig in »Bürgerkomitees« organisiert hatten.[30] Die Chimäre des Partisa-

---

[24] OKW (3 n WFA/WPr/IVa), Polen. Staatsgebiet und Bevölkerung, 3.8.1939, Bundesarchiv-Militärarchiv Freiburg [BA-MA] RH 26-17/77; die 17. Infanterie-Division [ID] bestätigte den Eingang am 28.8.1939, ebenda.

[25] 208. ID/Ic, Merkblatt für Nachrichtengewinnung und Auswertung, Spionageabwehr und Polen [sic], 26.8.1939, BA-MA RH 26-208/5.

[26] Heeresgruppenkommando 5/Abt. Ic, Erste Sicherungsmaßnahmen. Richtlinien für das Verhalten bei Angriffen der Bevölkerung auf die Truppe im Feindesland [o.D.], BA-MA RH 24-8/97.

[27] Vgl. zum »Freischärlerwahn« und den daraus entstandenen Verbrechen Jochen Böhler, *Auftakt zum Vernichtungskrieg. Die Wehrmacht in Polen 1939*, Frankfurt am Main 2006, S. 54-168.

[28] 19. ID, Kriegstagebuch [KTB], Eintrag vom 1.9.1939, BA-MA RH 26-19/2; Werner Röhr u.a. (Hrsg.), *Die faschistische Okkupationspolitik in Polen (1939-1945). Nacht über Europa. Die Okkupationspolitik des deutschen Faschismus (1938-1945)*, Bd. 2, Köln 1989, S. 346f.; Henryk Tycner, *Die Freiheit kam im Januar '45. Tatsachen und Erinnerungen an die Tage der faschistischen Okkupation in Poznań und an die Kämpfe zur Befreiung meiner Heimatstadt*, Berlin 1985, S. 100.

[29] Röhr, *Okkupationspolitik in Polen*, S. 346f.; Krausnick, *Hitlers Einsatzgruppen*, S. 38; Hans Umbreit, *Deutsche Militärverwaltungen 1938/39. Die militärische Besetzung der Tschechoslowakei und Polens*, Stuttgart 1977, S. 152; Czesław Madajczyk, *Die Okkupationspolitik Nazideutschlands in Polen 1939-1945*, Berlin 1987, S. 18.

[30] In Złoczew wurden am 3./4. September 200, in Kleck am 9./10. September 1939 300 Bewaffnete exekutiert; anderen Quellen zufolge sollen auch im Raum Brzozogaj, in Mogilno, Trzemeszno und Inowrocław bei ähnlichen Widerstandsakten Hunderte von

nenkrieges schien durch das Auftauchen von zersprengten Feindabteilungen in Flanke und Rücken der Wehrmacht bestätigt zu werden. Obwohl die Wehrmacht infolge ihres militärischen Überfalls und des dadurch möglichen raschen Durchstoßens der polnischen Truppenverbände diese Unübersichtlichkeit des Schlachtfeldes selbst geschaffen hatte, löste sie das Problem, indem sie alle diese Feindverbände, falls sie sich nicht ergeben würden, zu Partisanen erklärte: *»Heimtückische Überfälle auf deutsche Truppen hinter der Front sind kein ehrlicher Krieg. Solche Banden betrachten wir als Räuber und werden sie entsprechend behandeln«*, lautete das apodiktische Urteil der Generäle, das die Regeln des Völkerrechts außer Kraft setzte.[31] Internationales Recht war schon vorher an der Front durch vielfachen Missbrauch unterminiert worden: Etwa 500 Kriegsgefangene waren vor dem 12. September als »Vergeltung« für eigene Verluste, weil sie »revoltierten« oder die »Flucht ergreifen wollten«, erledigt worden.[32] Weitere 1.500 Gefangene wurden bis zum Ende der Kampfhandlungen am 28. September 1939 erschossen.[33] Dazu kamen 8.000 als »Freischärler« und Geiseln erschossene Zivilisten.[34]

Zur Radikalisierung der Kriegführung trug bei, dass zusammen mit der Wehrmacht deutsche »Sondereinheiten« einmarschiert waren, die nicht unter ihrem Kommando standen. Die sechs Einsatzgruppen des Sicherheitsdienstes (SD), die sechs Polizeibataillone und die drei SS-Totenkopfregimenter aus den Standorten KZ Buchenwald, Dachau und Sachsenhausen

---

Männern exekutiert worden sein, vgl. Röhr, *Okkupationspolitik in Polen,* S. 346, 80, und Tyczner, *Die Freiheit kam,* S. 102.

[31] 1. ID, KTB, Eintrag 3.9.1939, BA-MA RH 26-31/1; GenKdo IV. A[rmee] K[orps], Aufruf an die Bevölkerung, September 1939, zit. bei Jochen Böhler, *Verbrechen der Wehrmacht in Polen im September 1939,* Magisterarbeit an der Universität Köln, 8.4.1999, S. 22.

[32] 45 Gefangene wurden von der 2. Leichten Division erschossen, vgl. Röhr, *Okkupationspolitik in Polen,* S. 347; die 29. ID (mot.) erschoss am 8.9.1939 bei Ciepielów 300 Gefangene, vgl. Böhler, *Auftakt zum Vernichtungskrieg,* S. 172f.; Angehörige derselben Einheit erschossen am 11.9.1939 bei Zambrów 100 bis 200 Gefangene, vgl. Böhler, *Auftakt zum Vernichtungskrieg,* S. 174.

[33] Angehörige der 8. ID ermordeten am 12.9.1939 in Szczucin 40 Gefangene und 30 Flüchtlinge, vgl. Böhler, *Auftakt zum Vernichtungskrieg,* S. 175, und Ruth Beckermann, *Jenseits des Krieges. Ehemalige Wehrmachtssoldaten erinnern sich,* Wien 1998, S. 38f.; bei Sochaczew wurden 50 Gefangene am 22.9.1939 erschossen, vgl. Günter Schubert, *Das Unternehmen »Bromberger Blutsonntag«. Tod einer Legende,* Köln 1989, S. 207, und Röhr, *Okkupationspolitik in Polen,* S. 351; Wehrmachtseinheiten erschossen in Sladon 150, in Trzebinia 100 und in Zakroczym 400 polnische Kriegsgefangene, vgl. Röhr, *Okkupationspolitik in Polen,* S. 350f.

[34] Röhr, *Okkupationspolitik in Polen,* Tabelle 2, S. 346-353.

folgten den Befehlen Heinrich Himmlers. Sie waren, auf der Grundlage einer Vereinbarung mit dem Oberkommando des Heeres (OKH), mit der »Bekämpfung aller reichs- und deutschfeindlichen Elemente in Feindesland rückwärts der fechtenden Truppe« beauftragt.[35] In der präziseren Diktion von Reinhard Heydrich, Chef von Himmlers Reichssicherheitshauptamt, lautete dieser Auftrag so: *»Die kleinen Leute wollen wir schonen, der Adel, die Popen und Juden müssen aber umgebracht werden.«*[36] Oder in der knapperen Version: *»Flurbereinigung: Judentum, Intelligenz, Geistlichkeit, Adel.«*[37] Schon am Ende der ersten Kriegswoche nannte Heydrich die Zahl von »täglich [...] 200 Exekutionen«.[38] Ende September konnte er melden, dass vom polnischen Führertum »höchstens noch 3% vorhanden« seien.[39] Insgesamt wurden von diesen Sonderverbänden zeitgleich mit den militärischen Operationen 10.000 bis 17.000 Polen erschossen.[40]

Die Wehrmachtsführung war von Hitler über den Ausrottungsfeldzug der SS gegen Juden und polnische Intelligenz am 7. September offiziell informiert worden.[41] Am 19. September hatte Heydrich den Befehlshabern

---

[35] Helmut Krausnick, *Hitlers Einsatzgruppen. Die Truppen des Weltanschauungskrieges 1938-1942,* Frankfurt a.M. 1985, S. 29, 33; ein Bestandteil des vorab getroffenen Arrangements war auch die Einwilligung des Oberkommandos des Heeres (OKH), dass die Einsatzgruppen aufgrund einer vorliegenden Kartei in zwei »Raten« 10.000 und dann noch einmal 20.000 besonders deutschfeindliche »polnische Elemente« verhaften und in KZs abtransportieren würden.

[36] Diese Formulierung erfuhr Wilhelm Canaris am 8.9.1939 als Resümee der Weisung Heydrichs an seine Amtschefs am 7.9.1939, zit. Groscurth, *Tagebücher,* S. 201 (Eintrag vom 8.9.1939).

[37] Der Satz Heydrichs wurde Halder von Wagner überbracht, Halder, *KTB,* Bd. 1, S. 79 (Eintrag vom 19.9.1939).

[38] Groscurth, *Tagebücher,* S. 201 (Eintrag vom 8.9.1939); die Information erhielt Groscurth von Canaris mit dem Auftrag, sie an den Oberquartiermeister General von Stülpnagel weiterzugeben.

[39] Notiz Schellenbergs über eine Amtschefbesprechung am 27.9.1939, zit. bei Heinz Höhne, *Der Orden unter dem Totenkopf. Die Geschichte der SS,* Augsburg 1997 (München 1967), S. 276.

[40] Die Schätzung basiert auf der Zahl von 10.000 in Verantwortung der Wehrmacht erschossener Zivilisten und der Gesamtzahl der Opfer bis zur Abgabe der Militärverwaltung am 26.10.1939: Madajzik, *Okkupationspolitik,* S. 28, nennt eine Zahl von 20.000, Röhr spricht von 27.000 Opfern; ders., *Okkupationspolitik in Polen,* S. 80.

[41] Hitler benutzte bei dem Gespräch das zynische Bild Heydrichs von der »Flurbereinigung«, vgl. Krausnick, *Hitlers Einsatzgruppen,* S. 51f., sprach aber auch von seiner Absicht, das polnische Volk »zu vernichten und auszurotten«, vgl. Mitteilung Halders am 9.9.1939; Groscurth, *Tagebücher,* S. 202 (Eintrag vom 9.9.1939); auch Keitel, der Chef des OKW, gehörte zu den früh Eingeweihten – er verwandte die Formulierung von der »Ausrottung« schon in seiner Auseinandersetzung mit Canaris im Füh-

von seinen weitergehenden Plänen Mitteilung gemacht: Die Juden sollten aus den nach dem Sieg wieder deutschen Gebieten Westpolens vertrieben und zusammen mit den Juden aus dem Reich in einen bei Kraków einzurichtenden »Judenstaat unter deutscher Verwaltung« konzentriert werden.[42] Zwar schlug die Wehrmachtsführung vor, diese »volkspolitischen Bewegungen« erst nach Abzug der Truppen unter Verantwortung der Zivilverwaltung durchzuführen,[43] und warnte aus wirtschaftlichen Gründen vor einer »zu schnellen Beseitigung der Juden«.[44] Dass die Juden aber grundsätzlich als gefährliche Gegner einzuschätzen seien, das hatten die Generäle ihren Einheiten vom ersten Tag an eingeschärft: Die Juden seien »absolut deutschfeindlich« und »meist mit der Regierung auf Gedeih und Verderb verbündet«.[45] Je nach Marschgebiet wurde vor »den Dorfjuden« gewarnt[46] oder auf die Gefahren hingewiesen, die aus »bis zu 90% jüdischen« Städten im Norden oder vom »jüdischen Proletariat« des ostgalizischen Erdölgebietes drohten.[47]

Es war kein Wunder, dass Teile der Truppen aus diesen Instruktionen die entsprechenden Schlüsse zogen. Sie unterstützten nicht nur den Judenmord

---

rerzug am 12.9.1939; aus Anlass eines möglichen Aufstandes in der galizischen Ukraine sprach Keitel ebenso offen von der dann in Gang zu setzenden »Vernichtung des Polentums und der Juden«, vgl. Aktenvermerk des Oberstleutnants Erwin von Lahousen über die Besprechung im Führerzug am 12.9.1939 in Ilnau, 14.9.1939, zit. bei: Groscurth, *Tagebücher,* S. 357f.

[42] Vgl. Helmut Krausnick, Judenverfolgung, in: Hans Buchheim/Martin Broszat/Hans-Adolf Jacobsen/Helmut Krausnick, *Anatomie des SS-Staates,* Bd. 2, München 1982, S. 290.

[43] Vgl. Mündliche Orientierung am 22.9. durch Major Radke, zit. bei Großcurth, *Tagebücher,* S. 361; so die Mitteilungen Wagners an den Generalstabschef des Heeres, vgl. Halder, *KTB,* Bd. 1, S. 79 (Eintrag vom 19.9.1939).

[44] Großcurth, *Tagebücher,* S. 361; diese Argumentation verbreiteten die Armeen auch in der Truppe, wie die Lagemitteilung der 14. Armee [Armeeoberkommando, AOK 14] zeigt: Mit Rücksicht auf ihre ökonomische Bedeutung sei es notwendig, die Juden, »bevor sie nicht ersetzt werden können [...], soweit möglich unter Aufsicht weiter arbeiten zu lassen«, vgl. [AOK 14] Anlage zum Armeetagesbefehl vom 19.9.1939, Lage im besetzten Gebiet, BA-MA RH 24-8/98.

[45] Bund Deutscher Osten, Gauverband Schlesien, Gauverbandsleitung, An GenKdo VIII. AK, z.Hd. von Herrn Major Willing Breslau, 23.8.1939, BA-MA RH 24-8/96; die Sendung des »Bund Deutscher Osten« war, wie das Anschreiben mitteilte, »auftragsgemäß« erfolgt.

[46] Ebenda.

[47] AOK 14/Abt. Ic/AO, Bevölkerungsverhältnisse im Raum San-Karpathen-Russische Grenze-Südrand der Polesischen Sümpfe, 14.9.1939, BA-MA RH 24-8/97; [AOK 14] Anlage zum Armeetagesbefehl vom 19.9.1939, Lage im besetzten Gebiet, BA-MA RH 24-8/98.

von SS und Polizei,[48] sondern gingen auch selber gegen die Juden vor. Sie plünderten ihre Häuser und Läden, steckten Synagogen in Brand,[49] vergewaltigten und mordeten in einem Ausmaß, dass die Wehrmachtsführung und die Generäle vor Ort Geheimbefehle erließen, die diese Waffenhilfe für Himmlers Verbände[50] wie »eigenmächtige Maßnahmen gegen die Juden« untersagten.[51] Es nützte wenig. Noch einen Tag vor Beendigung des Feldzuges am 6. Oktober 1939 vermerkte der Generalstabschef des Heeres, Franz Halder, im Kriegstagebuch: *»Judenmorde – Disziplin!«*[52] Von den 10.000 Zivilisten und Gefangenen, die Angehörige der Wehrmacht getötet hatten, waren 2.000 Juden.[53]

Nachdem die westpolnischen Gebiete zu den zwei neuen Reichsgauen Danzig/Westpreußen und Wartheland zusammengefügt und Zentralpolen mit den Städten Warschau, Kraków, Lublin zum »Generalgouvernement« gemacht worden war,[54] wurde am 25. Oktober 1939 die bisherige Militärverwaltung aufgehoben und die politische Macht den Gauleitern bzw. dem

[48] Ein Trupp Geheimer Feldpolizei der Wehrmacht half am 10.9.1939 Angehörigen eines SS-Artillerie-Regiments, 50 Juden, die eine Brücke ausgebessert hatten, bei Różan in einer Synagoge zusammenzutreiben und dort zu erschießen, vgl. Halder, *KTB,* Bd. 1, S. 67 (Eintrag vom 10.9.1939); das SS-Regiment wie die Wehrmachtssoldaten gehörten zum Panzerverband Kempf, vgl. Krausnick, *Hitlers Einsatzgruppen,* S. 66.

[49] Oberbefehlshaber 14. Armee, An die Kommandeure!, 18.9.1939, BA-MA RH 24-8/98; Einsatz der 3. Pz. Div. im Polenfeldzug, dargestellt von ihrem Kdr. Gen.Lt. a. D. Freiherr Geyr von Schweppenburg, BA-MA RH 27-3/243; Sonderkommando König der Feldgendarmerie-Abteilung (mot.) 682 an 3. FG-Abt. (mot.) 682, 29.9.-1.10.1939, BA-MA RH 19 I/112.

[50] Geheimbefehl von Brauchitschs vom 24. September, zit. bei Böhler, *Verbrechen der Wehrmacht,* S. 67.

[51] AOK 14/Abt. IIa, Anlage zum Armeetagesbefehl vom 19.9.1939, Lage im besetzten Gebiet, BA-MA RH 24-8/98 und RH 26-7/63; vgl. ähnliche Befehle bei Krausnick, *Hitlers Einsatzgruppen,* S. 63f.

[52] Halder, KTB, Bd. 1, S. 98 (Eintrag vom 5.10.1939).

[53] Vgl. Frank Golczewski, Polen, in: Wolfgang Benz (Hrsg.), *Dimensionen des Völkermords. Die Zahlen der jüdischen Opfer des Nationalsozialismus,* München 1992, S. 411-497, hier S. 421f.; Röhr, *Okkupationspolitik in Polen,* S. 346ff.; Krausnick, *Hitlers Einsatzgruppen,* S. 42; AOK 10/Ic/AO/Abw.III an HGr Süd/Ic/AO, 16.9.1939, BA-MA RH 19 I/113; GenKdo XI. AK/Ic/AO an AOK 10/Ic/AO, 22.9.1939, BA-MA RH 19 I/113; Groscurth, *Tagebücher,* S. 363; Gericht der 10. Armee, Urteil gegen Lt.d.R. Bruno Kleinmichel vom 14.9.1939, BA-MA RH 119 I/112; Szymon Datner, Crimes Committed by the Wehrmacht during the September Campaign and the Period of Military Government (1st September – 25th October 1939), in: *Polish Western Affairs* 3/1962, S. 294-338, hier S. 330; Röhr, *Okkupationspolitik in Polen,* S. 351; Böhler beschreibt auffällig wenige Verbrechen an Juden und nennt keine Zahlen, vgl. ders., *Auftakt zum Vernichtungskrieg,* S. 188-200.

[54] Groscurth, *Tagebücher,* Eintrag 13.10.1939, S. 296.

Generalgouverneur Hans Frank übertragen.[55] Sofort setzte die »Umsiedlung« der Polen und Juden aus den beiden neuen Gauen in das Generalgouvernement ein.[56] Parallel dazu kam es in allen drei Gebieten zu Massenerschießungen der polnischen Führungsschicht[57] und der Juden.[58] Für die in Polen im Herbst 1939 eingesetzten wie für die danach dort stationierten Truppen waren die Völkerrechtsverletzungen dennoch eine wichtige Lektion. Sie lernten zweierlei: 1.) Dass es in Polen nicht nur um die militärische Besetzung eines gegnerischen Landes, sondern um einen geplanten und »rassisch« legitimierten politischen Kampf ging, in dem die »polnische Intelligenz« und alle Juden als Feinde galten. 2.) Dass alle in diesem Zusammenhang begangenen Gewalttaten und Verbrechen von höchster Stelle gedeckt und sogar honoriert wurden.

2. Als Soldaten Mörder wurden. Das »Unternehmen Barbarossa«

»Die Wehrmacht führte 1941 bis 1944 auf dem Balkan und in der Sowjetunion keinen ›normalen Krieg‹, sondern einen Vernichtungskrieg gegen Juden, Kriegsgefangene und Zivilbevölkerung, dem Millionen zum Opfer fielen. Die deutsche Militärgeschichtsschreibung hat zwar viel zur Aufklärung dieses Tatbestandes beigetragen, sie weigert sich aber einzugestehen, dass die Wehrmacht an allen diesen Verbrechen aktiv und als Gesamtorganisation beteiligt war. Die Ausstellung will genau diesen Beweis führen. Sie wählt dazu drei Beispiele: den Partisanenkrieg in Serbien, die 6. Armee auf dem Weg nach Stalingrad, die dreijährige Besatzung Weißrusslands. Und sie demonstriert die Schwierigkeit dieser Beweisführung: Von Beginn an versuchte die Wehrmacht, die Spuren ihrer

---

[55] Hans Umbreit, *Deutsche Militärverwaltungen 1938/39. Die militärische Besetzung der Tschechoslowakei und Polens,* Stuttgart 1977, S. 98ff., 109ff.

[56] Fernplan der Umsiedlung in den Ostprovinzen [Ende November], zit. bei Götz Aly, *»Endlösung«. Völkerverschiebung und der Mord an den europäischen Juden,* Frankfurt a.M. 1995, S. 70.

[57] Zit. bei Krausnick, *Hitlers Einsatzgruppen,* S. 72.

[58] Beispielhaft dafür ist das Vorgehen in der Stadt Bydgoszcz (Bromberg): Von 260 festgenommenen Angehörigen der polnischen Intelligenz wurden – laut Berichten vom 4. und 10.11.1939 – 91 Personen »entlassen«, 75 »evakuiert« und 94 »liquidiert«; wenig später konnte das Kommando die Stadt auch als »vollkommen judenfrei« melden: Bei einer Säuberungsaktion am 11.11. seien »sämtliche Juden, die es nicht vorgezogen hätten, vorher zu flüchten, beseitigt worden«; bei einigen seiner Aktionen wurde das Kommando von mehr als 300 Wehrmachtsangehörigen unterstützt, die die Absperrung der »Aktionsgebiete« übernahmen, vgl. Krausnick, *Hitlers Einsatzgruppen,* S. 73.

Verbrechen zu verwischen und die Erinnerung daran zu beseitigen. Was an Legendenbildung in der Nachkriegszeit entstand, war nur die Fortsetzung dieser Politik. Die Ausstellung will kein verspätetes und pauschales Urteil über eine ganze Generation ehemaliger Soldaten fällen. Sie will eine Debatte eröffnen über das – neben Auschwitz – barbarischste Kapitel der deutschen und österreichischen Geschichte, den Vernichtungskrieg der Wehrmacht von 1941 bis 1944.«[59]

So lautete die Einführungstafel der Ausstellung »Vernichtungskrieg. Verbrechen der Wehrmacht 1941 bis 1944«, die am 5. März 1995 in Hamburg eröffnet und anschließend in 34 deutschen und österreichischen Städten gezeigt wurde. 900.000 Besucher haben sie während der vierjährigen Laufzeit gesehen.[60]

---

[59] Hannes Heer, Einleitung, in: Hamburger Institut für Sozialforschung (Hrsg.), *Vernichtungskrieg. Verbrechen der Wehrmacht 1941 bis 1944, Katalog,* Hamburg 1996, S. 7. Zur Ausstellung war statt eines Katalogs ein umfangreicher 700seitiger Begleitband erschienen, der die drei Fallbeispiele in den Kontext des gesamten Zweiten Weltkrieges einordnete: Hannes Heer, Klaus Naumann (Hrsg.), *Vernichtungskrieg. Verbrechen der Wehrmacht 1941 bis 1944,* Hamburg 1995; zur Präsentation in Österreich erschien: Walter Manoschek (Hrsg.), *Die Wehrmacht im Rassenkrieg. Der Vernichtungskrieg hinter der Front,* Wien 1996.

[60] Zur Geschichte der Ausstellung: Heribert Prantl (Hrsg.), *Wehrmachtsverbrechen. Eine deutsche Kontroverse,* Hamburg 1997; Hans-Günther Thiele (Hrsg.), *Die Wehrmachtsausstellung. Dokumentation einer Kontroverse,* Bremen 1997; Hamburger Institut für Sozialforschung (Hrsg.), *Eine Ausstellung und ihre Folgen. Zur Rezeption der Ausstellung »Vernichtungskrieg. Verbrechen der Wehrmacht 1941 bis 1944«,* Hamburg 1999; Jan Philipp Reemtsma, Was man plant, und was daraus wird. Gedanken über ein prognostisches Versagen, in: Michael Th. Greven/Oliver von Wrochem (Hrsg.), *Der Krieg in der Nachkriegszeit, Der Zweite Weltkrieg in Politik und Gesellschaft der Bundesrepublik,* Opladen 2000, S. 273-290; Johannes Klotz, Die Ausstellung »Vernichtungskrieg. Verbrechen der Wehrmacht 1941 bis 1944«. Zwischen Geschichtswissenschaft und Geschichtspolitik, in: Detlef Bald/ Johannes Klotz/Wolfram Wette, *Mythos Wehrmacht. Nachkriegsdebatten und Traditionspflege,* Berlin 2001, S. 116-176; Hannes Heer, Vom Verschwinden der Täter. Die Auseinandersetzungen um die Ausstellung »Vernichtungskrieg. Verbrechen der Wehrmacht 1941 bis 1944«, in: *Zeitschrift für Geschichtswissenschaft,* Jg. 50 (2002), Heft 10, S. 869-898; Walter Manoschek, »Vernichtungskrieg. Verbrechen der Wehrmacht 1941 bis 1944.« Innenansichten einer Ausstellung, in: *zeitgeschichte,* Jg. 29 (2002), Heft 2, S. 64-75; Hans-Ulrich Thamer, Vom Tabubruch zur Historisierung? Die Auseinandersetzung um die »Wehrmachtsausstellung«, in: Martin Sabrow/Ralph Jessen/Klaus Große Kracht (Hrsg.), *Zeitgeschichte als Streitgeschichte. Große Kontroversen seit 1945,* München 2003, S. 171-188; Hannes Heer, Vom Verschwinden der Täter. Die bedingungslose Kapitulation der zweiten Wehrmachtsausstellung, in: ders., *Vom Verschwinden der Täter. Der Vernichtungskrieg fand statt, aber keiner war dabei,* Berlin 2004, S. 12-66; ders., Die letzte Schlacht der alten Soldaten. Wie die Ausstellung über den »Vernichtungskrieg« der Wehrmacht in den 1990er Jahren das Land

Eine Ausstellung spaltet das Land

Die von Bernd Boll, Hannes Heer, Walter Manoschek, Hans Safrian erarbeitete und von Christian Reuther gestaltete Ausstellung wollte deutlich machen, dass der Überfall auf Polen, die Besetzung Jugoslawiens, vor allem aber der Feldzug gegen die Sowjetunion einen neuen Typ von Krieg konstituierte, der die Schrecken des Ersten Weltkrieges bei Weitem überstieg, und sie wollte dessen verbrecherischen Alltag zeigen. Die Wehrmacht, die mit zehn Millionen Soldaten mehr als die Hälfte ihres gesamten Bestandes an der Ostfront einsetzte, war, wie man spätestens seit den Nürnberger Prozessen der Jahre 1945 bis 1949 wusste, Instrument und Motor der nationalsozialistischen Rassen- und Eroberungspolitik gewesen. Sie hatte gegen die Sowjetunion einen Krieg geführt, dessen Ziel nicht nur die militärische Niederlage des Gegners und die Einnahme seiner Hauptstadt war, sie wollte die Auslöschung des sowjetischen Staates und seiner Eliten, die Ausplünderung des Landes und die Versklavung seiner Bewohner, die langfristige Dezimierung eines Großteils der als »Untermenschen« bezeichneten slawischen Bevölkerung und die sofortige Ausrottung der als »Todfeinde des nationalsozialistischen Deutschland« geltenden Juden. Dieser Krieg war in der Planung wie in der Durchführung ein Akt der Barbarei jenseits aller Normen des Völkerrechts und der Konventionen soldatischen Handelns, er war einzigartig in der Geschichte der Menschheit und daher nur mit einem neuen Begriff – »Vernichtungskrieg« – zu erfassen.

Die Ausstellung, die sich auf den Zeitraum 1941 bis 1944 und auf wenige Frontabschnitte beschränkte, entwickelte ihre Argumentation anhand dreier Fallstudien. Man sah, wie im Militärverwaltungsbezirk Serbien innerhalb des ersten Kriegsjahres 1941 alle männlichen Juden, etwa 6.000 an der Zahl, im Rahmen des Kampfes gegen die Partisanen als Geiseln verhaftet und dann sukzessive ermordet wurden. Man wurde Zeuge, wie die 6. Armee auf ihrem Weg durch die Ukraine von Juni bis Dezember 1941 die für den Massenmord an den Juden verantwortlichen Einsatzgruppen der SS tatkräftig unterstützte und den Hungertod Zehntausender Zivilisten verursachte. Man erlebte, wie die Wehrmacht während der dreijährigen Besetzung Weißrusslands vom ersten Tag an einen unerbittlichen Rassenkrieg gegen die slawischen »Untermenschen« führte – durch den von ihr verantworteten Tod von Hunderttausenden der in ihrer Gewalt befindlichen Kriegsgefangenen und die Erschießung oder Verbrennung einer ebenso großen Zahl von als »Partisanen« verdächtigten Zivilisten. Durch die Erfassung,

---

spaltete, in: Hanns-Bruno Kammertöns/Matthias Naß (Hrsg.), *Mein Deutschland. Eine andere Geschichte der Bundesrepublik*, Hamburg 2009, S. 104-110.

Kennzeichnung und Gettoisierung der Juden wie durch die Unterstützung der SS- und Polizeikommandos bei deren massenhafter Ermordung wurde sie zum Komplizen der »Endlösung«.

Aufgrund des Materials formulierte die Ausstellung drei Thesen:

1.) Der Holocaust begann in den besetzten Gebieten der Sowjetunion, und die Wehrmacht war daran in vorab geplanter, systematischer und arbeitsteiliger Weise beteiligt. 2.) Die Verbrechen an den Juden wie an den anderen Teilen der Zivilbevölkerung waren nicht nur das Werk einer hitlerhörigen Generalität und einiger fanatischer Nazioffiziere, sondern sie wurden von der Truppe ausgeführt und mitgetragen, ohne dass es zu auffälligen Formen von Widerstand gekommen wäre. 3.) Dafür verantwortlich war ein schon vorhandener und durch den Krieg radikalisierter antisemitischer und antislawischer Rassismus, der es erlaubte, den in den Befehlen verlangten totalen und partiellen Genozid an Juden und Slawen als legitimes Kriegsziel plausibel zu machen.

Die Reaktionen auf diese Thesen waren keine Debatte, sondern ein vier Jahre andauernder und äußerst emotional geführter Kampf. Die meisten der großen deutschen Tages- und Wochenzeitungen würdigten die Ausstellung zwar als einen bemerkenswerten Beitrag zum Gedenkjahr 1995 und als das Ende der Legende von der »sauberen Wehrmacht«. Jetzt werde, war in der *Zeit* zu lesen, »die fürchterliche Wahrheit offenbar [...], die sich gegen eine Mauer einvernehmlichen Schweigens in der deutschen Öffentlichkeit nie durchsetzen konnte«.[61] Aber es gab auch von Beginn an vehemente Kritiker, wie die organisierten Veteranen der ehemaligen Wehrmacht oder die Reservistenvereine der Bundeswehr, die der Ausstellung Verfälschung der Quellen und pauschale Verleumdungen vorwarfen. Ähnlich argumentierten konservative Blätter wie die *Frankfurter Allgemeine Zeitung*, die, wie bisher üblich, statt der Wehrmacht der allmächtigen SS die Verantwortung für die Verbrechen zuschob und die Ausstellung »ein Pamphlet«[62] nannte. Der prominente ehemalige Fernsehjournalist Rüdiger Proske, ein Sozialdemokrat, bezichtigte in einer an Bundestagsabgeordnete und Regierungsmitglieder verteilten »Denkschrift« die Ausstellungsmacher, sie wollten die Bundeswehr als Nachfolgeorganisation der Wehrmacht diffamieren.[63] Der *Focus* eröffnete einen bizarren Kampf um ein Foto, das nicht, wie in einer Akte des Landeskriminalamtes Baden-Württemberg vermerkt, Juden vor

[61] Karl-Heinz Janssen, Als Soldaten Mörder wurden, *Die Zeit* vom 17.3.1995.

[62] Günther Gillessen, Zeugnisse eines vagabundierenden Schuldempfindens, *Frankfurter Allgemeine Zeitung* vom 6.2.1996.

[63] Rüdiger Proske, *Wider den Mißbrauch der Geschichte deutscher Soldaten zu politischen Zwecken*, Mainz 1996.

der Erschießung, sondern, wie das Münchener Magazin, gestützt auf eine Nazibroschüre behauptete, Juden beim Baden zeige. Erst durch eine Entscheidung des Bundesverfassungsgerichts konnte *Focus* gezwungen werden, eine Gegendarstellung des Hamburger Instituts abzudrucken.[64]

Diese ersten Feinderklärungen zeigten Wirkung. Der damalige christdemokratische Verteidigungsminister Volker Rühe verbot der Bundeswehr jeden Kontakt mit der Ausstellung. Als diese nach Bremen eingeladen wurde, drohte die dortige CDU der SPD mit dem Ende der Koalition. Und in München verursachte der lokale CSU-Vorsitzende Peter Gauweiler einen bundesweiten Eklat, indem er Jan Philipp Reemtsma, den Erben von Deutschlands größter Tabakfirma und Financier der Ausstellung, aufforderte, seine Millionen – statt für das Gedenken an ermordete Juden, kriegsgefangene Rotarmisten und aufgehängte Zivilisten – für die Opfer des Tabakkonsums aus dem Hause Reemtsma zu verwenden. Als die Münchner CSU dann auch noch am Grabmal des Unbekannten Soldaten mit einer nächtlichen Kranzniederlegung eine Rehabilitierung der von der Ausstellung angeblich alle zu Verbrechern erklärten Millionen Wehrmachtssoldaten inszenierte und 5.000 Neonazis für »die Ehre« von Wehrmacht und Waffen-SS demonstrierten, erreichte die Kampagne ihren Höhepunkt – und die Wende. Am 13. März 1997 versuchte der Bundestag angesichts der in der Ausstellung dokumentierten Verbrechen sich erstmals in seiner Geschichte diesem offiziell nie eingestandenen Thema deutscher Schuld zu nähern. Wenig später wurde die Ausstellung in der seit der 1848er-Revolution als Geburtsstätte der deutschen Demokratie geltenden und daher staatstragenden Veranstaltungen vorbehaltenen Frankfurter Paulskirche gezeigt. Ab jetzt, so schien es, war das Thema endgültig durchgesetzt. Die Einladungen kamen nun von staatlichen Institutionen – von Landesparlamenten, Universitäten und Museen – und Botschafter, Ministerpräsidenten, Ex-Minister und Ex-Bundeskanzler hielten die Eröffnungsreden.

Aber der Eindruck, das Ende der hasserfüllten Auseinandersetzungen erreicht zu haben, trog. Die Klagen wegen Volksverhetzung und Verunglimpfung des Andenkens Verstorbener, die von rechtskonservativen Einzelpersonen und rechtsextremen Gruppierungen gegen die für die Ausstellung Verantwortlichen eingereicht wurden, rissen ebenso wenig ab wie die privaten Verleumdungen und anonymen Morddrohungen. Der *Focus* präsentierte neue absurde Fälschungsvorwürfe und eine Ortsgruppe der CDU in Schleswig-Holstein organisierte eine ehrabschneidende Flugblattkampagne,

[64] Vgl. Bernd Greiner, Bruch-Stücke, in: Hamburger Institut für Sozialforschung, *Eine Ausstellung und ihre Folgen,* S. 50-52; Heer, *Vom Verschwinden der Täter,* S. 20.

die nur gerichtlich gestoppt werden konnte. Zeitgleich wuchs der Druck der organisierten Nazis, die ihre Anhänger zu Demonstrationen und Ausschreitungen an jedem neuen Ausstellungsort mobilisierten. Was in Graz Anfang 1998 durch den raschen Zugriff der Polizei noch verhindert worden war, gelang am 9. März 1999 in Saarbrücken: Eine Bombe aus 4 kg hochexplosivem Material, möglicherweise von der später als »NSU« bekannt gewordenen Nazi-Gruppe platziert, detonierte morgens um 4.30 Uhr vor dem Ausstellungsgebäude, einer Volkshochschule, und führte wegen der massiven Beschädigungen zur zeitweiligen Schließung der Ausstellung.

Die Tatsache, dass das Ausstellungsprojekt nach dem gescheiterten Boykott in München und dem erfolgreichen Einzug in die Frankfurter Paulskirche 1997 zu einer Art Dauerausstellung geworden war, ließ die Gegner nicht ruhen. Das Militärgeschichtliche Forschungsamt der Bundeswehr hatte sich mit dem Umzug von Freiburg nach Potsdam 1994 von der bisher tonangebenden Gruppe um Manfred Messerschmidt befreit und arbeitete nun an der Restaurierung des alten Bildes von der Wehrmacht. Rolf-Dieter Müller, der mit nach Potsdam gegangen war, begründete seine Distanzierung von der Ausstellung damit, dass der Begriff »Vernichtungskrieg« ein »an die Holocaust-Forschung [an]gelehntes« und einer »umfassenden Gesellschaftstheorie« zugehöriges »Dogma« sei. Und: Die von den Gegnern als »verbrecherisch« verunglimpfte Wehrmacht habe sich nur in Hitlers »rassenideologischen Krieg [...] verstricken lassen«.[65]

In München machte Horst Möller, Leiter des Instituts für Zeitgeschichte, die Diffamierung der Ausstellung zur Chefsache. Er hatte im »Historikerstreit« Ernst Noltes revisionistische Thesen zum Holocaust offen unterstützt,[66] und warf jetzt den Ausstellungsmachern vor, Hitlers Propaganda-Trick – den »Einhämmerungseffekt« – zu kopieren.[67] Möller, kein Fachmann in Sachen Krieg und Wehrmacht, behauptete, ohne einen Beleg dafür anzuführen, »nur zehn Prozent« der Angehörigen der Wehrmacht seien Täter gewesen.[68] Der Druck, die Ausstellung zu stoppen, erschien den Gegnern

---

[65] Müller, Rolf-Dieter: Die Wehrmacht – Historische Last und Verantwortung. Die Historiographie im Spannungsfeld von Wissenschaft und Vergangenheitsbewältigung, in: ders./Volkmann, Hans-Erich (Hrsg.): *Die Wehrmacht. Mythos und Realität,* München 1999, S. 3-38, hier: 21, 30, 13.

[66] Möller, Horst: Es kann nicht sein, was nicht sein darf. Plädoyer für die Versachlichung der Kontroverse über die Zeitgeschichte, in: Piper, Ernst Reinhard (Hrsg.): *»Historikerstreit«. Die Dokumentation der Kontroverse um die Einzigartigkeit der nationalsozialistischen Judenvernichtung,* München 1987, S. 322-330, hier 322 u. 324.

[67] Interview mit Horst Möller, in: *Focus,* Nr. 43 vom 25.10.1999.

[68] Gespräch mit Horst Möller und Heinrich Graf von Einsiedel, *Süddeutsche Zeitung* 6.3.1997. Möller bezog sich dabei auf die 1941 einmarschierten 3,4 Millionen Wehr-

umso dringlicher, weil am 2. Dezember 1999 eine schon fertige englischsprachige Fassung samt Katalog von New York aus zu einer Tour durch fünf Universitäten starten sollte. In einer offensichtlich konzertierten Aktion erschienen Anfang Oktober 1999 in den »Vierteljahrsheften für Zeitgeschichte« des Münchner Instituts und im Organ der deutschen Geschichtslehrer »Geschichte in Wissenschaft und Unterricht« zeitgleich drei Aufsätze gegen die Ausstellung. Die Autoren waren die Historiker Bogdan Musial und Krisztián Ungváry sowie der Hobby-Historiker Dieter Schmidt-Neuhaus. Musial erhob den Vorwurf, zehn Fotos der Ausstellung würden statt Opfern der Wehrmacht solche des sowjetischen Geheimdienstes NKWD zeigen.[69] Und Ungváry verstieg sich zu der Behauptung, 90 Prozent der Fotos hätten mit Verbrechen der Wehrmacht nichts zu tun.[70] Die Reaktion der Medien war eine schrille Stampede, die sich jeder differenzierten Argumentation verweigerte. Obwohl führende Historiker diese »Krawallkommunikation« [71] und die unbewiesenen Vorwürfe Musials und Ungvárys scharf kritisierten,[72] entschloss sich der Leiter des Hamburger Instituts für Sozialforschung, Jan Philipp Reemtsma, Anfang November 1999, die Ausstellung zurückzuziehen und ein Moratorium einzulegen. Zur Überprüfung der Vorwürfe wurde eine internationale Historiker-Kommission berufen, der neben Militärhistorikern wie Omer Bartov, Gerhard Hirschfeld, Manfred Messerschmidt und Christian Streit auch die Historiker Hans-Ulrich Thamer und Reinhard Rürup, der ehemalige Leiter des Bundesarchivs Friedrich P. Kahlenberg und die Fotohistorikerin Cornelia Brink angehörten. In

machtssoldaten. Diese Zahl hielt er auch später bei, als er von den insgesamt an der Ostfront eingesetzten Soldaten sprach, ohne dabei die tatsächliche Zahl – 10 Millionen – zu nennen, Interview Möller, *Oberhessische Presse* vom 19.12.2001.

[69] Bogdan Musial, Bilder einer Ausstellung. Kritische Anmerkungen zur Wanderausstellung »Vernichtungskrieg. Verbrechen der Wehrmacht 1941 bis 1944«, in: *VfZG* Nr. 4/1999, S. 563-591.

[70] Krisztián Ungváry, Echte Bilder – problematische Aussagen. Eine quantitative und qualitative Analyse des Bildmaterials der Ausstellung »Vernichtungskrieg. Verbrechen der Wehrmacht 1941-1944« in: *Geschichte in Wissenschaft und Unterricht* 10/1999, S. 584-603. Schmidt-Neuhaus hatte moniert, dass vier Fotos, die ein Massaker in Tarnopol zeigten und aus dem »Dokumentationsarchiv des österreichischen Widerstandes« in Wien stammten, falsche Bildunterschriften trügen, siehe ders.,: Die Tarnopol-Stellwand der Wanderausstellung »Vernichtungskrieg – Verbrechen der Wehrmacht 1941-1945«. Eine Falluntersuchung zur Verwendung von Bildquellen, in: ebd., S. 596-603. Vgl. dazu auch Heer, *Vom Verschwinden der Täter*, S. 20f.

[71] Norbert Frei, *FAZ*, 2.11.1999.

[72] Wolfgang Benz, *SZ*, 8.11.1999, Christian Streit, *Frankfurter Rundschau*, 17.12.1999, Peter Steinbach, *taz*, 17.8.2000; weitere Kritiker waren Fritz Göttler, *SZ*, 9.11.1999, der Politologe Johannes Klotz, *FR*, 26.11.1999, und Christian Gerlach, *FR*, 30.11.1999.

ihrem ein Jahr später vorgelegten Abschlussbericht kritisierten die Prüfer den »unbekümmerten Gebrauch fotografischer Quellen, wie er [...] leider sehr verbreitet ist«, monierten aber lediglich »bei zwei von zehn kritisierten Fotografien« die übernommenen falschen Bildlegenden der Archive. Sie stellten zudem fest, dass von den 1400 verwendeten Fotografien »weniger als 20 Fotos« nicht in die Ausstellung gehörten, weil darauf Angehörige der SS, der Polizei oder der verbündeten Streitkräfte zu sehen waren, ohne dass »die Tateinheit« mit Verbänden der Wehrmacht nachgewiesen sei.[73] Die Kommission unterstrich, dass »die Grundthesen der Ausstellung über die Wehrmacht und den im ›Osten‹ geführten Vernichtungskrieg der Sache nach richtig sind«, und bestätigte die »Intensität und Seriosität der von den Autoren geleisteten Quellenarbeit«.[74] Die Ausstellung, so schloss der Bericht, sei, »wie die öffentlichen Auseinandersetzungen« gezeigt hätten, »sinnvoll und nötig« gewesen.[75] Die Hamburger Wochenzeitung »Die Zeit« kommentierte lakonisch: »Die Wehrmachtsausstellung ist rehabilitiert.»[76]

Trotz dieses eindeutigen Urteils, das eine Korrektur der Ausstellung ermöglicht hätte, präsentierte das Hamburger Institut im November 2001 in Berlin eine völlig neue. Darin sucht man die These einer von der Generalität bis zu den Mannschaften in ihrer Mehrheit verbrecherischen Wehrmacht, die für die größte und längste Geschichtsdebatte der Bundesrepublik gesorgt hatte, vergebens: Indem man auf alle von den Landsern geknipsten Fotos verzichtet hatte, war wie von Zauberhand der Anlass für Wut und Widerstand der Gegner verschwunden. Jeder Soldat mit einem Fotoapparat war, wie das Hamburger Institut erklärte, auf einmal »ein fragwürdiger Augenzeuge«,[77] nur weil dieser es unterlassen hatte, rückseitig Ort, Datum und Namen anzugeben.[78] Der »Spiegel« bemerkte süffisant, dass jetzt nicht mehr die Millionen der »kleinen Soldaten auf der Anklagebank [sitzen], sondern Hitlers Generäle«.[79] Deren Zahl, inklusive der Admiräle, war bekannt – 3200.[80] Mit der Eliminierung der Landser-Fotos verschwand natür-

---

[73] Omer Bartov, Gerhard Hirschfeld, Friedrich P. Kahlenberg, Manfred Messerschmidt, Reinhard Rürup, Christian Streit, Hans-Ulrich Thamer, *Bericht der Kommission zur Überprüfung der Ausstellung »Vernichtungskrieg. Verbrechen der Wehrmacht 1941 bis 1944«*, November 2000, S. 79.

[74] Ebd., S. 85.

[75] Ebd., S. 86.

[76] *Die Zeit*, 17.11. 2000.

[77] Gespräch mit Ulrike Jureit, in: *Die Zeit*, 29.11.2001.

[78] Auskunft des HIS (Hamburger Institut für Sozialforschung) gegenüber der Fotohistorikerin Miriam Y. Arani, vgl. Heer, *Vom Verschwinden der Täter*, S. 54.

[79] *Der Spiegel*, Nr. 48 v. 26.11.2001, S. 15.

[80] Müller/Volkmann, *Die Wehrmacht*, S. 25.

lich auch die Kernfrage der Erst-Ausstellung 1995, wie es kommen konnte, dass Millionen von Soldaten zu Mördern wurden. Reemtsmas neues Projekt distanzierte sich dezidiert von dieser Fragestellung: »Die alte Ausstellung hat zu viele mentalitätsgeschichtliche Aussagen gemacht, die dann auch noch überzeichnet werden konnten.«[81] Mehr als die verschwommene Aussage, »daß viele Soldaten mit den Wirklichkeitsdeutungen des Nationalsozialismus in hohem Maße übereinstimmten», wollte er den Besuchern seiner Ausstellung nicht zumuten.[82]

Die Begeisterung über diese, wie Klaus Theweleit es genannt hat, »Reinigung der Konzeption« der ersten Ausstellung [83] zeigte sich bei der Eröffnung der zweiten. Bundeskanzler Gerhard Schröder, von Beginn an Gegner der Ausstellung, schickte seinen Staatsminister für Kultur, Julian Nida-Rümelin, mit einem zustimmenden Grußwort. Hans-Erich Volkmann, der wissenschaftliche Direktor des Militärgeschichtlichen Forschungsamtes der Bundeswehr, hielt eine lobende Eröffnungsrede. Sein Amtskollege Rolf-Dieter Müller hatte die Bundesregierung schon vorab aufgefordert, die Neufassung als Dauerausstellung zu übernehmen.[84] Der Direktor des Münchner Instituts, Horst Möller, bestätigte der neuen Ausstellung, sie habe »der Kritik Rechnung getragen« und sei jetzt endlich »wissenschaftlich seriös«.[85] Und ein zufriedener Peter Gauweiler meldete: »Man kann sich der neuen Veranstaltung entspannter nähern.«[86] Angesichts dieser einhelligen Zustimmung würdigte die *Frankfurter Allgemeine Zeitung* die neue Ausstellung als »ein gutes Stück Konsensgeschichte«. Die Leiterin der neuen Ausstellung fand diesen Begriff zutreffend: »Das trifft den Punkt momentan sehr gut.«[87]

Der Alltag des Vernichtungskrieges: Tagebücher und Briefe

Warum waren die deutsche Gesellschaft und ihre politischen Repräsentanten durch 110 mit Siebdruck grob gestaltete weiße Spanholzplatten und 1.433 kleinformatige Schwarz-Weiß-Fotos so irritiert oder empört, dass sie

---

81 Gespräch mit Jan Philipp Reemtsma und Bogdan Musial, in: *Die Welt,* 16.9.2000.

82 Hamburger Institut für Sozialforschung (Hrsg.), *Verbrechen der Wehrmacht. Dimensionen des Vernichtungskrieges. Ausstellungskatalog,* Hamburg 2002, S. 629.

83 Klaus Theweleit, *Deutschlandfilme. Filmdenken und Gewalt,* Frankfurt a.M./Basel 2003, S. 222.

84 *Die Woche,* 12.11.2001.

85 Interview mit Horst Möller, in: *Oberhessische Presse,* 19.12.2001.

86 »Kritiker mundtot gemacht«. Peter Gauweiler über seine Rolle vor fünf Jahren, *SZ,* 8.10.2002.

87 *FAZ,* 29.11.2001; *Der Standard* (Wien), 15.4.2002.

das dort vermittelte Bild nicht ertragen konnten und das Ausstellungsprojekt nach vierjähriger Laufzeit stoppten?[88] Die Gründe dafür waren nicht schwer zu erraten: Die Deutschen waren nach 40 Jahren erstmals mit der nie eingestandenen Dimension der Verbrechen an der Ostfront konfrontiert worden. 27 Millionen Sowjetbürger verloren in diesem Krieg ihr Leben – 11,5 Millionen Rotarmisten, von denen 3,3 Millionen als Kriegsgefangene auf dem Marsch oder in den Lagern umgekommen waren, und 15,2 Millionen Zivilisten, davon 2,5 Millionen Juden, die man in Panzergräben, Wäldern oder auf freiem Feld mit Maschinenpistolen und Karabinern erschossen hatte.[89] Und diese ungeheure, aber abstrakte Zahl der Verbrechen war an Beispielen aus dem Alltag dieses Krieges so fassbar und nachvollziehbar gemacht worden, dass das bisher gültige Bild von der »sauberen Wehrmacht«, eine Gründungslegende der Bundesrepublik, unhaltbar wurde und durch ein neues ersetzt werden musste, das nicht mehr auf Legenden basierte, sondern sich in Übereinstimmung mit der Realität befand.

Was es aber den meisten Besuchern erschwerte, ja nahezu unmöglich machte, diesen Schritt auch zu tun und die Fakten zu akzeptieren, war vor allem der Tatbestand, dass es sich bei den an den Verbrechen Beteiligten und auf den Fotos Gezeigten nicht um anonyme und fremde Personen handelte, sondern um Millionen von Wehrmachtsangehörigen, die »jedermanns Mann, Vater, Bruder, Onkel, Großvater« waren.[90] Alles Familienmitglieder, die man liebte oder deren Erinnerung man in Ehren hielt. Das

---

[88] Zu den Reaktionen in Österreich: Brigitte Kepplinger/Reinhard Kannonier (Hrsg.), *Irritationen. Die Wehrmachtsausstellung in Linz,* Grünbach 1997; Helga Embacher/Albert Lichtblau/Günther Sandner (Hrsg.), *Umkämpfte Erinnerung. Die Wehrmachtsausstellung in Salzburg,* Salzburg, Wien 1998; der bemerkenswerte Dokumentarfilm, »Jenseits des Krieges«, den die Wiener Filmemacherin Ruth Beckermann 1995 in der Ausstellung in Wien gedreht hat, ist in Auszügen dokumentiert in ihrem gleichnamigen Buch; Walter Manoschek, Die Wehrmacht und die Ausstellung »Vernichtungskrieg. Verbrechen der Wehrmacht 1941 bis 1944« als Thema österreichischer Vergangenheitspolitik, in: *Österreichische Zeitschrift für Politikwissenschaft,* 2001, H. 1, S. 61-77; Heidemarie Uhl, Lesarten des »Vernichtungskriegs«. Zur Resonanz der Ausstellung »Verbrechen der Wehrmacht. Dimensionen des Vernichtungskriegs 1941 bis 1944« bei ihrer Präsentation in Wien (April/Mai 2002), in: Hannes Heer/Walter Manoschek/Alexander Pollak/Ruth Wodak (Hrsg.), *Wie Geschichte gemacht wird. Zur Konstruktion von Erinnerungen an Wehrmacht und Zweiten Weltkrieg,* Wien 2003, S. 269-284.

[89] Quellen bei Christian Hartmann, *Wehrmacht im Ostkrieg. Front und militärisches Hinterland 1941/42,* München 2009, S. 789.

[90] So Jan Philipp Reemtsma in seiner Rede zur Eröffnung der Ausstellung 1995, in: Hamburger Institut für Sozialforschung (Hrsg.), *Krieg ist ein Gesellschaftszustand. Reden zur Eröffnung der Ausstellung »Vernichtungskrieg. Verbrechen der Wehrmacht 1941 bis 1944«,* Hamburg 1998, S. 8-13, hier S. 10.

sollten Mörder oder Mordhelfer oder Mordzeugen sein? Ohne auch nur einen Blick in die in den Archiven gelandeten Reste der Wehrmachtsakten geworfen zu haben, legen schon die vielen persönlichen Zeugnisse der Soldaten – Tagebücher, Feldpostbriefe, spätere Erinnerungen – es nahe, diese Frage mit Ja zu beantworten.

Gefreiter Rudolf Lange
»27. Juni 1941: Baranowitschi [Baranawitschy, Weißrussland]. Eine motorisierte Einheit überholt uns. Die zerstörte Stadt bietet einen schlimmen Anblick. Ruinen längs der Straße von Mir [Weißrussland] nach Stolpci. Wir fühlen kein Mitleid, nur eine große Lust zu zerstören. Meine Finger jucken, meine MPi in das Menschengewimmel zu halten und den Bügel durchzuziehen. [...] Es gibt für uns Deutsche kein Zusammenleben mit diesen Asiaten, Russen, Kaukasiern und Mongolen.«[91]

Gefreiter Werner Bergholz
»31. Juni 1941: Als wir [...] durch Rowno [Riwne, Ukraine] kamen, wurden alle Geschäfte geplündert, jeder schleppte mit, was ihm unter die Finger kam. [...] 1. Juli: Heute schlachteten wir ein Schwein. Wir konnten auch ein Fass Bier auftreiben. Was kann man sich Besseres wünschen? [...] 2. Juli: Nachts wurden zwei unserer Wachen erschossen. Hundert Menschen wurden dafür an die Wand gestellt. Alles Juden.«[92]

Obergefreiter Richter
»1. Juli 1941: Wir erschossen 60 Gefangene beim Regimentsstab. 7. Juli: Matula und ich stöberten ein bisschen in unserm Quartier herum. Es gab fette Beute: 25 Eier und einen Sack Zucker. [...] 19. Juli: Uto [Udo] erwischte einen Partisanen in den Wäldern und hing ihn auf.«[93]

Major Reich
»2. Juli 1941: Juden erschossen. 3. Juli: Wir brechen auf. 22 russische Soldaten, einige von ihnen verwundet, werden in dem Hof eines Bauern erschossen. Fruchtbares Tal. Windmühlen. 6. Juli: Rast bei einem ukrainischen Bauernhaus. Luftangriff, später noch mehrere Angriffe. Wir machen uns ein Omelette. Aufbruch (hell, Mondnacht). 7. Juli: Bomber.

[91] *True to Type. A Selection from Letters and Diaries of German Soldiers and Civilians, Collected on the Soviet-German Front,* (Hutchinson), London/New York 1983, S. 11.
[92] Ebenda, S. 22.
[93] Ebenda, S. 23.

9. Juli: Kommissar von einer MG-Abteilung erledigt. 10. Juli: Verlegung nach Norden mit dem Zug. (Alte Frau mit Kindern Kontakt zu Partisanen.) Zwei Leichen in einem Haus. Verstärktes russisches Artilleriefeuer. 12. Juli: Hübsche, ordentliche Dörfer. Ein Streifschuss von hinten auf meinen Stahlhelm. Dafür sterben drei Dorfbewohner. Ich liege in einem Obstgarten, als plötzlich eine Handgranate explodiert, ganz in meiner Nähe. 13. Juli: Ein deutscher Luftwaffensoldat getötet, 50 Juden erschossen.«[94]

Leutnant Siegfried Knappe, 87. Infanterie-Division (ID)
Weißrussland, Juni/Juli 1941. »Wir überrannten die erste Verteidigungslinie und griffen die zweite Linie des Feindes an, als wir plötzlich bemerkten, dass wir von vorne und von hinten unter Feuer genommen wurden. [...] Die russischen Soldaten im ersten Schützengraben, von denen wir annahmen, dass sie sich ergeben hatten, drehten sich um und griffen uns im Rücken an. Einige Kameraden wurden dabei getötet oder verwundet. [...] Unsere Männer verwandelten sich in Berserker, und von da an bis zum Ende des Gefechts wurden keine Gefangenen mehr gemacht. Kein Russe in einem Schützengraben oder in einer Deckung blieb am Leben. Weder ich noch ein anderer Offizier versuchte, sie aufzuhalten – unsere eigenen Leute hätten uns erschossen. Sie waren außer sich in ihrer Raserei.«[95]

Schütze Jürgen Leonhard, 291. ID
Feldpostbrief, Windau [Fluss Venta, Litauen/Lettland; Stadt Ventspils/Lettland], 6. Juli 1941: »Die Bevölkerung ist uns sehr freundlich gesonnen. Überall herzlicher Empfang. Wir wurden mit ›Heil Hitler‹ begrüßt. Dieses eine Jahr Bolschewismus hat diese Leute sehr stark mitgenommen. Ein großer Teil der Leute ist durch die Russen verschleppt worden. Entsetzlich viele Juden sind übriggeblieben. Die hiesige männliche Bevölkerung hat sich zu einem Selbstschutz zusammengefunden, um gegen die Bolschewisten zu kämpfen.«[96] Bericht von 1995/96 aufgrund von Feldpostbriefen,

---

[94] Ebenda, S. 19.

[95] Siegfried Knappe and Ted Brushaw, *Soldat. Reflections of a German Soldier, 1936-1949*, New York 1992, S. 193; Knappe verlegt das Geschehen in die Stadt Orscha und in die Zeit des Vormarschs auf Smolensk. Diese Angabe ist falsch: Orscha wurde am 14./15.7.1941 eingenommen – allerdings nicht von Knappes 87. ID, die zu diesem Zeitpunkt dem Befehlshaber rückwärtiges Heeresgebiet Mitte unterstellt und vom 3.7. bis 24.8.1941 als Sicherungsdivision in Minsk eingesetzt war. Da auch Smolensk schon am 16.7. eingenommen worden war, dürfte sich das Massaker beim Vormarsch auf Minsk ereignet haben.

[96] Jürgen Leonhardt, *Hineingeboren in ein historisches Umfeld 1940 bis 1946*, Schotten 1995-1996, 2. Aufl., S. 20.

Tagebüchern und Fotos: »Da ich während des bisherigen Vormarsches viel fotografierte, [...] bekam ich dienstfrei, [...] um bei einem örtlichen Fotografen die Laborarbeiten machen zu lassen. Wir lagen vom 5.7. bis 17.7.41 in Windau. Auf dem Feldsteinpflaster einer Straße kam mir eine Kolonne von der Soldateska des [litauischen] ›Selbstschutzes‹ getriebener Menschen entgegen. Im Dauerlauf stolpernd. Im Négligé, halb angezogen, in Straßen- und Hauskleidung, barfuß – Kinder und Alte – Juden! Abends in der OU, der Ortsunterkunft, saß wieder mein Freund Walter Helbig in einer Ecke und weinte. Er streubte sich, etwas zu erzählen, er wäre vereidigt worden und dann kam es doch aus ihm heraus: Es wurden, ohne Angabe wofür, Freiwillige für einen Sondereinsatz gesucht. Er meldete sich. Diese Gruppe Infanteriesoldaten der großdeutschen Wehrmacht marschierte aus der Stadt hinaus. Die von mir beobachtete Kolonne, es waren wohl mehr geworden, Walter Helbig sprach von Hunderten, mussten Gräben schaufeln und sich auf die Grabenränder stellen. Die deutsche Infanterie erschoss mit Karabinern und Maschinengewehren.«[97]

Kradmelder Wolfgang Holzapfel, Pionier-Bataillon der 299. ID
Anfang Juli 1941: »Wir bewegen uns bereits in der westlichen Ukraine. Hier mehren sich ländliche Ortschaften, Kolchosen, und das Gelände wird unübersehbarer [...]. So kommt es vor, dass die nun mehrfach auftretenden Heckenschützen, unter denen auch Frauen sich organisieren, in größeren Mengen von uns gejagt und gefangen genommen werden. Zur Abschreckung hängen auch hier und dort welche am Galgen. [...]« Dubno: »Auch hier wurden vor unserer Ankunft durch Spezial-Kommandos Juden zusammengetrieben, die hinter hohen Hofgittern einer Schule auf ihre Zukunft warten.«[98] [...] Mitte Juli, Rowno [Riwne, Ukraine]: »Bereits am Ortseingang erhalten alle aus meinem Zug Befehl, beim Durchziehen der Durchfahrtsstraße die Häuser und Keller zu untersuchen; dazu den Befehl, keine Gefangenen zu machen; und wer sich wehrt, ist zu erschießen. [...]« Anfang August, Shitomir [Schytomyr, Ukraine]: »Abgesperrt durch recht hohe Stacheldrahtzäune liegen links von mir nahe der Straße niedriggehaltene Kasernen-Baracken. Es ist überraschend viel ›Betrieb‹ hinter dem Zaun: der Eingang wird von SS-Posten, die Maschinenpistolen über die Schulter hängen lassen bewacht. [...] Man karrt aus der ganzen Stadt und Um-

97 Ebenda, S. 23.

98 Wehrmachtssoldaten erschossen Ende Juni und Anfang Juli 1941 bei zwei Aktionen in Dubno ca. 100 Juden; vgl. Hamburger Institut für Sozialforschung (Hrsg.), *Verbrechen der Wehrmacht. Dimensionen des Vernichtungskrieges 1941 bis 1944*, Hamburg 2002, S. 123-127, hier S. 123.

gebung alles, was Jude ist, hier zusammen. […] Durch das von einem herumstehenden deutschen Posten bewachte, aber weit offene Drahtgittertor, komme ich ohne aufgehalten zu werden ins Innere dieses Barackenkomplexes. Gelbbraune dünnwandige Steingebäude, nur ebenerdig errichtet, stehen teils leer, teils sind zu hingeworfenen Haufen hier Kleider, Mäntel und auch Unterwäsche verteilt. Hier sind Menschen ausgezogen worden. [...] In wieder einem anderen Raum ›wirken‹ SS-Männer, einer im weißen Kittel. Sicherlich ein Zahnarzt, denn hier werden den Juden ohne großes Federlesen die Münder kontrolliert und alles, was der Arzt an Gold oder Platin findet, brutal entfernt... Nur wenige Augenblicke, und ich eile weiter, suchend, was hier noch so alles läuft. […] Dann stehe ich vor langen, etwa drei Meter tiefen Gruben. In der Nähe erwarten SS-Männer, ein Executions-Kommando, die hier ankommenden. Männer nur noch in ihrer Unterhose, Frauen und Kinder in Hemden. Säuglinge drücken die Frauen auf den Armen fest an ihren Körper. Doch dann selektiert ein SS-Offizier. Die Kinder und Babys werden ihnen weggerissen, in eine weitere kleinere viereckige Grube gejagt oder geworfen. Hier können sie nicht entfliehen. Dann geht es fast mechanisch: zehn Männer an den Grubenrand, hinknien, Kommando ›Feuer‹ des SS-Vorgesetzten, und die Körper kippen nach vorne in die große Grube; ... dann zehn Frauen […] ich […] ziehe wieder mal meinen Fotoapparat und mache heimlich einige Bilder.«[99]

Kriegsverwaltungsinspektor Edwin Grützner, Wirtschaftskommando Kiew
»Lemberg [Lwiw, Ukraine], 19. Juli 1941. Noch laufen die Menschen mit ihren weißen Binden umher, ohne scheinbaren anderen Zwang von der Obrigkeit und den Besatzern. Zwar dürfen sie die Stadt nicht verlassen und aus anderen Orten nicht nach hier zuziehen. Es erscheint alles – bis auf die weiße Binde – formell in Ordnung. Sie sind schon keine Menschen mehr, die mit der weißen Binde, die Juden. In Wahrheit ist die Ordnung nicht in Ordnung, denn sie sind Freiwild, das ohne Jagderlaubnis zu erlegen ist. Selbst noch weniger als Freiwild sind diese Menschen. Auch Freiwild ist jagdgemäß zu erlegen. […] Shitomir [Schytomyr, Ukraine], 21. August 1941. Wir sehen hier Dinge, die die Menschen daheim nicht sehen und wohl lange nicht oder überhaupt nicht erfahren werden. Durch unsern Kopf geht – so sehr wir den Krieg hassen – er muss gewonnen werden von den Deut-

[99] Wolfgang Holzapfel, Und kam zurück... damals im Osten, (1991), S. 17, 26, 35. Der Bericht entstand im November 1991 aufgrund von eigenen Feldpostbriefen, die Holzapfel überraschend im Nachlass seines Vaters gefunden hatte. Die bearbeiteten Erinnerungen waren dem Sohn und den Enkeln gewidmet und wurden mir vom Autor zur Verfügung gestellt.

schen, oder wir gehen unter. Man wird uns ausrotten, das ahnen wir und denken dabei an unsere Eltern, Kinder und Frauen ... Was kann man bloß tun? Was und wer kann uns helfen? Dabei muss man bei all dem Elend ruhig sein, den Mund halten, sich in Schweigen hüllen, wo man doch aufschreien möchte und um sich schlagen, um seine Freiheit und die des eigenen Volkes zu erringen. – Vielleicht ist es zweckmäßig, ein Tagebuch zu führen. Doch das kann verhängnisvoll werden. Briefe sind wohl angebrachter, mag auch manch Banales dabei sein. [...] Shitomir, 6. September. Mit einem Lächeln habe ich gesehen, wie bei dem Gefangenenlager in Shitomir alle Wege [...] und Öffnungen mit Stacheldraht abgedichtet werden und bei der geringsten Fluchtvermutung sofort geschossen wird, doch die Gefangenen sind alle ungefährlich. Sie ›können nicht mehr‹ und wollen auch nicht mehr, sie sind kaputt, hungernd und krank. – Ganz allein schon bin ich durch die gefangenen Russenmassen gegangen. Kein einziger hat auch nur die geringste drohende Haltung angenommen oder Unmut geäußert.«[100]

Unteroffizier Friedrich Fiedler, Nachschubkompanie der 294. ID
»18. Juli 1941. Morgen 7.00 Uhr geht der Vormarsch weiter [...] über die ehem. poln.-russ. Grenze nach Włodzimierz [Wolodymyr-Wolynskyj, Ukraine]. [...] Die Stadt ist wie ausgestorben. Auf der Straße werden wir von einer Polin auf gebrochen deutsch gefragt, ob wir nicht wüssten, wo ihr Mann sei, seit 2 Tagen sei er auf der Arbeit und nichts gegessen. Später erfahren wir, daß 250 Juden u. bolsch[ewistische] Funktionäre am Morgen von der Gestapo erschossen wurden.[101] Diese Frau wird wahrscheinlich vergebens auf ihren Mann warten, und das Kind, welches sie erwartet, wird seinen Vater nicht kennen lernen. [...] 21. Juli. 4.15 Uhr Wecken, bereits 6.00 Uhr machen wir uns wieder auf die Landstraße, die an vielen Stellen von den Kampfhandlungen stark beschädigt und nur notdürftig geflickt ist. Über Torczyn, Zaborol kommen wir gegen 8.00 Uhr in Luck an. Luck [Luzk, Ukraine] ist eine ziemlich große Stadt, deren Zentrum wie alle bisherigen Orte durch Stuka-Angriffe total zertrümmert ist. Die Bevölkerung hat furchtbar gelitten. Unter russ. Verwaltung wurde ihr Besitz enteignet, die Zahl der nach Sibirien verbannten und füsilierten Einwohner ist nicht

[100] Aufzeichnungen des Technischen Kriegsverwaltungsinspektors Edwin Grützner vom Rüstungskommando Kiew, in: *Die deutsche Wirtschaftspolitik in den besetzten sowjetischen Gebieten 1941-1943. Der Abschlußbericht des Wirtschaftsstabes Ost und Aufzeichnungen eines Angehörigen des Wirtschaftskommandos Kiew,* hrsg. von Rolf-Dieter Müller, Boppard/Rhein 1991, S. 591, 597, 600.

[101] Wenn Fiedler von der Gestapo redet, meint er Kommandos der Einsatzgruppen der Sicherheitspolizei [SIPO] und des Sicherheitsdienstes [SD] der SS.

bekannt, 3000 Todesopfer erforderte der Bombenangriff deutscher Stukas, 1800 Juden und Bolschewiken wurden von der Gestapo erschossen.[102] [...] 23. Juli. Mitten aus einem erfolgreichen Skat heraus erfolgt der Abmarsch gegen 15.00 Uhr [...] nach der großen Stadt Rowne [...]. Die Bewohner müssen bis 21.00 Uhr die Straße verlassen haben, die Stadt macht dann einen entsetzlichen toten Eindruck mit ihren zerschossenen Häusern und ausgeräumten Läden. [...] 27. Juli. [...] Gegen 11.00 Uhr fahren wir von Korzysc ab. Auf der Rollbahn Nord erreichen wir über Korzesc den Westausgang Zwiahel [Nowohrad-Wolynskyj, Ukraine]. Zwiahel ist ein kleiner Marktfleck und befindet sich auf altrussischem Gebiet. Es besitzt ca. 50-60 russische Kasernen. [...] Am Nachmittag des 28.7. marschiert ein großer Transport von schätzungsweise 2000 russ. Gefangener an der Kaserne vorbei. Es macht den Kameraden Spaß, wie sie durch eine große Wasserlache, welche die Straße überquert, getrieben werden. Mit Knüppeln werden sie hineingetrieben, in der sie teilweise bis zum Knie im Schlamm einsinken, ein späterer Transport umgeht diese Einbruchstelle. [...] 29. Juli. 9.00 Uhr fahren wir auf der Rollbahn Nord weiter, wir durchfahren die sogenannte russ. entvölkerte Zone. [...] Gegen 10.30 Uhr erreichen wir Kurne, ein kleines langgestrecktes Dorf, wo wir in der Schule Quartier beziehen, auch die Schreibstube befindet sich dort. In der Turnhalle gegenüber liegt die Nachschub-Komp[anie]. Am abend kommt ein großer Gefangenentransport und lagert auf der Wiese in ca. 50 m Entfernung von uns. Sie sind furchtbar ausgehungert und halb verdurstet, die Zivilbevölkerung, die sich vorher kaum hat blicken lassen, strömt in hellen Scharen heran und bringt Wasser und einige Brote, die natürlich nur ein Tropfen auf heißem Stein sind. Für die ca. 3000 Gefangenen (meist Ukrainer, bei einer Säuberungsaktion gefangenengenommen, sie sind wahrscheinlich schon mehrere Tage ohne Verpflegung gewesen) sind eine Anzahl Pferde geschlachtet worden. Das schon halb stinkige Fleisch wird ihnen in rohem Zustand verabreicht. Die deutschen Wachposten haben Not, diese ausgehungerte und durstige Menge in Schach zu halten, viele Schreckschüsse müssen abgegeben werden, bei einem Fluchtversuch am Morgen des 30.7. wird ein Gefangener erschossen. Eine Frau rennt aufgeregt hin und her und erbittet die Freilassung eines von ihr erkannten Angehörigen (wahrscheinlich ihr Mann oder ihres Sohnes, eine Verständigung ist nicht möglich). [...] 7. August. An diesem Tag marschieren wir weiter (Abmarsch von Shitomir

---

[102] An der Erschießung durch Angehörige des Sonderkommandos 4a der Einsatzgruppe C beteiligten sich auch ein Zug Ordnungspolizei und ein Zug Infanterie, vgl. Hamburger Institut, *Vernichtungskrieg, Katalog*, S. 66.

8.30 Uhr nach Korostyschew [Korostyschiw, Ukraine] und liegen dort in der Schule, in deren Garten 72 erschossene Juden begraben liegen) nur einige Stunden. [...]

22. September. Da die gegenüberliegenden Feindteile infolge Einkreisung nur noch schwachen Widerstand leisten, stößt unsere Division über den Dnjepr vor. Am 19.9.41 wird Kiew – nur noch von einer kleinen Nachhut besetzt – eingenommen. Am 22. September 9.30 Uhr marschieren wir weiter und erreichen [...] den neuen Unterkunftsort Grigorowka. Wir wohnen in der schönen geräumigen Schule [...]. Die Schreibstube ist im Hochparterre und die Schlafräume im Kellergeschoss untergebracht, Fahrzeuge stehen im Schulgarten. Am 23.9. mittag mache ich mit Kam. Treibmann einen Spaziergang zur Werkstatt-K[om]p[anie], die in der stillgelegten und bisher nicht ingang gebrachten Zuckerfabrik Grigorowka liegt. Dort befindet sich gleichzeitig das Gefangenlager. In der Nacht vom 22.9. zum 23.9.1941 kamen dort ca. 900 russ. Überläufer [...] an, die der Hunger über den Dnjepr getrieben hat. Es sind meist Jahrgänge 1906-10 und machen im allgemeinen einen günstigen und intelligenten Eindruck. Von den Gefangenen werden ungefähr 35 pol[itische] Kommissare und Funktionäre herausgesondert und ›physisch liquitiert‹. [...] Am 30. September gegen 1.30 Uhr erreichen wir endlich den neuen Unterkunftsort Borispol [Boryspil, Ukraine]. Auf einem ungeheuer weiträumigen Gelände stehen verstreut eine große Anzahl russ. Kasernen. In einer der sauberen, weißgetünchten mit Zentralheizung versehenen Kasernen beziehen wir Quartier. Leider ist die Zentralheizung nicht in Ordnung, wir frieren. In der Nacht war das Kasernengelände erhellt von tausenden von Lagerfeuern, an denen sich ca 12.000 russ. Gefangene für eine Nacht die totmüden Glieder erwärmen. Am Morgen setzt sich diese gewaltige Dampfwalze angetrieben mit Knüppeln und Blindschüssen wieder in Bewegung, eine Anzahl Kranke, Sterbende und Gestorbene zurücklassend.«[103]

[103] Friedrich Fiedler, Gedächtnis-Skizze für den Marsch durch den Balkan, Polen und Rußland [15.3.-19.10.1941]. Der Bericht wurde mir von Eberhard Fiedler, dem Sohn Friedrich Fiedlers, während der Präsentation der Ausstellung in Kassel in der Zeit vom 25.5. bis 5.7.1998 zur wissenschaftlichen Verwendung übergeben. Abgedruckt in: Hannes Heer, *Vom Verschwinden der Täter. Der Vernichtungskrieg fand statt, aber keiner war dabei*, Berlin 2004, S. 68-84. Das Tagebuch ist buchstaben- und zeichengetreu, bis auf die Schreibweise der Monate bei der täglichen Datierung, wiedergegeben.

Leutnant Paul Henkel
5. November 1941. »Unterhaltung von Sattel zu Sattel. Morgens in der Ukraine: ›Man müsste‹. Anstoß: Getreideland, Weizen, große Flächen. [...] Wie würde man, wie müsste man siedeln. [...] Ziel: Heran-Ziehung und Heran-Bildung eines reinen Herrenvolkes im Osten. Gleichzeitig läuft eine Rassenauslese. Erfolg: ein hochqualitativer, selbständiger Mensch, der nicht mehr ganz so zivilisatorisch überspannt ist. [...] Und der untauglich ist für dauernde Kuliarbeiten. [...] Sicherheitshalber sollte man 5000 km hinter dem Kaukasus alles verwüsten, verbrennen, sprengen. [...] Was sehr interessant ist, dass hier die Juden denkbar unbeliebt sind. [...] Nun sind sie gen Sibirien gewandert. [...] Die Russen hoffen auf den Winter. [...] Wir haben die erfreuliche Auffassung, dass wir lieber 500 Russen erfrieren lassen, bevor einer von uns kalte Füße bekommt.«[104]

Der entgrenzte Krieg

Um zu verstehen, wie dieser Prozess der Barbarisierung von Millionen Soldaten – den eine Minderheit unter ihnen durchaus wahrgenommen und oft verzweifelt reflektiert hat – verlief, ist es notwendig, zusätzlich zu den genannten weitere Elemente zu benennen, die dafür prägend waren. Das »Unternehmen ›Barbarossa‹« war Hitlers immer geplanter, sein eigentlicher Krieg. Die Rede, die er am 30. März 1941 an die 100 Befehlshaber und Stabschefs des künftigen Ostheeres im Empfangssaal der Reichskanzlei richtete, verriet das. Sie war ein offener Aufruf zum Massenmord:

»Kampf zweier Weltanschauungen gegeneinander. Vernichtendes Urteil über Bolschewismus, ist gleich asoziales Verbrechertum. Kommunismus ungeheure Gefahr für die Zukunft. Wir müssen von dem Standpunkt des soldatischen Kameradentums abrücken. Der Kommunist ist vorher kein Kamerad und nachher [als Gefangener] kein Kamerad. Es handelt sich um einen Vernichtungskampf. [...] Kampf gegen Russland: Vernichtung der bolschewistischen Kommissare und der kommunistischen Intelligenz. [...] Der Kampf muss geführt werden gegen das Gift der Zersetzung. Das ist keine Frage der Kriegsgerichte. [...] Der Kampf wird sich sehr unterscheiden vom Kampf im Westen. Im Osten ist Härte mild für die Zukunft. Die Führer müssen von sich das Opfer verlangen, ihre Bedenken zu überwinden.«[105]

---

104 Feldpostbrief, 5.11.1941, Washington National Archives RG 260, Property Division, PCEA 18/22.

105 Aufzeichnungen von General Franz Halder, zit. in: Gerd R. Ueberschär/Wolfram Wette (Hrsg.), *Der deutsche Überfall auf die Sowjetunion. »Unternehmen Barbarossa« 1941*, 2. Aufl. Frankfurt a.M. 2011, S. 248f. (vgl. Dokument 2 im Anhang, S. 194).

Als Hitler nach der Rede sofort den Saal verließ, löste sich auch die Versammlung auf. Äußerungen von Empörung, Widerspruch oder Zweifel aus dem Kreis der anwesenden Generäle sind nicht bekannt. Dabei wurde in Hitlers Rede das, was beim Überfall auf Polen 1939 nur improvisiert und getestet worden war, zu Ende gedacht und weiterentwickelt zum Prototyp eines neuen Krieges. Dieser unterschied sich durch vier Merkmale von allen bisherigen Formen staatlicher militärischer Gewaltanwendung: 1.) Es ging nicht mehr nur darum, einen militärischen Gegner zu besiegen, sondern eine Weltanschauung, die in einer Revolution ein Riesenreich erobert hatte und nun die ganze Welt bedrohte, zu bezwingen. 2.) Deren Träger – die politischen Kommissare in der Roten Armee wie die kommunistischen Funktionäre im Staats- und Verwaltungsapparat – wurden als Kriminelle dargestellt, die es zu vernichten galt. 3.) Da aber der Bolschewismus mit der Liquidierung der Bolschewiken nicht erledigt sein würde, sondern wie ein Gift längst die ganze Gesellschaft zersetzt hatte, musste auch diese in ihrer bisherigen Form zerstört werden. Und als Summe der bisherigen Besonderheiten: 4.) Der Krieg gegen die Sowjetunion war daher anders zu führen als die vergangenen Feldzüge in West- und Nordeuropa. Statt Milde half an der Ostfront nur Härte, d.h. rohe von keiner Rechtsnorm eingegrenzte Gewalt. Entsprechend instruierte der oberste Rechtsexperte der Wehrmacht die an die Ostfront abkommandierten Stabsoffiziere am 11. Juni 1941, auf dem letzten Lehrgang vor dem Überfall. Im kommenden Einsatz gegen die Sowjetunion habe »Rechtsempfinden u[nter] U[mständen] hinter Kriegsnotwendigkeit zu treten«. Um dann noch deutlicher zu werden: Erforderlich sei die *»Rückkehr zum alten Kriegsbrauch […]. Einer von beiden Feinden muss auf der Strecke bleiben.«*[106]

Die Generalität folgte Hitlers Aufforderung, angesichts dieses schicksalhaften Kampfes ihre moralischen »Bedenken« zu überwinden und mögliche politische Vorbehalte für Deutschlands Zukunft zu »opfern«. Ihre Führung, das Oberkommando der Wehrmacht (OKW), erarbeitete in den folgenden Wochen vier Grundsatzbefehle, die es in sich hatten und daher unter Historikern die »verbrecherischen Befehle« heißen:

Am 13. Mai 1941 wurden die für Delikte der Zivilbevölkerung sonst zuständigen Kriegsgerichte abgeschafft: »Freischärler« wie alle tatverdächtigen Zivilisten mussten von der Truppe an Ort und Stelle erledigt werden; falls sie nicht gefasst wurden, sollten »kollektive Gewaltmaßnahmen« ge-

---

[106] Ueberschär/Wette, *Überfall auf die Sowjetunion*, S. 283f. (vgl. Dokument 11 im Anhang, S. 211).

gen umliegende Dörfer und deren Einwohner erfolgen.[107] Damit wurde von Beginn an eine zweite Front eröffnet und legitimiert – der Partisanenkrieg als Kampf gegen die Zivilbevölkerung.

Am 19. Mai folgten »Richtlinien für das Verhalten der Truppe in Russland«, in denen für jeden Soldaten die Feindgruppen des künftigen Krieges definiert wurden: Der Kampf gegen den Bolschewismus, den »Todfeind des nationalsozialistischen deutschen Volkes«, verlange »rücksichtsloses und energisches Durchgreifen gegen bolschewistische Hetzer, Freischärler, Saboteure, Juden«.[108] Damit waren die Juden als *militärischer* Feind benannt.

Am 6. Juni erging der Befehl zur Behandlung der Kommissare der Roten Armee: Als »Urheber barbarisch asiatischer Kampfmethoden« seien diese, »wenn im Kampf oder Widerstand ergriffen, grundsätzlich sofort mit der Waffe zu erledigen«.[109] Damit war der Gefangenenmord auf dem Schlachtfeld eingeführt.

Am 16. Juni erfolgten Bestimmungen über die Kriegsgefangenen: Die ihnen zustehenden Rechte wie ausreichende Ernährung und medizinische Versorgung wurden faktisch außer Kraft gesetzt; am 8. September erging eine Anordnung, dass der gefangene Rotarmist »jeden Anspruch auf Behandlung als ehrenhafter Soldat und nach dem Genfer Abkommen verloren« habe.[110] Ab jetzt waren die Gefangenen endgültig Freiwild.

Diesen Befehlen lagen drei weitergehende, aber nicht offen genannte Weisungen zugrunde. Die erste, die das Schicksal der sowjetischen Kriegsgefangenen bestimmen sollte, besagte, dass sich die Wehrmacht »aus dem Land« zu ernähren und alle Überschüsse der Heimat zuzuführen hatte. *»Hierbei«*, so lautete der Beschluss der beteiligten Ministerien am 2. Mai 1941 in Berlin, *»werden zweifellos zig Millionen Menschen* [in der Sowjetunion] *verhungern«*.[111] Das Massensterben der Kriegsgefangenen, 1 Million im ersten Halbjahr, war also kein durch widrige Umstände verursachtes Missmanagement, sondern Kriegsplan.

Die zweite Abmachung, die die Erfassung und Ermordung der sowjetischen Juden regelte, erfolgte zwischen Wehrmacht und SS am 28. April 1941. Bei der »Durchführung besonderer sicherheitspolizeilicher Aufgaben« sollten vier Einsatzgruppen des Sicherheitsdienstes (SD) in den rückwärtigen Gebieten des Heeres gegen »führende Emigranten, Saboteure,

[107] Ebenda, S. 252f. (vgl. Dokument 6 im Anhang, S. 201).
[108] Ebenda, S. 258 (vgl. Dokument 7 im Anhang, S. 203).
[109] Ebenda, S. 259f. (vgl. Dokument 8 im Anhang, S. 206).
[110] Ebenda, S. 261, 295f., 297ff. (vgl. Dokument 14, S. 216, und Dokument 15, S. 219, im Anhang).
[111] Ebenda, S. 323 (vgl. Dokument 3 im Anhang, S. 194).

Terroristen usw.« tätig werden.[112] Dass mit der Formel »usw.« Juden und Kommunisten gemeint waren, wusste jeder Stabsoffizier aufgrund mündlicher Instruktionen[113] und eines exakteren Befehls[114] aus dem Feldzug gegen Jugoslawien. Die SS-Kommandos handelten »in eigener Verantwortlichkeit«, waren aber der Wehrmacht »hinsichtlich Marsch, Versorgung und Unterbringung unterstellt« und verpflichtet, alle geplanten Aktionen den zuständigen Wehrmachtsstäben »rechtzeitig zur Kenntnis zu bringen«.[115] Die Wehrmacht wusste also, was hinsichtlich der Verfolgung der Juden auf sie zukam – eine genau geregelte Arbeitsteilung.

Die dritte Rahmenentscheidung betraf die Zielplanung für die besiegte Sowjetunion. Da Nazideutschland sich von allen weltwirtschaftlichen Verflechtungen, d.h. von jeder Abhängigkeit vom Ausland freimachen wollte, sollte der eroberte »Lebensraum im Osten« als Lieferant für Rohstoffe, Lebensmittel, Arbeitskräfte dienen und vor allem Siedlungsraum für deutsche Volksgenossen bieten. Um Raum dafür zu schaffen, sahen die Eckdaten eines von Himmler in Auftrag gegebenen »Generalplans Ost« vor, 14 Millionen Einheimische als Arbeitssklaven am Leben zu lassen und 31 Millionen Einwohner zu deportieren und zu ermorden.[116] Jeder tote Russe war also ein Stück deutscher Zukunft.

Die internationale Völkergemeinschaft hatte sich zu Anfang des 20. Jahrhunderts in der »Haager Landkriegsordnung« auf ein Regelwerk geeinigt, das den kriegführenden Parteien gebot, auch im Falle eines Krieges »den Interessen der Menschlichkeit und [...] der Zivilisation zu dienen«, und sie bei Wahrnehmung ihrer militärischen Interessen verpflichtete, »die Leiden

112 Ebenda, S. 249f. (vgl. Dokument 5 im Anhang, S. 198).

113 SS-Standartenführer Hans Nockemann am 6.6.1941 bei einer Besprechung mit den Ic-Offizieren der Heeresgruppen und Armeen, Aktennotiz des Ic/AO III der Heeresgruppe Nord , BA-MA RH 19 III/722.

114 OKH Befehl vom 2.4.1941, zit. bei: Helmut Krausnick, Hans-Heinrich Wilhelm, *Die Truppe des Weltanschauungskrieges. Die Einsatzgruppen der Sicherheitspolizei und des SD 1938-1942,* Stuttgart 1981, S. 137.

115 Ueberschär/Wette, *Überfall auf die Sowjetunion,* S. 250 (vgl. Dokument 5 im Anhang, S. 199).

116 Mechtild Rössler/Sabine Schleiermacher (Hrsg.), *Der »Generalplan Ost«. Hauptlinien der nationalsozialistischen Planungs- und Vernichtungspolitik,* Berlin 1993; Isabel Heinemann/Willi Oberkrome/Sabine Schleiermacher/Patrick Wagner, *Wissenschaft. Planung. Vertreibung. Der Generalplan Ost der Nationalsozialisten. Katalog zur Ausstellung der Deutschen Forschungsgemeinschaft,* Bonn/Berlin 2006; dieser Plan wurde detailliert erst im Juni 1942 vorgelegt, aber die Maßzahl von 30 Millionen zu ermordender Sowjetmenschen lag beim Überfall auf die Sowjetunion schon vor und war Bestandteil der Gespräche der Generäle des Ostheeres.

des Krieges zu lindern«.[117] Um das zu garantieren, wurde der Status des regulären Soldaten und des Nichtkombattanten definiert, die Rechte und Pflichten der Kriegsgefangenen wurden festgelegt, der Vollzug der militärischen Gewalt im besetzten Gebiet geregelt und die Zivilbevölkerung in ihren Rechten, Besitzständen, religiösen Gebräuchen geschützt. Als generelle Maxime sollte gelten, dass die Kriegführenden »kein unbeschränktes Recht« zur Schädigung des Feindes besäßen, sondern sich an der »Angemessenheit der Mittel« zu orientieren hätten.[118] Diese Vereinbarungen wurden 1929 durch die Genfer Konventionen zur Behandlung der Kriegsgefangenen und Verwundeten ergänzt und erweitert. Die Regeln von Haag und Genf schufen kein neues Recht, sondern fassten die Prinzipien des gültigen Völkergewohnheitsrechts zusammen. Deutschland hatte beide Abkommen unterzeichnet und sie in der Weimarer Verfassung zu Bestandteilen des deutschen Rechts gemacht.[119]

Trotz dieser eindeutigen Rechtslage war Hitler entschlossen, den Krieg gegen die Sowjetunion außerhalb der Normen des Völkerrechts zu führen.[120] Dabei nutzte er den Umstand aus, dass die Sowjetunion der Genfer Kriegsgefangenenkonvention von 1929 nicht beigetreten war und keine Erklärung von ihr vorlag, ob sie die 1907 noch vom Zaren unterzeichnete Haager Landkriegsordnung als rechtsverbindlich betrachtete. Als die sowjetische Regierung aber unmittelbar nach dem Überfall der deutschen Wehrmacht erklärte, beiden Abkommen beizutreten und die entsprechenden diplomatischen Schritte unternahm, verbot Hitler jede Rechtsvereinbarung mit dem Gegner. Dadurch würde, wie er bei einer Besprechung der Naziführung am 16. Juli erklärte, »unser Weg erschwert«.[121] Die Wehrmachtsführung vertrat diesen Standpunkt, an der Ostfront freie Hand zu haben, noch entschiedener: *»Vom Standpunkt der Kriegführung wurde es für vorteilhafter angesehen, wenn die Russen den angeblich beabsichtigten Beitritt nicht ausführen.«*[122] Nach der erfolgreichen Verhinderung einer Nazideutschland rechtlich bindenden Vereinbarung ordnete Hitler an,

---

[117] Haager Abkommen, betreffend die Gesetze und Gebräuche des Landkriegs vom 18.10.1907, zit. in: Hamburger Institut für Sozialforschung (Hrsg.), *Verbrechen der Wehrmacht. Dimensionen des Vernichtungskrieges, Ausstellungskatalog,* Hamburg 2002, S. 17.

[118] Haager Landkriegsordnung, Artikel 22, zit. ebenda, S. 19.

[119] Ebenda, S. 20ff.

[120] Vgl. Christian Streit, *Keine Kameraden. Die Wehrmacht und die sowjetischen Kriegsgefangenen 1941-1945,* Stuttgart 1978, S. 224-237, hier S. 228.

[121] An dieser Sitzung nahmen teil: Rosenberg, Göring, Lammers, Keitel und Bormann (ebenda).

[122] Ebenda, S. 226.

»wesentlich sei es nun, dass wir unsere Zielsetzung nicht vor der ganzen Welt bekannt gäben«.[123] Der Krieg konnte wie geplant außerhalb des Völkerrechts weitergehen. Die »verbrecherischen Befehle« wurden befolgt und die Planzahl von 30 Millionen zu ermordenden Russen konnte in den folgenden vier Jahren fast erreicht werden.

Dieser Sachverhalt war gemeint, als wir in der ersten Wehrmachtsausstellung diesen Krieg »das – neben Auschwitz – barbarischste Kapitel der deutschen und österreichischen Geschichte«[124] nannten. Dieser Völkermord geschah nicht hinter dem Rücken einer »sauberen Wehrmacht« und war nicht das Werk der SS, wie es nach dem Krieg Jahrzehnte lang erzählt wurde. Er konnte nur durch das Millionenheer der deutschen Wehrmacht exekutiert werden, und auch der von der SS schon beim Vormarsch begonnene Holocaust war nur durch Unterstützung bzw. Duldung der Wehrmacht möglich. Wie aber erklärte sich die vom ersten Tag an zu beobachtende Bereitschaft zum Verbrechen? Wie konnten Soldaten zu Massenmördern werden?

Die eigene gerechte Sache

»Daß Ihnen die friedliche Arbeit mehr liegt und [Sie] *mehr erfreut als das Morden, glaube ich, wenn aber die Überzeugung in den Menschen gekommen ist, treibt man auch dieses Handwerk mit Stolz und Gewissenheit«*, so hat ein unbekannter Soldat in einem Feldpostbrief einem Bekannten in der Heimat die am eigenen Leib erfahrene Veränderung erklärt.[125] Wenn man die Ursachen für diese »Überzeugung«, dass das Morden rechtens sei, verstehen will, reicht es nicht aus, auf die ab 1933 staatlich betriebene Propaganda gegen die Juden und deren vor aller Augen stattfindenden Ausschluss aus der deutschen Gesellschaft, auf die Hasspredigten gegen den »jüdischen Bolschewismus« in Russland, auf die systematisch betriebene Indoktrination von Offizieren und Rekruten im Sinne des Nationalsozialismus und auf die in Polen praktizierte Einübung in den Massenmord hinzuweisen. Wichtiger war, dass es der direkten Intervention Hitlers und der Wehrmachtsführung gelang, die Wahrnehmung des Krieges gegen die Sowjetunion vorab so zu manipulieren, dass sie für Millionen Soldaten durch die Realität der »Ostfront« bestätigt wurde.

---

123 Ebenda, S. 228.

124 Hannes Heer, Einleitung, in: *Vernichtungskrieg. Verbrechen der Wehrmacht 1941 bis 1944, Ausstellungskatalog*, hrsg. vom Hamburger Institut für Sozialforschung, Hamburg 1996, S. 7.

125 Peter Hartl, Der Mutwilligen Zähmung. Kriegserlebnis und Vorstellungswelt von deutschen Soldaten an der Ostfront, in: Ruthard Stäblein (Hrsg.), *Mut. Wiederentdeckung einer persönlichen Kategorie*, Bühl/Moos 1993, S. 126.

Hitler hatte schon bei der Niederschrift von »Mein Kampf« zu ergründen versucht, wie man vor einem künftigen Waffengang eine bestimmte »Optik« auf die Ereignisse erzeugen könnte. Zu seinem Modell wurde dabei das Vorgehen der Engländer im Ersten Weltkrieg. Diese hätten in ihrer Propaganda die Deutschen »als Barbaren und Hunnen« präsentiert und so die eigenen Soldaten wirkungsvoll auf die Schrecken des Krieges vorbereitet:

»Denn die grausame Wirkung der Waffe, die er ja nun an sich von Seiten des Gegners kennen lernte, erschien ihm allmählich als Beweis der ihm schon bekannten ›hunnenhaften‹ Brutalität des barbarischen Feindes, ohne daß er auch nur einen Augenblick soweit zum Nachdenken gebracht worden wäre, daß seine Waffen [...] *noch entsetzlicher wirken könnten.«*[126]

Diese Lektion wandte Hitler an, als er den lange geplanten Krieg gegen die Sowjetunion vorbereitete. Entschlossen, ihn außerhalb der Normen des Völkerrechts zu führen, sorgte er in seinen Reden, Befehlen und Instruktionen dafür, dieses Szenario zu verschleiern, indem er den Gegner zum Rechtsbrecher abstempelte. Der Sowjetunion wurde unterstellt, *sie* habe einen Angriff geplant, dem das Deutsche Reich nur zuvorgekommen sei, *sie* betreibe eine »asiatische« Kampfesweise und zeige ein Verhalten außerhalb jeder Kriegskonventionen und jenseits aller Standards einer Kulturnation: *»Im Kampf gegen den Bolschewismus ist mit einem Verhalten des Feindes nach den Grundsätzen der Menschlichkeit oder des Völkerrechts nicht zu rechnen«*[127] – das wurde der Schlüsselsatz in den *verbrecherischen Befehlen.* Kommissare mussten erschossen werden, da von ihnen »eine hasserfüllte, grausame und unmenschliche Behandlung unserer Gefangenen zu erwarten«[128] sei; dem gefangenen Rotarmisten wurde eine völkerrechtskonforme Behandlung verweigert, weil er dazu ausgebildet worden sei, den Krieg »mit jedem ihm zu Gebote stehenden Mittel – Sabotage, Zersetzungspropaganda, Brandstiftung, Mord«[129] – zu führen; die für Delikte der Zivilbevölkerung sonst zuständigen Kriegsgerichte wurden abgeschafft wegen der »Besonderheit des Gegners« und der durch den »bolschewistischen Einfluss« verursachten »Leidenszeit des deutschen Volkes« seit 1918.[130] Und die Juden wurden zu Feinden, weil sie die »Träger des Bolschewismus«, des Todfeindes des nationalsozialistischen Deutschlands, waren.[131]

---

[126] Hitler, *Mein Kampf,* S. 199.

[127] Ueberschär/Wette, *Überfall auf die Sowjetunion,* S. 259 (vgl. Dokument 8 im Anhang, S. 205).

[128] Ebenda, S. 206.

[129] Ebenda, S. 297 (Dokument 15 im Anhang, S. 219).

[130] Ebenda, S. 252.

[131] Ebenda, S. 258 (Dokument 7 im Anhang, S. 203).

Aber Hitler beschränkte sich nicht nur darauf, den Gegner in den ausgearbeiteten Grundsatzbefehlen zu verteufeln; er griff auch ganz persönlich in die propagandistischen Vorbereitungen für den Angriff ein, indem er ein vom Amt Wehrmachtspropaganda vorbereitetes Merkblatt über die Kriegführung des Gegners zurückziehen ließ und die Herausgabe neuer Merkblätter anordnete. In ihnen sollte auf alle Möglichkeiten »der heimtückischen Kriegführung« des Gegners hingewiesen werden.[132] Das gedruckte Ergebnis mit dem Titel »*Kennt ihr den Feind?*« wurde jedem deutschen Soldaten in die Hand gedrückt und las sich so:

»Soldaten! Ihr steht jetzt im Kampf gegen einen Feind, bei dem ihr die Handlungsweise anständiger Soldaten und ritterlicher Gegner nicht voraussetzen könnt. Die bolschewistische Rote Armee weiß, daß sie der sicheren Vernichtung durch die deutsche Wehrmacht entgegengeht und wird deshalb mit den hinterhältigsten und gemeinsten Mitteln kämpfen.«[133]

Diese Einstimmung auf einen kriminellen Gegner wurde präzisiert durch plakative Warnungen wie »Achtung, Gas!« – »Sie vergiften die Lebensmittel!« – »Seuchengefahr!« und detaillierte Hinweise auf »hinterhältige« Kriegslisten, nächtliche Überfälle usw. Auffallend war die Ankündigung, dass vonseiten des Gegners eine »sadistische Behandlung Gefangener oder Verwundeter« zu erwarten sei, und die Aufforderung, darüber sofort »Protokolle mit Zeugenaussagen (Ort- und Zeitangabe)« vorzulegen.[134]

Diese Warnungen und Voraussagen schienen sich schon in den ersten Tagen nach dem Angriff aufs Genaueste zu bestätigen. Als die ohne Kriegserklärung überfallene und daher vollkommen überraschte Rote Armee sich in ihren grenznahen Stellungen mit allen ihr zur Verfügung stehenden Mitteln wehrte und auch geschlagene Truppenteile sich nicht ergaben, sondern den Kampf aus Wäldern und Kornfeldern, Gehöften und Ortschaften fortsetzten, galt das als Bestätigung, dass die Sowjetarmee sich nicht als »ritterlicher Gegner« verhielt, sondern in hinterhältiger Weise »Heckenschützen« und »Freischärler« einsetzte. Diese Art einer erbitterten und todesverachtenden Kriegführung wurde als »das Werk der Kommissare und ihrer brutalen Überwachungsherrschaft« und als Ausdruck des russischen Volkscharakters – seiner »primitive[n] Psyche und natürli-

---

[132] ObdH/1. Gen St Offz Nr. 165/41 g. Kdos., Bundesarchiv Militärarchiv Freiburg [BA-MA], H 3/1.

[133] Kennt ihr den Feind? BA-MA RH 26-102/7.

[134] AOK 4/ Ic, Merkblatt über Sowjetkriegführung (bis Komp.), 18.6.1941, BA-MA RH 24-47/215.

che[n] Sturheit« – gebrandmarkt.[135] Dabei hatte das OKW in den Lehrgängen vor dem Feldzug solche Maßnahmen gerade als »Besonderheiten der [sowjetischen] Kriegsführung«[136] bezeichnet und sie als militärisch vertretbares taktisches Konzept präsentiert.

Auch die zahlreichen Fälle von angeblich nach der Gefangennahme ermordeten deutschen Soldaten wurden als Beweis für den ja bereits vorausgesagten Tatbestand geltend gemacht, dass der Gegner sich der »gemeinsten Mittel« bedienen würde. Dabei handelte es sich bei den »Verstümmelungen« in der Mehrzahl der Fälle um Verwundungen, die aus dem bei der Roten Armee bevorzugten »Nahkampf mit aufgepflanztem Seitengewehr« resultierten, einer Kampftaktik, die den deutschen Militärs seit Langem bekannt war.[137] Die Propaganda aber machte daraus die Bestätigung für die in den Merkblättern vorausgesagte »sadistische Behandlung« deutscher Gefangener: *»In die Gewalt solcher Unmenschen darf man nicht geraten.«*[138] Wo es sich tatsächlich um erschossene deutsche Gefangene handelte, stellten nur wenige Truppenführer einen Zusammenhang her zwischen solchen Fällen und der in jedem Gefangenenverhör bestätigten panischen Angst der sowjetischen Soldaten, den Deutschen in die Hände zu fallen und – wie ihre Kommissare – gefoltert oder sofort erschossen zu werden.[139] Um diesem Schicksal zu entgehen und die eigene Flucht durch Mitnahme deutscher

---

[135] VIII. AK/Ic Tätigkeitsbericht 22.6.1941-31.1.1942, BA-MA RH 24-8/123; ähnlich: 10. ID (mot.)/Ic, Feindnachrichtenblatt Nr. 5, 14.7.1941, BA-MA RH 26-10/69 b.

[136] Ic-Ausbildung, Lehrgang B 1.4.-5.4.1941, Filmsaal OKW Berlin. Bendlerstr. 11-13, 3. Stock, BA-MA RH 27-19/15.

[137] OKH, GenSt d H O. Qu IV. Abt. Fremde Heere Ost (II), Vortragsnotiz Sowjetunion, 29.5.1941, BA-MA RH 26-45/91; diese Einschätzung kursierte bei den Divisionen und wurde in deren Instruktionen z.T. wortgleich übernommen, vgl. 129. ID/Ic Feindnachrichtenblatt Nr.1, 13.6.1941, BA-MA RH 26-129/29; Peter Bamm, der an der Ostfront als Militärarzt eingesetzt war, hat darauf hingewiesen, dass die »Verstümmelungen« von deutscher Seite inszeniert wurden, vgl. Peter Bamm, *Die unsichtbare Flagge*, München (1952), 1989, S. 116f.

[138] Der Befehlshaber der Pz.Gr. 3, 28.6.1941,BA-MA RH27-7/64; Gerke: Der Rußlandfeldzug der 23. Infanterie-Division (Bialystok – Minsk – Mogilew – Roslawl. Aufzeichnungen des Div. Nachschubführers, 5 Teile) Juli-Oktober 1941, S. 13, BA-MA RH 26- 23/91.

[139] 18. ID (mot.)/Ic Tätigkeitsbericht, Eintrag 27./28.6.1941, BA-MA RH 26-18/55; 18. ID (mot.)/Zusammenfassender Bericht über den Einsatz der Division in der Zeit vom 27.-29.6.1941, 3.7.1941, BA-MA RH 26-293/8; Schtz. Rgt. 25 / Ia, Betr: Gefangenenvernehmung 28.7.1941, BA-MA RH 27-12/49; IX. AK/ Ic Tätigkeitsbericht, Eintrag 28./29.6.1941, BA-MA RH 24-9/154 ; I[nfanterie]R[egiment] 20 (mot.) / Ic, Abendmeldung an Division, 30.6.1941, BA-MA RH 26-10/69a.

Gefangener nicht zu behindern, dürfte es verschiedentlich zu Übergriffen gegenüber deutschen Gefangenen gekommen sein.[140]

Den schlüssigsten Beweis für den Charakter des Gegners als »vertierter Untermensch« aber lieferte die bei der Flucht vor den deutschen Truppen in den Gefängnissen der Westukraine wie im Baltikum vom sowjetischen NKWD durchgeführte Erschießung von Häftlingen. Deren vor der öffentlichen Präsentation oft noch von SS-Kommandos verstümmelte Leichen[141] dienten den deutschen Besatzern dazu, die Juden als Mörder oder mindestens Helfershelfer der bolschewistischen Politik zu denunzieren und Pogrome der Bevölkerung gegen sie einzuleiten. Ein Soldat hat nach einem Besuch eines Gefängnisses in Lemberg in seinem Tagebuch als Fazit festgehalten: *»Ich vertrat meine Meinung, dass alle Juden einfach totgeschlagen werden müssten. Nichts kann mich mehr davon abbringen, nachdem, was ich erlebt und gesehen habe.«* Wenig später beteiligte er sich an der Ermordung eines Juden: *»Er wurde erschlagen. – Wie eine Fliege, ein lästiges Insekt.«*[142]

Was mit dieser Dehumanisierung und Bestialisierung des Gegners erreicht wurde, war die Überzeugung von der eigenen gerechten Sache. Die Kriegführung der Deutschen reagierte offensichtlich nur auf die permanenten Rechtsbrüche der Roten Armee und versuchte, die eigenen Soldaten davor zu schützen. Der eigene Kampf, indem er dem permanenten Rechtsbruch des Gegners widerstand und ihn bestrafte, erhielt, geadelt durch das Opfer der gefallenen Kameraden, eine hohe moralische Legitimation, die jeden Zweifel an der eigenen Kriegführung ausschloss.

Es wäre falsch, diese Konditionierung des Verhaltens lediglich als Produkt der Propaganda zu beschreiben. Die Propaganda hatte zwar schon vor dem Überfall auf die Sowjetunion einen Deutungsrahmen vorgegeben, der Feindbilder und Stereotypen anbot. Entscheidend aber für die Wahrneh-

---

[140] LIII. AK, Unser Weiter Weg, S. 32; Bestätigung durch sowjetische Gefangene: 1. Kav.Div./Abt. Ic, An Gen. Kdo. XXIV. AK, Ic, 16.7.1941, BA-MA RH 24-24/331; 3. Schtz. Brig., An 3. Pz.Div./Ic , 24.7.1941, BA-MA RH 27-3/175; Div. A.A. 23/Abt. II b, Betr.: Spähtrupp Knaack, Der 292. Division/über 23. Division, Vernehmung (über Vorfall 4.8.1941), 21.8.1941, BA-MA RH 26-292/54.

[141] Vgl. Bamm, *Die unsichtbare Flagge*, S. 116; Hannes Heer, Einübung in den Holocaust. Lemberg Juni/Juli 1941, in: *Zeitschrift für Geschichtswissenschaft* [ZfG], Jg. 49 (2001), Heft 5, S. 409-427, hier S. 416; zu den Vorfällen in Złoczów [Solotschiw, Ukraine] vgl. Bernd Boll, Zloczow, Juli 1941: Die Wehrmacht und der Beginn des Holocaust in Galizien, in: *ZfG*, Jg. 50 (2002), Heft 10, S. 899-917.

[142] Lothar Hochschulz, ? 000 Kilometer durch die U.d.S.S.R., Nach den ungekürzten handschriftlichen Aufzeichnungen und seinen Bildern zusammengestellt von Eberhard Masche, seinem Neffen, Januar 2004, S. 9.

mung des Gegners und dessen Behandlung wie für die Legitimierung des eigenen Verhaltens waren die selbst gemachten Erfahrungen an der Front. Sie sollten sich als Schock erweisen. Noch ganz im Rausch der schnellen Siege von 1939 bis 1941 war die Wehrmacht vollkommen überrascht, als sie auf einen Gegner traf, der sich völlig anders verhielt als in den vergangenen Feldzügen. Anstatt sich der Übermacht der modernsten und stärksten Armee der Welt zu beugen und sich spätestens nach erfolgloser Gegenwehr zu ergeben, kämpften die Angehörigen der Roten Armee weiter, verschanzten sich in Gehöften und Dörfern, griffen Versorgungstrupps und Einzelfahrzeuge der Deutschen aus Wäldern und Kornfeldern an oder sorgten mit Scharfschützenfeuer und plötzlichem Auftauchen im Rücken der Truppe für erhebliche Verluste. Eingeschlossene sowjetische Verbände versuchten zu den eigenen Linien durchzubrechen oder igelten sich in den Wäldern ein und bedrohten den deutschen Vormarsch. Trotz Verlusten von mehr als 1 Million Mann in den Kesselschlachten, die im Juni/Juli 1941 in Weißrussland und in der Ukraine stattfanden, konnte sich die Masse der gegnerischen Truppen nach rückwärts absetzen, hinter jedem Fluss Fuß fassen und schanzen, gleichzeitig im Hinterland Verteidigungslinien bilden und neue Verbände zu Gegenangriffen heranführen. Der deutsche Vormarsch auf Moskau, Leningrad und Kiew, wegen des schwierigen Geländes, Materialabnutzung und Nachschubproblemen ohnehin behindert, kam wegen dieser permanenten Gegenwehr und der extrem hohen Verluste der Truppe an fast allen Frontabschnitten Ende Juli zum Erliegen.

Der Kriegsplan, die Masse der Roten Armee in der Nähe der Grenzen zu zerschlagen und mit dem raschen Vorstoß der deutschen Truppen ins Landesinnere den Zerfall des Sowjetstaates einzuleiten, war gescheitert. Einen Monat lang, von Mitte Juli bis Mitte August 1941, diskutierten Hitler und die Wehrmachtsführung die weiteren Etappen des Angriffs und einigten sich auf einen neuen Zeitplan. Es war jetzt für jeden klar, dass dieser Feldzug sich von denen in Polen, im Westen, im Norden und im Südosten Europas in allem unterschied. Im September wusste die Truppe, dass man nicht wie versprochen noch in diesem Jahr als Sieger in die Heimat zurückkehren, sondern in Russland bleiben würde. Das hieß, dass für Millionen Landser der bis dahin unangefochtene Nimbus der Wehrmacht, jeder Aufgabe gewachsen und unbesiegbar zu sein, erstmals Schaden genommen hatte. Die Gründe für dieses Scheitern zu analysieren und eine realistische Lageeinschätzung vorzunehmen, dazu war die Führung der Wehrmacht wie ihre Befehlshaber vor Ort nicht in der Lage. Sie hatten sich Hitler und seinem Programm der Unterwerfung Europas verschrieben, sie glaubten an die eigene professionelle Überlegenheit und genossen die Handlungsfreiheit des von allen moralischen und rechtlichen Bindungen entgrenzten Krieges. Sie erblickten die Gründe für die Krise nicht in den eigenen politischen und militärischen Fehlern, sondern in den extremen Bedingungen von Landschaft und Klima, vor allem aber im verbrecherischen Charakter des Gegners.

Jetzt erst, als mit der Erkenntnis, dass der Gegner unterschätzt worden war, auch die Gewissheit des raschen Sieges schwand und die Angst vor der Zukunft wuchs, gewannen die in den Befehlen verpackten Feindbilder Realität, indem sie zur Erklärung des gescheiterten Blitzkrieges dienten: Gerade weil die Ermordung von Tausenden von Kommissaren nicht wie versprochen zum Zerfall der Roten Armee geführt, sondern deren Kampfbereitschaft eher gestärkt hatte, musste diese eine Armee fanatisierter Parteisoldaten sein. Jeder gefangene Rotarmist war also ein Todfeind und musste entsprechend behandelt werden. Da die Zivilbevölkerung die untergetauchten Rotarmisten mit Zivilkleidung versorgt und in ihren Dörfern aufgenommen hatte, unterstützte diese die Fortsetzung der offenen Operationen der Roten Armee in der Form eines heimtückischen Partisanenkampfes und hatte also als feindlich zu gelten.

Die Drahtzieher dieser unsichtbaren Front im Rücken der deutschen Truppen aber konnten nur die Juden sein, die das ihnen drohende Schicksal kannten und zu allen Mitteln griffen, um Macht und Leben zu verteidigen. *»Der Jude ist der Partisan!«*, das wurde im Herbst die Losung. Es verwundert nicht, dass im September 1941 die »verbrecherischen Befehle« gegen die Zivilbevölkerung, »Partisanen« und Kriegsgefangene noch einmal verschärft wurden und mit dem Massenmord an 30.000 Juden in der Schlucht von Babyn Jar am 29./30. September der »Holocaust auf offenem Feld«[143] überall in den besetzten Teilen der Sowjetunion begann. Die Wunderwaffe, die ab jetzt an der Ostfront zum Einsatz kam, war der Völkermord. Und Millionen Soldaten willigten ein, weil es ihnen plausibel erschien. Diese Haltung lässt sich an zwei Beispielen demonstrieren.

Jochen Klepper, 1903 geboren, gläubiger Protestant und ein Schriftsteller, der wegen seines Bestsellers »Der Vater« (ein Roman über den preußischen Soldatenkönig und dessen Sohn, den späteren Friedrich II.) in konservativen Kreisen und bei Militärs hohes Ansehen genoss, war seit Ende 1940 Soldat und ab 22. Juni 1941 bei der Nachschubabteilung der 76. Infanterie-Division in der Ukraine eingesetzt. Er notierte am 20. September 1941 in seinem Tagebuch:

---

143 Habbo Knoch, Die Tat als Bild. Fotografie des Holocaust in der deutschen Erinnerungskultur, Hamburg 2001, S. 28.

»Sowohl ich wie die neuen Kameraden beim Aufbruch. Noch einmal eine Morgenrunde von Herzlichkeit und Aufgeschlossenheit. Ich sehe nun doch alles schon als Abschied an. Wie ist das alles möglich, was sich da an Menschlichkeit und Zuneigung in so wenig Stunden enthüllt. Zu allen, von allem kann ich frei reden: nur nicht zur Judenfrage. Hier sehe ich, dass die Propaganda ihr volles Werk geleistet hat.« Und am 25. September schrieb er: »Alle Gespräche mit Kameraden nehmen eine so schöne, menschliche Wendung. Überall aber konstatiere ich den fast völligen Sieg der antisemitischen Propaganda. Man reflektiert nicht mehr. ›Die Juden müssen weg‹«.[144]

Ein ähnliches Bild von seinen Kameraden zeichnete der oben schon zitierte Unteroffizier Friedrich Fiedler. Am 17. Oktober 1941 notierte er:

»Um 7.00 Uhr fahren wir von Borki ab und erreichen [...] Mirgorod [Myrhorod, Zentralukraine], wo wir wieder unser altes Quartier in der Kaserne beziehen. Am Abend gibt es Wodka als Marketenderware, die der Kamerad Habich mitgebracht hat, er erzählt bei seiner Rückkehr von Lubny noch folgendes Erlebnis. Ueberschrift ›moderne Umsiedlung‹. Die jüdische Bevölkerung von Lubny hatten mittels Plakate die Aufforderung erhalten, sich am anderen Morgen mit Frauen und Kindern unter Mitnahme aller Wertsachen um 9.00 Uhr zwecks Umsiedlung am Ausgang der Stadt zu versammeln. Pünktlich ist alles zur Stelle, als ein grünes geschlossenes Auto vorfährt, dem SS-Männer entsteigen. 1600 jüdische Männer, Frauen und Kinder werden in Gruppen zu 60 Mann eingeteilt und mit Knüppeln nach einer Sandgrube getrieben. Kleider, Pelze und Schmucksachen werden in Säcken gesammelt, mit entblöstem Oberkörper müssen sie sich hinlegen in Reihen, zwei SS-Männer schießen mit Maschinenpistolen jedem eine Kugel in den Kopf. Die nächsten Opfer müssen sich auf die Toten legen und werden ebenfalls physisch vernichtet. Beim Fallen der ersten Schüsse schreit alles vor Angst auf und will entfliehen, doch die Knüppel der Wachmannschaft sind schneller, keiner entkommt. Nachmittag gegen 3.00 Uhr ist die gesamte jüdische Einwohnerschaft von Lubny in den Himmel umgesiedelt worden. So geschehen im Jahre des Heils Eintausendneunhunderteinundvierzig am 17. Oktober vormittag zwischen 9.00 und 15.00 Uhr. Diese Heldentat ist für meine Kameraden ›ein Grund zum Trinken‹, fröhliche

---

[144] Jochen Klepper, *Überwindung, Tagebücher und Aufzeichnungen aus dem Krieg,* hrsg. von Hildegard Klepper, Stuttgart 1958, S. 206 und 213. Am 27.9.1941 wurde Klepper, trotz zahlreicher Eingaben seiner Vorgesetzten, aus dem Heer entlassen, weil er mit einer Jüdin verheiratet war. Am 11.12.1942 ging er zusammen mit seiner Ehefrau und deren Tochter, die deportiert werden sollte, in den Tod, vgl. Jochen Klepper, *Unter dem Schatten deiner Flügel. Aus den Tagebüchern der Jahre 1932-1942,* hrsg. von Hildegard Klepper, Stuttgart 1956.

Lieder werden laut. Kam[erad] J. stimmt das Freiheitslied ›die Juden ziehn dahin, daher, sie ziehn durchs rote Meer, die Wellen schlagen zu, die Welt hat Ruh‹ an und ich gehe still ins Bett von manchen gehänselt wegen meiner Gefühlsduselei.«[145]

Offensichtlich war es aufgrund des in Polen Erlebten, des von der Wehrmachtspropaganda gelieferten Bildes vom sowjetischen Gegner und der eigenen, in diesem vorgeprägten Rahmen gemachten Erfahrungen nicht mehr möglich, Wahn und Wirklichkeit zu unterscheiden. Vor allem in Bezug auf die Juden war es der Wehrmachtsführung gelungen, den Holocaust zum Kriegsziel zu machen. *»Selbst Phänomene, die eigentlich deutlich auf den Vernichtungscharakter dieses ›Krieges‹ hinwiesen«*, hat ein ehemaliger Soldat selbstkritisch erinnert, *»habe ich (wie wohl die allermeisten Frontsoldaten) eingeordnet in ein ganz allgemeines, um nicht zu sagen ›normales‹ Kriegsgeschehen und militärisches Unternehmen«.*[146] Nur wenige von Hitlers Kriegern waren in der Lage, Jahre nach dem Völkermord an der Ostfront die eigene Verblendung – wie Amoralität zu Normalität wurde – so klar zu erkennen und so präzise zu benennen.

3. Das Trugbild der Erinnerung: die »saubere Wehrmacht«

Angesichts solcher Zeugnisse kann man sich vorstellen, wie schwer es den ehemaligen Soldaten nach dem Krieg wurde, sich aus dem Gefängnis dieser Wahnwelt zu befreien: Als der moralisch Überlegene hatte man sich und seine Ideale gegen Horden von »Untermenschen« und tollwütigen »Verbrechern« verteidigen müssen und die physische Auslöschung von mehr als 15 Millionen sowjetischen Zivilisten, davon 2,5 Millionen Juden, als legitimen Akt zum Schutz des Vaterlandes gerechtfertigt. Die Befreiung von dieser grandiosen und diabolischen Selbsttäuschung wurde massiv erschwert, weil fast die ganze Gesellschaft an diesem Wahnbild festhielt.

Schon 1945 hatten fünf führende deutsche Feldmarschälle und Generäle die Umrisse eines Bildes entworfen, das im öffentlichen Bewusstsein 50 Jahre Bestand haben sollte. In einer Denkschrift für die Nürnberger Prozesse hatten sie festgestellt: 1.) dass das Verhältnis der Wehrmacht zur Partei wie zu Hitler stets kühl und distanziert gewesen sei, 2.) dass man vor dem Krieg die Judenverfolgung als der deutschen Nation unwürdig

---

[145] Fiedler, Gedächtnis-Skizze, 17.10.1941.

[146] Martin Schröter, *Held oder Mörder, Bilanz eines Soldaten Adolf Hitlers,* Wuppertal 1991, S. 76.

abgelehnt, im Krieg aber weder Einfluss auf das Tun der SS gehabt, noch davon erfahren habe, 3.) dass die Generalität den Krieg gegen die Sowjetunion als dem deutschen Volk aufgezwungenen Präventivkrieg akzeptiert habe. Hitlers Absicht aber, dort einen Rassen- und Vernichtungskrieg zu führen, sei man nicht gefolgt; der Feldzug sei ritterlich nach den Regeln des Völkerrechts geführt worden.[147] Telford Taylor, einer der amerikanischen Anklagevertreter im ersten Nürnberger Verfahren und Hauptankläger in den Folgeprozessen, erkannte in diesem Vorgang schon damals »die ersten Keime der Mythen und Legenden«, mit denen die geschlagenen Generäle ihre Spur zu verwischen suchten.[148]

Die wenig später einsetzende Flut von Generalsmemoiren fügte diesem frühen Bild einer nazifernen und widerständigen Wehrmacht das des schuldlos-schuldigen Opfers hinzu. Die Historiker, von denen die meisten gerade eben den feldgrauen Rock abgelegt hatten, taten das ihre, diese Legende mit den Pathosformeln des Missbrauchs und der Verführung zu fundieren. Stellvertretend für diese Rhetorik des Passivs sei Hans-Adolf Jacobsen, ehemaliger Offizier der Wehrmacht und langjähriger Ordinarius an der Universität Bonn, zitiert: *»Die meisten Soldaten, im militärischen Gehorsam diszipliniert, durch den Eid an Hitler gebunden und seit 1941 durch ein erbarmungsloses Ringen physisch und psychisch bis zum Äußersten herausgefordert, waren indoktriniert, manipuliert und tragisch verstrickt.«*[149] Undenkbar sollte es sein, eine solche dem Regime wie dem Schicksal ausgelieferte Truppe »eigenständiger genozidaler Motive und Handlungen« zu verdächtigen.[150] Das war angeblich allein Sache der »Verbrecher« von der SS gewesen.

Im Beschweigen der allen bekannten Verbrechen und im Umdeuten der eigenen Geschichte hat das Kollektiv der Deutschen nach 1945 versucht, sich der Kontinuität zu versichern und sich zugleich eine Identität zu schaffen, die den Normen der Jetztzeit entsprach und ein positives Selbstbild garantierte. Dieser Prozess der Selbstverständigung der NS-Ge-

---

[147] Staatsarchiv Nürnberg, PS-3798; vgl. Manfred Messerschmidt, Vorwärtsverteidigung. Die »Denkschrift der Generäle« für den Nürnberger Gerichtshof, in: Heer/Naumann (Hrsg.), *Vernichtungskrieg,* a.a.O., S. 531-550.

[148] Telford Taylor, *Die Nürnberger Prozesse. Hintergründe, Analysen und Erkenntnisse aus heutiger Sicht,* München 1994, S. 613.

[149] Hans-Adolf Jacobsen, Im historischen Sinne Mittäter, in: *Bonner Generalanzeiger* vom 28.2.1997.

[150] Thomas Kühne, Die Victimisierungsfalle. Wehrmachtsverbrechen, Geschichtswissenschaft und symbolische Ordnung des Militärs, in: Greven/von Wrochem, *Der Krieg in der Nachkriegszeit,* S. 183-196, hier S. 184.

neration konnte zum Selbstbild, zur kollektiven Erinnerung eines ganzen Volkes werden, weil er durch die Filme und Illustrierten der 1950er Jahre, durch die Memoirenliteratur der Generäle und die millionenfach verbreiteten Heldengeschichten der »Landserhefte«, vor allem aber durch die »Vergangenheitspolitik« Adenauers und aller im Bundestag vertretenen Parteien massiv unterstützt und offiziell legitimiert wurde: durch die Amnestierung und Integration fast aller Funktionsträger des Naziregimes, durch die Beendigung der Entnazifizierung, durch die mit einer Kampagne erzwungene Freilassung der inhaftierten Kriegsverbrecher und schließlich durch die von US-Präsident Eisenhower – mit Hinweis auf die gewünschte deutsche Wiederbewaffnung – erpresste öffentliche Ehrenerklärung für die Wehrmacht.[151] Der Kalte Krieg und die Staatsdoktrin des Antikommunismus taten ein Übriges, den Verbrechen der Wehrmacht in Polen, in der Sowjetunion und in Jugoslawien im Nachhinein sogar den Anschein von Berechtigung zu verleihen. Insgesamt wurden die Spuren der Nazizeit und ihrer Verbrechen so gründlich verwischt und ausradiert, dass der Eindruck entstehen konnte, Nazis und Nationalsozialismus habe es in Deutschland nie gegeben. Nur für die Verbrechen an den Juden wurde von der Bundesrepublik – als Rechtsnachfolger des NS-Staates – eine Gesamthaftung übernommen: Das »Unrecht«, das nach offizieller Lesart nur »in deutschem Namen« geschehen war, wurde mit Banküberweisung an den Staat Israel abgeglichen. Der einzelne Deutsche hatte mit dem einen wie mit dem anderen nichts zu tun.

Dieses kollektive von der Nazigeneration geprägte Geschichtsbild wurde von der Studentenbewegung 1965-68 mit Vehemenz infrage gestellt und – unterstützt durch den Prozess gegen Adolf Eichmann in Jerusalem 1961 und die Frankfurter Auschwitzprozesse 1963-68 – in seinem Kern zerstört. Hatten die Väter und Mütter der rebellierenden Studenten und Studentinnen ihre Nachkriegsidentität durch Auslöschung der Nazizeit und deren

---

[151] Norbert Frei, *Vergangenheitspolitik. Die Anfänge der Bundesrepublik und die NS-Vergangenheit,* München 1996; zum Problem der Kontinuität Wehrmacht-Bundeswehr vgl. Wolfram Wette, Die Bundeswehr im Banne des Vorbildes Wehrmacht, in: Bald/Klotz/Wette, *Mythos Wehrmacht,* a.a.O., S. 66-115, und Ralph Giordano, *Die Traditionslüge. Vom Kriegskult in der Bundeswehr,* Köln 2000; Peter Steinbach, Zur Mythologie der Nachkriegszeit. Die NS-Wehrmacht als »Zelle des Widerstands« und als Fluchtpunkt der »inneren Emigration«, in: Greven/von Wrochem, *Der Krieg in der Nachkriegszeit,* S. 39-50; Hannes Heer, Verwischen der Spuren. Vernichtung der Erinnerung. Die Wehrmacht als Chronist, in: ders., *Vom Verschwinden der Täter,* S. 67-104; ders., Das Schweigen des Hauptmann Jünger. Ernst Jüngers Reise an die Kaukasusfront 1942/43, in: ebenda, S. 139-169; ders., Die Legende von der sauberen Wehrmacht. Böll, Remarque, Bamm, in: ebenda, S. 170-197.

Ausschluss aus der Erinnerung gewonnen, so begründeten ihre Söhne und Töchter eine neue Identität, indem sie die Verbrechen des NS-Regimes zum Dreh- und Angelpunkt der deutschen Geschichte erklärten und die Kritik daran zur unverzichtbaren Bedingung für das Entstehen einer demokratischen Kultur in Deutschland machten. Mit der Frage nach der Rolle der eigenen Familie in der NS-Zeit wurden die Normen einer universalistischen Moral zum gültigen Maßstab des eigenen Lebens gemacht und zugleich in die deutsche Geschichte zurückgeholt. Damit wurde die sogenannte zweite Generation fähig, »sich von der mentalen Erblast des Beschwiegenen zu befreien und sich zugleich von der Tätergeneration zu distanzieren«.[152] Willy Brandt hat mit seinem Kniefall am Denkmal des Warschauer Gettoaufstandes diese neue Haltung im Umgang mit der deutschen Vergangenheit ausdrucksstark bestätigt. Mit seiner Ostpolitik, die »an die Wurzel des deutschen Unheils, das 1933, bei Hitler lag«, erinnerte und von der Prämisse ausging, »daß die Teilung Deutschlands das durch Deutsche selbstverschuldete [...] Urteil der Geschichte darstellte«, wurde dem Selbstbild der Deutschen, die sich bisher vor allem als Opfer des Nationalsozialismus gesehen hatten, zumindest die Dimension einer Mittäterschaft hinzugefügt.[153]

Während der Judenmord durch die Kulturrevolution von 1968, die neue Ostpolitik und die Ausstrahlung der amerikanischen TV-Serie »Holocaust« also endlich seinen Ort in der deutschen Geschichte fand und die Erinnerung daran zum fixen Bestandteil des Bildungswesens, zum Gegenstand der Literatur und zum Zentrum einer offiziellen Gedenkkultur wurde, blieb der Vernichtungskrieg der deutschen Wehrmacht als zweites deutsches Jahrhundertverbrechen weiterhin tabuisiert. Nachdem über Jahrzehnte ein weitgehend apologetisches, von den Erinnerungen der Täter dominiertes Bild vorgeherrscht hatte, wurde – nach ersten kritischen Studien Ende der 1960er Jahre[154] – in den 1980er Jahren durch Christian Streit und die Forschergruppe um Manfred Messerschmidt eine Militärgeschichtsschreibung etabliert, die mit wegweisenden Studien die Umrisse des Vernichtungskrie-

---

[152] Jörn Rüsen, *Zerbrechende Zeit. Über den Sinn der Geschichte*, Köln 2001, S. 293.

[153] Edgar Wolfrum, Geschichtspolitik in der Bundesrepublik Deutschland 1949-1989. Phasen und Kontroversen, in: Petra Bock, Edgar Wolfrum (Hrsg.), *Umkämpfte Vergangenheit. Geschichtsbilder, Erinnerung und Vergangenheitspolitik im internationalen Vergleich*, Göttingen 1999, S. 68f.

[154] Hans-Adolf Jacobsen, Kommissarbefehl und Massenexekution sowjetischer Kriegsgefangener, in: Martin Broszat/Hans-Adolf Jacobsen/Helmut Krausnick, *Anatomie des SS-Staates*, Bd. 2, München 1967, S. 137-234; Klaus-Jürgen Müller, *Das Heer und Hitler. Armee und nationalsozialistisches Regime 1933-1940*, Stuttgart 1969; Manfred Messerschmidt, *Die Wehrmacht im NS-Staat. Zeit der Indoktrination*, Hamburg 1969.

ges und der Rolle der Wehrmacht als dessen Motor herausarbeitete.[155] Aber auch diese international beachteten Beiträge vermochten nicht, die in der öffentlichen Wahrnehmung vorherrschende Legende von der »sauberen Wehrmacht« zu verändern. Das gelang zehn Jahre später der ersten, 1995 präsentierten sogenannten *Wehrmachtsaustellung* und der durch sie ausgelösten Debatte. Dennoch scheiterte diese Ausstellung nach vier Jahren.

Symptomatisch für die politischen und gesellschaftlichen Kräfteverhältnisse, die diesen Abbruch bewirkten, war das Verhalten des Deutschen Bundestags. Nach einer emotional und sehr persönlich geführten Debatte am 13. März sollten die Abgeordneten am 24. April 1997 über die folgende Vorlage der Regierungskoalition aus CDU/CSU und FDP abstimmen:

»1. Der Zweite Weltkrieg gehört zu den furchtbarsten Tragödien der deutschen und europäischen Geschichte. Ihr fielen Millionen auch deutscher Soldaten und Zivilisten zum Opfer. [...] 2. Das nationalsozialistische Regime hat zahllose und schwerste Verbrechen während des Zweiten Weltkrieges zu verantworten.«[156]

Die Vorlage, indem sie statt des präzisen Begriffs der »Verbrechen« den nebulösen der »Tragödie« wählte, indem sie statt der Wehrmacht mit ihren 19 Millionen Angehörigen das »nationalsozialistische Regime« – also Hitler und seine Bande – verantwortlich machte und indem sie auf perverse Weise als einzige Opfer »deutsche Soldaten und Zivilisten« beim Namen nannte, fasste auf exemplarische Weise noch einmal das mehr als 50 Jahre gültige Geschichtsbild der Deutschen über den Zweiten Weltkrieg und die Rolle der großdeutschen Wehrmacht zusammen.[157] Mit 301 gegen 283 Stimmen wurde der Antrag der Regierung Kohl angenommen.

---

[155] Christian Streit, *Keine Kameraden. Die Wehrmacht und die sowjetischen Kriegsgefangenen 1941-1945,* Stuttgart 1978; Helmut Krausnick/Hans-Heinrich Wilhelm, *Die Truppe des Weltanschauungskrieges. Die Einsatzgruppen der Sicherheitspolizei und des SD 1938-1942,* Stuttgart 1981; Militärgeschichtliches Forschungsamt (Hrsg.), *Das Deutsche Reich und der Zweite Weltkrieg,* Bd. 4, Stuttgart 1983; Gerd R. Ueberschär/Wolfram Wette, *»Unternehmen Barbarossa«. Der deutsche Überfall auf die Sowjetunion 1941. Berichte, Analysen, Dokumente,* Paderborn 1984; in der DDR hatten seit Anfang der 1970er Jahre Dietrich Eichholtz, Klaus Geßner, Norbert Müller, Kurt Pätzold u.a. fundierte wehrmachtskritische Untersuchungen vorgelegt, die aber in der Bundesrepublik nicht wahrgenommen wurden.

[156] Peter Schneider, Der Bundestag wolle beschließen. Zur Debatte über die Ausstellung »Vernichtungskrieg. Verbrechen der Wehrmacht 1941 bis 1944«, in: *Eine Ausstellung und ihre Folgen,* S. 112.

[157] Zu Krieg und Wehrmacht in Österreich vgl. Heer u.a. (Hrsg.), *Wie Geschichte gemacht wird,* Wien 2003.

Dennoch war die kritische Aufarbeitung des Vernichtungskrieges nicht aufzuhalten. Die erste Wehrmachtsausstellung hatte in den Millionen Familien ehemaliger Soldaten die bis dahin übliche Legendenbildung unterbrochen und der historischen Wahrheit eine Stimme gegeben, wie der bald einsetzende Boom der sogenannten Familienromane im Bereich der Literatur belegt,[158] und sie lieferte den Anstoß für eine Flut wehrmachtskritischer Studien auch aus dem Bereich der Zeitgeschichtsforschung, die sich des Themas endlich angenommen hatte.[159]

»Die Wahrheit richtet sich nicht danach, ob wir sie aushalten können.« Dieser Feststellung der US-amerikanischen Schriftstellerin Flannery O'Connor ist zuzustimmen, wenn man sie um den Satz ergänzt: Sie braucht nur ihre Zeit, um angenommen zu werden. 14 Jahre nach der ersten Abstimmung über die Verbrechen der Wehrmacht kam es am 30. Juni 2011 erneut zu einer Debatte im Bundestag. Anlass war der 70. Jahrestag des deutschen Überfalls auf die Sowjetunion. Diesmal gab es weniger Gefühle, dafür eine parteiübergreifende Annahme der Fakten. Dieser von Michael Glos (CSU), Philipp Mißfelder (CDU), Wolfgang Gerhard (FDP), Gernot Erler (SPD), Volker Beck (Die Grünen) und Wolfgang Gehrcke (Die Linke) in der Aussprache formulierte Konsens hielt fest: 1.) Bei dem deutschen Angriff auf die Sowjetunion handelte es sich um einen Vernich-

---

[158] Stephan Wackwitz, *Ein unsichtbares Land. Familienroman*, Frankfurt a.M. 2003; Uwe Timm, *Am Beispiel meines Bruders*, Köln 2003; Wibke Bruhns, *Meines Vaters Land. Geschichte einer deutschen Familie*, München 2004; Dagmar Leupold, *Nach den Kriegen. Roman eines Lebens*, München 2004; Monika Jetter, *Mein Kriegsvater. Versuch einer Versöhnung*, Hamburg 2004; Claudia Brunner, Uwe von Seltmann, *Schweigen die Täter, reden die Enkel*, Frankfurt a.M. 2004; Martin Pollack, *Der Tote im Bunker. Bericht über meinen Vater*, Wien 2004; Alexandra Senfft, *Schweigen tut weh. Eine deutsche Familiengeschichte*, Berlin 2007.

[159] Christoph Rass, *»Menschenmaterial«. Deutsche Soldaten an der Ostfront. Innenansichten einer Infanteriedivision 1939-1945*, Paderborn 2003; Thomas Kühne, *»Kameradschaft«. Die Soldaten des nationalsozialistischen Krieges und das 20. Jahrhundert*, Göttingen 2006; Jochen Böhler, *Auftakt zum Vernichtungskrieg. Die Wehrmacht in Polen 1939*, Frankfurt a.M. 2006; Johannes Hürter, *Hitlers Heerführer. Die deutschen Oberbefehlshaber im Krieg gegen die Sowjetunion 1941/42*, München 2006; Thomas Kühne, Kameradschaft. Die Soldaten des nationalsozialistischen Krieges und das 20. Jahrhundert, Göttingen 2006; Hermann Frank Meyer, *Blutiges Edelweiß. Die 1. Gebirgsdivision im Zweiten Weltkrieg*, Berlin 2008; Felix Römer, *Der Kommissarbefehl. Wehrmacht und NS-Verbrechen an der Ostfront 1941/42*, Paderborn 2008; Dieter Pohl, *Die Herrschaft der Wehrmacht. Deutsche Militärbesatzung und einheimische Bevölkerung in der Sowjetunion 1941-1944*, München 2008; Jörn Hasenclever, *Wehrmacht und Besatzungspolitik. Die Befehlshaber der rückwärtigen Heeresgebiete 1941-1943*, Paderborn 2010.

tungskrieg mit nie dagewesenen Verbrechen gegen gegnerische Soldaten, Gefangene und Zivilisten, darunter Millionen Juden. 2.) Dieser Krieg wurde von Deutschland geplant und begonnen. 3.) Verantwortlich für die Verbrechen waren Wehrmacht, Polizei und SS. 4.) Die Sowjetunion zahlte im Zweiten Weltkrieg mit ca. 30 Millionen Toten den höchsten Blutzoll aller betroffenen Nationen.[160]

[160] Deutscher Bundestag, 17. Wahlperiode, 117. Sitzung, Berlin, Donnerstag, den 30. Juni 2011, S. 13465-73.

Hannes Heer

Wehrmacht und Holocaust: Die Anfangsverbrechen Juni/Juli 1941

1. Zeit der Indoktrination

Am 30. Januar 1939 übertrugen alle deutschen Sender die Ansprache, die Adolf Hitler vor dem neu zusammengetretenen »Großdeutschen Reichstag« in der ehemaligen »Kroll-Oper« in Berlin hielt. Hitler hatte in seiner Rede voll Stolz erklärt, dass, was Millionen Menschen in tausend Jahren herbeigesehnt und zu erkämpfen versucht hätten – die Schaffung von »Großdeutschland« –, dass die »Verwirklichung dieses Traumes« mit dem Anschluss des Sudetenlandes und Österreichs im letzten Jahr verwirklicht worden sei. Aber er hatte warnend darauf hingewiesen, dass damit die Not der »Übervölkerung« Deutschlands nicht beseitigt sei: »Die Ausweitung des Lebensraumes« bleibe eine existenzielle Notwendigkeit und bedeute nur die Beseitigung eines »Unrechts«. In diesem Zusammenhang hatte er angekündigt, als erstes die »jüdische Frage« zu lösen: Deutschland sei entschlossen, »das Einnisten eines fremden Volkes«, das »sämtliche Führungsstellen an sich zu reißen gewußt« habe, zu beenden und »dieses Volk abzuschieben«. Sollten alle diese berechtigten deutschen Forderungen und Maßnahmen international nicht akzeptiert und nicht friedlich gelöst werden können, dann drohte er mit Vergeltung: Die deutschen Juden und das jüdische Volk insgesamt hätten ihn in der Vergangenheit immer wieder wegen seiner oft prophetisch klingenden Ankündigungen wie der Übernahme der Macht oder der Lösung der Judenfrage mit höhnischem Gelächter überschüttet. Dieser Spott sei den Juden in Deutschland schon jetzt vergangen, und es könnte, wie er fortfuhr, noch schlimmer kommen:

> »Ich will heute wieder ein Prophet sein: Wenn es dem internationalen Finanzjudentum in und außerhalb Europas gelingen sollte, die Völker noch einmal in einen Weltkrieg zu stürzen, dann wird das Ergebnis nicht die Bolschewisierung der Erde und damit der Sieg des Judentums sein, sondern die Vernichtung der jüdischen Rasse in Europa.«[1]

---

[1] Max Domarus, *Hitler. Reden und Proklamationen 1932-1945*, Bd. 3, Leonberg 1988, S. 1047f., 1052f., 1056f.

Dieses antijüdische Vernichtungsprojekt und das ihm zugrunde liegende antisemitische Weltbild waren der Generalität wie dem höheren Offizierskorps zu diesem Zeitpunkt alles andere als fremd. Ausgehend von der Feststellung, dass das Verhältnis zwischen Reichswehr und NSDAP seit 1930 von einer »Teilidentität der Ziele« bestimmt gewesen sei – Beseitigung der restriktiven Bedingungen des Versailler Vertrags, Schaffung eines autoritären und wehrhaften Staates und die politische Auslöschung des Marxismus –, hat Manfred Messerschmidt schon 1969 in seiner Studie *Die Wehrmacht im NS-Staat. Zeit der Indoktrination* den Prozess des Umbaus der Wehrmacht in eine den nationalsozialistischen Führerstaat bejahende und dank der Wehrhaftmachung des deutschen Volkes für jeden Waffengang gerüstete Massen-Formation schlüssig rekonstruiert.[2] In der ersten Phase sei die »weitgehende Anpassung« der Wehrmacht an das »Vokabular des Nationalsozialismus« erfolgt, in der zweiten Phase hätten die »Fanatisierung« des Soldaten und der Übergang zum »Kämpfer« im Zentrum gestanden.[3] Schon im Winter 1933/34 erfolgte die Einführung des »nationalpolitischen Unterrichts« mit den wichtigsten neuen Gesetzen und Verordnungen, den »Führerworten« und Auszügen aus Reden und Schriften prominenter Parteifunktionäre.[4] Wenig später, am 21. Februar 1934, wurde das Hakenkreuz der NSDAP als Hoheitszeichen auch Bestandteil von Uniformen und Stahlhelmen der Reichswehr.[5] Ende Februar 1934 fand das schon im April 1933 erlassene »Gesetz zur Wiederherstellung des Berufsbeamtentums«, mit dem die staatlichen Institutionen von demokratischen, vorrangig aber von jüdischen Beamten »gesäubert« wurden, auch Anwendung auf das Militär.[6] Das »Wehrgesetz« vom 21. Mai 1935 führte unter striktem Bruch des ja immer noch gültigen Versailler Vertrags die allgemeine Wehrpflicht ab dem 18. Lebensjahr ein und gab dem »Arier-Paragraphen« seine endgültige Fassung: Aktiven Wehrdienst leisten durfte nach § 15 nur, wer »arischer Abstammung« war; Ehen von Rekruten und Berufssoldaten mit »nichtarischen« Frauen wurden verboten, und die »Dienstleistung der Nichtarier im Kriege« blieb einer besonderen Regelung vorbehalten.[7]

[2] Manfred Messerschmidt, *Die Wehrmacht im NS-Staat. Zeit der Indoktrination*, Hamburg 1969, S. 1.

[3] Ebd. S. 20, 219.

[4] Ebd., S. 21.

[5] Ebd., S. 31; Jörg Nimmergut, *Deutsche Militaria 1808-1945*, München 1982, S. 51, 143.

[6] Messerschmidt, *Wehrmacht im NS-Staat*, S. 43.

[7] Walter Haas, *Rekrutenlexikon*, Stuttgart 1935, S. 143.

Aber diese rein restriktive Behandlung der »Juden« war Hitler nicht ausreichend, er wollte einen offensiven und aktiven Umgang seiner Soldaten mit der Rassenfrage. Unter Ausnützung des Todes des 87-jährigen Reichspräsidenten Paul von Hindenburg am 2. August 1934 und durch den Bruch der bestehenden Nachfolgeregel übernahm Hitler selbst dieses Amt. Damit war der Reichskanzler zugleich der Oberbefehlshaber der Wehrmacht. General Werner von Blomberg, der Reichswehrminister, ordnete in vorauseilendem Eifer die sofortige Vereidigung aller Soldaten »auf den Führer des deutschen Reiches und Volkes, Adolf Hitler« an und ließ sie gleichzeitig »dem Oberbefehlshaber der Wehrmacht« bedingungslosen Gehorsam bis in den Tod schwören.[8] Mit diesem persönlichen Treueschwur habe Hitler, so Messerschmidt, das bisher nur für die NSDAP geltende »Führer-Gefolgschaftsdenken« auch auf die Wehrmacht übertragen – der Wille des »Führers« war ab jetzt Gesetz.[9] Dieser sollte bald davon Gebrauch machen und damit die zweite Phase der Indoktrination der Wehrmacht, die »Fanatisierung« der Truppe und den Übergang vom »Soldaten- zum Kämpferideal«, einleiten.[10]

Den Beginn machte der von nun an »Reichskriegsminister« titulierte General von Blomberg mit einem Geheimerlass im April 1935 zur »Erziehung in der Wehrmacht«. Diese Erziehung, so dozierte Blomberg unter Rückgriff auf das zentrale Kapitel »Volk und Rasse« in Hitlers *Mein Kampf*, erhalte »unter dem Gesichtspunkt der Rasse ihre letzte Vollendung im Heeresdienst«.[11] Hitler selbst griff ein Jahr später diesen Erziehungsgedanken auf und verschärfte ihn im Mai 1936 durch einen Geheimerlass, in dem er die Pflege des Rassegedankens in der Wehrmacht und damit »eine Führerauslese aus Menschen rein deutschen und artverwandten Blutes« forderte. Bedingung dafür sei die »Verpflichtung, ihre Berufssoldaten und damit ihre Führer und Unterführer [...] nach schärfsten rassischen Gesichtspunkten auszuwählen«.[12] Um die Klärung dieser »rassischen Gesichtspunkte« voranzutreiben, widmeten sich die von der Wehrmachtsführung herausgegebenen »Richtlinien für den Unterricht über politische Tagesfragen« 1937 in zwei Einzelheften der »Rassepolitik« und der »Aufrollung der Judenfrage«. Bei letzterem Thema gebe es immer noch Volksgenossen, so die Ermahnung, die der Meinung seien, »daß die Behandlung dieser Frage eine Ungerechtigkeit gegen eine Menschenklasse sei, die davon sprachen, daß

---

[8] Messerschmidt, *Wehrmacht im NS-Staat*, S. 51.
[9] Ebd., S. 51f.
[10] Ebd., S. 218.
[11] Ebd., S. 59.
[12] Ebd., S. 75.

die Juden doch auch Menschen seien, daß es genau wie unter den Ariern auch gute, anständige und schlechte unanständige Juden gäbe«.[13] Hitler habe in *Mein Kampf*, im Kapitel »Volk und Rasse« die einzig richtige Antwort darauf gegeben:

> Der Jude »ist und bleibt der ewige Parasit im Körper anderer Völker [...], ein Schmarotzer, der wie ein schädlicher Bazillus sich immer mehr ausbreitet. [...] Wo er auftritt, stirbt das Gastvolk nach kürzerer oder längerer Zeit ab.« Jetzt aber, da sich der ehemalige »Hofjude« zum »demokratischen Volksjuden« und neuerdings mit der Machtübernahme im bolschewistischen Russland endgültig zum »Blutjuden und Völkertyrann« aufgeschwungen habe, komme auch »das Ende dieses Völkerparasiten«.[14]

Messerschmidt attestierte der Wehrmachtsführung hinsichtlich ihrer Übernahme zentraler Elemente der nationalsozialistischen Weltanschauung und der praktischen Politik Hitlers für das Jahr 1938 »ein bedenkliches Maß an ideologischer Gleichschaltung« und die »Plakatierung eindeutig nationalsozialistischer Gemeinplätze als preußische Grundsätze oder Soldatentugenden«.[15] Diese Einschätzung bestätigte auch ein im Dezember 1938 in den »Richtlinien für den Unterricht über politische Tagesfragen« erschienener Aufsatz unter dem Titel »Der Weltkampf des Juden«. Darin erklärte der Verfasser, dass der Jude »in der Erfüllung seines Weltherrschaftstraumes [...] zugleich die Erfüllung seiner Religion« sehe und dass er diesen Kampf »seinem Blut und seinem Wesen nach [...] nicht als einen heldischen Machtkampf« führe, sondern sich »als Schmarotzer« in andern Völkern einniste. »Erst wenn der Jude aus der Machtstellung auch in anderen Ländern beseitigt ist, wird die Möglichkeit einer Verständigung zwischen den Völkern auf dem Grundsatze gerechter Ansprüche und freien Eigenlebens gegeben sein.«[16] Die Erfüllung solcher militanter Vorstellungen, das sei gewiss, würde nicht auf internationalen Konferenzen, sondern nur im Rahmen eines Krieges durchzusetzen sein. Diese Option ließen die 1939 erscheinenden »Schulungshefte für den Unterricht über nationalsozialistische Weltanschauung und nationalpolitische Zielsetzung« noch zwingender erscheinen. In einem Text unter dem Titel »Der Jude in der deutschen Geschichte« konnten Rekruten, Unterführer und Offiziere diese programmatische Kriegserklärung lesen:

---

[13] Ebd., S. 76.

[14] Adolf Hitler, *Mein Kampf*, Bd. 1, München 1925, S. 334, 358.

[15] Messerschmidt, *Wehrmacht im NS-Staat*, S. 217.

[16] Ebd., S. 356.

»Wir Deutsche kämpfen heute einen doppelten Kampf. Den nichtjüdischen Völkern gegenüber wollen wir nur unsere Lebensinteressen durchsetzen. Wir achten sie und führen eine ritterliche Auseinandersetzung mit ihnen. Das Weltjudentum aber bekämpfen wir, wie man einen giftigen Parasiten bekämpfen muß; wir treffen in ihm nicht nur einen Feind unseres Volkes, sondern eine Plage aller Völker. Der Kampf gegen das Weltjudentum ist ein sittlicher Kampf für die Reinheit und Gesundheit des gottgeschaffenen Volkstums und für eine neue gerechtere Ordnung in der Welt.«

Dieser Text, so Messerschmidt, zeichne »bereits die Linien des späteren ›Weltanschauungskrieges‹ vor«.[17] Obwohl der Autor die Notwendigkeit weiterer »eingehender Untersuchungen« betont, um zu verlässlichen Aussagen »über das erzeugte Echo« dieser permanenten rassistischen Indoktrination bei Truppe und Offizierskorps zu gelangen, schließt er aus, dass die oben beschriebene »Erziehungspolitik der Wehrmacht- und Heeresführung sich in leeren Konstruktionen erschöpfte, von denen die Truppe nichts wußte und nichts erfuhr«. Manfred Messerschmidts Bilanz der Jahre von 1933 bis 1939 – über die Zeit der Indoktrination – ist eindeutig: »Die hitlerhörige Wehrmachtführung hatte ihren Anteil an der Erziehung zum Rassenhaß.«[18]

2. Die polnische Lektion

Die ersten Erfahrungen mit der »jüdischen Frage« sollte die Wehrmacht ab 1. September 1939 in dem innerhalb von 28 Tagen besiegten und dann besetzten Polen machen. Hitler umriss seine Pläne am 6. Oktober in einer Rede vor dem Reichstag in Berlin: Gestützt auf den Sieg der deutschen Waffen werde er darangehen, »eine neue Ordnung der ethnographischen Verhältnisse« im ganzen Osten und Südosten Europas zu schaffen und auch den »Versuch einer Ordnung und Regelung des jüdischen Problems« vorzunehmen.[19] Dass es ihm damit ernst gemeint war, zeigte die am 7. Oktober erfolgte Einsetzung Heinrich Himmlers zum »Reichskommissar für die Festigung deutschen Volkstums«, d.h. zum Exekutor für die geplante eth-

[17] Ebd., S. 354

[18] Ebd., S. 355f.

[19] AOK 8/Ic/AO, 44. Lageübersicht, Die Führerrede vor dem Reichstag, 6.10.1939, S. 3f.; Bundesarchiv-Militärarchiv Freiburg [BA-MA] RH 24-13/19.

nische »Flurbereinigung«, und die am selben Tag verkündete Herausnahme der SS und Polizei aus der Gerichtsbarkeit der Wehrmacht.[20]

In Erlassen vom 8. und 12. Oktober fällte Hitler eine Entscheidung über das künftige politische Schicksal der polnischen Beute: Die westlichen Gebiete wurden zu zwei neuen Reichsgauen – Danzig/Westpreußen und Wartheland – zusammengefügt, an Schlesien und Ostpreußen grenzende Teile waren diesen einzugliedern, während die zentralpolnische Region mit den Städten Warschau, Krakau und Lublin unter dem Namen »Generalgouvernement« (GG) einen Sonderstatus erhielt.[21] Warum diese Konstruktion gewählt wurde, erläuterte Hitler auf einer Sitzung in der Reichskanzlei am 17. Oktober, an der Himmler und Rudolf Heß sowie Wilhelm Keitel und Eduard Wagner als Vertreter des Oberkommandos der Wehrmacht (OKW) und des Oberkommandos des Heeres (OKH) teilnahmen. Das Gebiet, so Hitler, würde keine herkömmliche deutsche Verwaltung erhalten:

> »Es sollen die Polen und Juden aus Posen und Westpreußen dorthin abgeschoben werden. Es sei ihm gleich, wenn dann eine Überbevölkerung eintreten würde, die Not und Arbeitslosigkeit zum Gefolge hätte. [...] In dem Gebiet sollte eine ›polnische Wirtschaft‹ herrschen; Korruption und Seuchen würden an der Tagesordnung sein. Er brauche von dort nur Arbeitssklaven für Deutschland.«[22] Und dann noch deutlicher: »Die Durchführung bedingt einen harten Volkstumskampf, der keine gesetzlichen Bindungen gestattet. Die Methoden werden mit unseren sonstigen Prinzipien unvereinbar sein.«[23]

Am 25. Oktober wurde die Verwaltung der besetzten polnischen Gebiete durch die Wehrmacht endgültig aufgehoben. In den annektierten zwei neuen Reichsgauen übernahmen NSDAP-Gauleiter die politische Macht, im GG wurde Hans Frank die Führung übertragen.[24] Hitlers Befehl zur Neuordnung der »ethnographischen Verhältnisse« in Polen bedeutete in der Sprache des für die Deportationen zuständigen Reichssicherheitshauptam-

---

[20] Helmuth Krausnick, *Hitlers Einsatzgruppen. Die Truppen des Weltanschauungskrieges 1938-1942*, Frankfurt a.M. 1989, S. 71f.

[21] Helmuth Groscurth, *Tagebücher eines Abwehroffiziers 1938-40*, hrsg. von Helmuth Krausnick, H.C. Deutsch, Stuttgart 1970, S. 296 (13.10.1939).

[22] Ebd., S. 381; das Diensttagebuch vermerkt am 18.10.1939: »Im Generalgouvernement soll Minister Frank die Verwaltung allein übernehmen und dort ›ausrotten‹.« Ebd., S. 298.

[23] Abgedruckt in: *Der Generalquartiermeister, Briefe und Tagebuchaufzeichnungen des GenQuMs des Heeres, General der Artillerie Eduard Wagner*, hrsg. von Elisabeth Wagner, München/Wien 1962, S. 145.

[24] Hans Umbreit, *Deutsche Militärverwaltungen 1938/39*, Stuttgart 1977, S. 98ff., 109ff.

tes (RSHA) und dessen Leiters, Reinhard Heydrich, »die Entpolonisierung und Entjudung« der ehemals polnischen und jetzt deutschen Provinzen.[25] Dieser ging die »Entrechtung« der Juden im GG voraus: Am 26. Oktober wurde die Zwangsarbeit eingeführt und einen Monat später war das Tragen der Armbinde mit Davidstern Pflicht.[26] Die Umsiedlung aus den bisher polnischen Westprovinzen setzte mit einer Anordnung Himmlers am 30. Oktober 1939 ein: Innerhalb von vier Monaten sollten ca. eine Million Menschen, mehr als die Hälfte davon Juden, ins GG abgeschoben werden.[27] Diese Zahl wurde schon Anfang Januar 1940 auf einer Konferenz von Vertretern verschiedener Berliner Ministerien und des Sicherheitsdienstes (SD) aus den beiden neuen »Reichsgauen«, die Heydrichs Gehilfe Eichmann leitete, auf 350.000 Umsiedler reduziert.[28] Solche Korrekturen sollten sich im Jahr 1940 ständig wiederholen, wie sich an den von Heydrich immer wieder neu entworfenen »Fernplänen« und deren Zerstückelung in scheinbar realistischere »Nahpläne« ablesen lässt. Eine andere Lösung bestand in der Gründung von ursprünglich nicht vorgesehenen Ghettos, die als »Provisorien«, als eine Art massenhafter Abschiebehaft galten:[29] Das Ghetto in Lodz wurde am 30. März, in Warschau am 15. November 1940[30] und in Krakau im März 1941 gegründet.[31] Als Exempel: Im Warschauer Ghetto, das bald nach der Errichtung mit einer Mauer hermetisch von der Außenwelt abgeschnitten worden war, lebten Anfang 1941 etwa 500.000 Menschen.[32] Sie stellten 30% der Bevölkerung dar, waren aber auf einem Raum konzentriert, der nur 2,4% des Stadtgebietes betrug. Lediglich 10% der Ghettoinsassen hatten Arbeit und konnten sich und ihre Familien ernähren.[33] Im November 1940 wurden 445 Tote gezählt, im Juni 1941 hatte sich diese Monats-

---

[25] Ebd., S. 70.

[26] Ebd., S. 65, 69.

[27] Ebd., S. 65.

[28] Ebd., S. 75.

[29] Ebd., S. 131.

[30] *Enzyklopädie des Nationalsozialismus,* hrsg. von Wolfgang Benz, Hermann Graml, Hermann Weiß, München, S. 795f.

[31] Israel Gutman u.a. (Hrsg.), *Enzyklopädie des Holocaust,* München/Zürich 1995, Bd. 2, S. 807-810.

[32] Autorenkollektiv, *Deutschland im Zweiten Weltkrieg,* Bd. 1, Berlin (DDR) 1974, S. 477.

[33] *Enzyklopädie des Holocaust,* hrsg. von Eberhard Jäckel, Peter Longerich, Julius H. Schoeps, Bd. 3, München 1995, S. 1522-1549.

rate auf das Zehnfache erhöht.[34] Auch die Zwangsarbeiterlager für umgesiedelte Polen waren ein solches Provisorium.[35]

Für diese Dauer-Improvisation gab es zwei Ursachen: 1. Die mit der Umsiedlung der Polen und Juden gleichzeitig geplante Ansiedlung von Teilen der 430.000 »Volksdeutschen«, die bisher in der Sowjetunion gelebt hatten – im Baltikum, in Ostgalizien, Wolhynien oder Bessarabien –, sowie von 75.000 aus den Grenzregionen Rumäniens – der Südbukowina und der Norddobrudscha – oder aus dem Landesinneren stammenden »Rumänien-Deutschen«.[36] So sollten die zuerst angekommenen »Baltendeutschen« in den beiden neuen Reichsgauen auf den Bauernhöfen der Polen untergebracht werden, weshalb die Deportation der Juden zunächst verschoben wurde. Dieser Stopp galt auch für die Juden der Region Lodz, deren endgültige Zugehörigkeit – zum »Gau Wartheland« oder zum GG – noch ungeklärt war.[37] 2. Eine zentrale Ursache für das Planungschaos war auch die Rolle der Wehrmacht im besetzten Polen, das aufgrund von Hitlers Ende Juli 1940 gefällter Entscheidung für den Angriff auf die Sowjetunion im nächsten Jahr plötzlich Aufmarschgebiet geworden war. Schon Ende September hatte die aus drei Armeen mit 28 Infanterie- und fünf Panzer-Divisionen bestehende Heeresgruppe B zwischen der polnischen Weichsel und dem sowjetischen Grenzfluss Bug Stellung bezogen. Das waren mehr als eine halbe Million Angehörige der Wehrmacht.[38] Bis Dezember 1940 waren zusätzlich sechs Infanterie- und eine Panzerdivision, bis Mai 1941 weitere 26 Infanteriedivisionen mit insgesamt mehr als einer halben Million Soldaten in den Aufmarsch-Raum Polen verlegt worden. Dazu stießen im Juni zwölf Panzer- und zwölf motorisierte Divisionen.[39]

Parallel zu diesen Bewegungen sollten nach Heydrichs Nahplan Nr. 3 im Jahr 1941 noch einmal 771.000 Polen und 10.000 Wiener Juden – von insgesamt 60.000 – per Bahn ins GG umgesiedelt werden.[40] Als diese Pläne vorab bekannt wurden – damals war nur von 550.000 Umsiedlern die Rede –, hatte General Curth von Gienanth, der Militärbefehlshaber im GG, da-

[34] Autorenkollektiv, *Deutschland im Zweiten Weltkrieg*, Bd. 1, S. 478.

[35] Götz Aly, *»Endlösung«. Völkerverschiebung und der Mord an den europäischen Juden*, Frankfurt a.M. 1995, S. 237.

[36] Ebd., S. 45, 65-67, 167.

[37] Ebd., S. 67.

[38] Ernst Klink, Die militärische Konzeption des Krieges. Die Landkriegführung, in: Horst Boog/Jürgen Förster/Joachim Hoffmann/Ernst Klink/Rolf-Dieter Müller/Gerd R. Ueberschär, *Der Angriff auf die Sowjetunion, Das Deutsche Reich und der Zweite Weltkrieg* [DRZW], Bd. 4, Stuttgart 1983, S. 190-277, hier S. 217f.

[39] Ebd., S. 268f.

[40] Ebd., S. 212ff.

gegen mit Hinweis auf das »Unternehmen Barbarossa« scharf protestiert.[41] Er machte vier Gründe geltend:

1.»Die Transportschwierigkeiten«, die schon die zeitgerechte Fertigstellung der geplanten Straßen und Truppenübungsplätze verhinderten und den Nachschub für die Verbände der Wehrmacht erschweren würden, ließen zusätzliche Züge nicht zu. 2. Die existierenden »Unterkunftsverhältnisse« seien für Wehrmacht und Zivilbevölkerung schon jetzt »völlig unzureichend« und würden, abgesehen von den damit verbundenen »hygienischen Gefahren«, die geplante Verlegung weiterer Truppenverbände ins GG gefährden. 3. »Die Ernährungsfrage« werde zum unlösbaren Problem, da es schon jetzt nicht möglich sei, »die Zivilbevölkerung ordnungsgemäß notdürftig zu versorgen.« Die gerade erteilte Erlaubnis, Lebensmittel nach Deutschland zu schicken oder mitzunehmen, müsse dann wieder rückgängig gemacht werden. 4. »Die Spionage- und Sabotagegefahr« werde durch eine Zusammenballung von diesen »dem Deutschtum zweifelsfrei feindlichen Elemente(n)« erheblich zunehmen.[42]

Weil Hitler dem Plan Heydrichs inzwischen zugestimmt hatte, konnte dieser am 8. Januar 1941 auf einer großen Besprechung sein Konzept auch mit Zustimmung von OKW und OKH durchsetzen.[43] Aber dessen Gültigkeit währte nur kurz: Die 4. Armee sorgte dafür, dass ihr unterstellte Einheiten – das XXXXIV. und das XXXV. Armeekorps (AK) – die dramatische Lage vor Ort schilderten: Ausbreitung von Fleckfieber aufgrund der hygienisch unzumutbaren Unterbringung der Juden[44] und das durch die Zuweisung von Judentransporten in die für Juden gesperrte Grenzzone zur Sowjetunion entstandene unkontrollierbare Chaos mit unübersehbaren Folgen.[45] Die Drohung der Militärs, alle Züge aus dem Reich zurückzu-

---

[41] Diese Pläne waren der Heeresgruppe B [HGr] am 18.10.1940 erstmals mitgeteilt worden, vgl. AOK 4, Ia Tätigkeitsbericht [TB], 17.9.1940-23.4.1941, BA-MA RH 20-4/110, S. 19f.

[42] Mil.Befh.GG/OQu/Qu 2, An HGr B Posen, 28.12.1940, MA Podolsk 12464-136-3.

[43] Aly, *»Endlösung«*, S. 212f.

[44] GenKdo XXXXIV. AK, Ia, Betr.: Bevölkerungsbewegung im GG, Dem AOK 4, 3.2.1941, MA Podolsk 12464-136-29.

[45] HGr B, Betr.: Umsiedlung von Juden und Polen, An das OKH/Gen StdH/Gen. Qu/Abt. K Verw., 14.2.1941, MA Podolsk 12464-136-39; das OKH reichte dieses Schreiben am 20.2. mit deutlich verschärfter Argumentation hinsichtlich des Planungschaos ans OKW weiter: OKH/GenStdH/Gen Qu/Az. Abt. K Verw. Qu4, Betr.: Umsiedlung von 800.000 Juden und Polen in GG, An OKW/L. nachr. Chef H Rüst und BdE, 20.2.1941, MA Podolsk 12464-136-42.

leiten,[46] führte dazu, dass am 14. März auf einer Konferenz in Posen mit Vertretern des OKH, der Heeresgruppe B, des Generalgouverneurs Frank und Eichmann als Abgesandter des RSHA entschieden wurde, ab 16. März alle Transporte »bis auf weiteres« einzustellen.[47] Am 18. März gab Hitler dazu seine Zustimmung.[48]

Der Oberbefehlshaber der in Polen stationierten Truppen, Generaloberst Johannes Blaskowitz, hatte als Reaktion auf die nach dem Sieg über Polen sofort einsetzenden Mordaktionen von SS-Einsatzgruppen und Polizeieinheiten an Juden und Polen am 27. November 1939 beim Oberbefehlshaber des Heeres, Walther von Brauchitsch, protestiert, weil dadurch »nur Schrecken in der Bevölkerung verbreitet« werde. Nach einer weiteren, nicht erhalten gebliebenen Beschwerde am 8. Dezember, bei der er eine Liste von »Verstößen der SS, Polizei und Verwaltung« vorlegte, hatte er am 6. Februar 1940, mit einem beigefügten Protest des Befehlshabers im Grenzabschnitt Süd, General Alexander Ulex, diese Intervention wiederholt und mit einer systemimmanenten Argumentation verschärft:

> »Es ist abwegig, einige zehntausend Juden und Polen, so wie es jetzt geschieht, abzuschlachten; denn damit werden angesichts der Masse der Bevölkerung weder die polnische Staatsidee totgeschlagen noch die Juden beseitigt. [...] Der schlimmste Schaden jedoch, der dem deutschen Volkskörper aus den augenblicklichen Zuständen erwachsen wird, ist die maßlose Verrohung und sittliche Verkommenheit, die sich in kürzester Zeit unter wertvollem deutschen Menschenmaterial wie eine Seuche ausbreiten wird.«[49]

Blaskowitz war nicht der einzige General, der gegen den in aller Öffentlichkeit praktizierten Mord protestierte: Am 17. November 1939 hatte schon der Befehlshaber im neuen Gau Danzig-Westpreußen, General Max Bock, am 23. November der Befehlshaber im neugeschaffenen Warthegau, General Walter Petzel, bei den jeweiligen Vorgesetzten Protest eingelegt.[50] Aber Blaskowitz hatte mit seinen andauernden Protesten die Aufmerksamkeit und

---

[46] AOK 17/Abt. Ia, Betr.: Umsiedlungstransporte, Dem OKH/Gen StdH (Gen Qu), 3.3.1941, BA-MA RH 20-17/83; Fernschreiben Mil. Befh. GG, Ia an HGr B, 10.3.1941, MA Podolsk 12464-136-53.

[47] Fernschreiben von HGrB/Ib an: 1.) OKH/GenQu, 2.) OKH/Chef Rüst und BdE, AH/Ag, EU/U, 3.) SS-RSHA, 4.) nachr. M.i.G, 5.) AOk 17, 14.3.1941, MA Podolsk 12464-136-72.

[48] OKH/Gen StdH/Gen Qu/Az. Abt. K.Verw. (Qu 4/Org), An HGr B, Mil.Bef.GG, Betr: Umsiedlung von Juden und Polen in das GG, 4.4.1941, MA Podolsk 12464-136-97.

[49] Krausnick, *Einsatzgruppen*, S. 79, 83f.

[50] Ebd.: Bock, S. 77f., Petzel S. 76 und 78.

Empörung Hitlers erregt, der ihn nach seinem nächsten Kommando als Befehlshaber der 9. Armee im Frankreichfeldzug abberufen ließ: Er fand zwar weitere Verwendung, wurde aber nie mehr befördert.[51] Um solche Konflikte in Zukunft zu vermeiden, hatte der für die »Ostsicherung« zuständige Oberkommandierende der 18. Armee, General Georg von Küchler, am 22. Juli 1940 für die nach Polen verlegten Truppen den folgenden Befehl erlassen:

> »Ich betone die Notwendigkeit, dafür Sorge zu tragen, dass sich alle Soldaten der Armee, besonders die Offiziere, jeder Kritik an dem im Generalgouvernement durchgeführten Kampf mit der Bevölkerung, z.B. die Behandlung der polnischen Minderheiten, der Juden und kirchlichen Angelegenheiten, enthalten. Die völkische Endlösung dieses Volkskampfes, der an der Ostgrenze seit Jahrhunderten tobt, verlangt besonders strenge Maßnahmen. Gewisse Einheiten von Partei und Staat sind mit der Durchführung dieses völkischen Ringens im Osten betraut. Der Soldat hat sich diesen Belangen anderer Einheiten fernzuhalten.« Vor allem für die erst kürzlich aus dem Westen in den Osten verlegten Truppenteile sei diese Instruktion wichtig, weil diesen »anderenfalls Gerüchte und falsche Auskünfte über die Bedeutung und das Ziel solchen Ringens nahegebracht werden könnten«.[52]

Befehlsgemäß erfolgte diese Belehrung bei allen neu eintreffenden Truppenteilen.[53] Die hatten schon bei der Ankunft erfahren, was hier völlig anders war als in Frankreich. Einheiten der 258. ID bekamen »bereits frei gemachte Judenviertel mit Judenschule einschließlich Synagoge« zur Verwendung zugewiesen. Ein handschriftlicher Vermerk präzisierte: »Synagoge als Fahrzeughalle, Judenschule als Unterkunft.«[54] Auch der Stab des Artillerie-Regiments 40 bezog eine »ehemalige Juden-Schule« als Quartier.[55] Die Division war allerdings über diese Zuweisungen nicht glücklich. Noch im November beklagte sie sich: »Die Quartiere sind für sofortige Unterbringung von Truppen in keinem Fall geeignet. Schule und stark verschmutzte

---

[51] Ebd., S. 87; Blaskowitz nahm sich vor dem Urteilsspruch im Nürnberger OKW-Prozess durch einen Sprung in die Rotunde des Nürnberger Justizpalastes am 5.2.1948 das Leben, vgl. Wolfram Wette, Fall 12: Der OKW-Prozess, in: Gerd R. Ueberschär (Hrsg.), *Der Nationalsozialismus vor Gericht. Die alliierten Prozesse gegen Kriegsverbrecher und Soldaten 1943-1952*, Frankfurt a.M. 1999, S. 199-212, hier: S. 203.

[52] Befehl des Generaloberst Georg von Küchler, OB des AOK 18, 22.7.1940, Nbg. Dok. NOKW–1531.

[53] 258. ID/Abt. Ia, Kommandeurbesprechung 27.7. beim Korpskdo. XXX, 29.7.1940, BA-MA RH 26-258/29.

[54] Nachr. Abt. 258/Abt. II, Betr.: Verlegung der Division, An 258. ID, 24.7.1941, BA-MA RH 26-258/29.

[55] II./Art. Rgt. 40, Schirps 15.8.1940, BA-MA RH 26-258/29.

Judenhäuser sind teilweise ohne Fensterscheiben und gänzlich ohne Einrichtungen (Bettstellen, Strohsäcke, Tische, Stühle, Öfen usw.).«[56] Aber die Neuankömmlinge lernten schnell, wie ihre Feldpostbriefe von August bis November 1940 verrieten.

> Ein Angehöriger der 298. ID: »Wir wurden vor acht Tagen nach Polen transportiert. 22 Stunden dauerte die Fahrt, bis wir hier, in der Nähe von Lublin, eintrafen. Die Ortschaft hat ca. 16.000 Einwohner, davon sind 14.000 Juden. Aber richtige Juden, mit Bart und dreckig, genau gesagt noch schlimmer, wie sie im *STÜRMER* immer beschrieben werden. Alle, ob Mann oder Frau, müssen eine Armbinde tragen. Es ist dies bestimmt nicht nötig, denn man erkennt sie auch so schon. [...] Die ganze Bevölkerung ist verseucht und total verdreckt. [...] Und dieses Kulturvolk wollte Berlin erobern! Man sieht zu, daß man mit den Bewohnern gar nicht in Berührung kommt.«[57] Ein Gefreiter aus einer unbekannten Einheit: »Als unsere Fahrt beendet war, befanden wir uns in einer Stadt, deren Bevölkerung zu 80% Juden waren. Was das heißt, kann nur der ermessen, der Polen und seine Juden kennt. Schon der einzelne von ihnen, mit Bart und Kaftan, ist ein widerwärtiger Anblick, aber gleich Tausende von dieser Sorte, das ist beinahe zu viel. Was helfen alle sonstigen Verbesserungen, diesen Menschen will und kann man wohl nicht ändern.«[58] Brief eines Soldaten der 252. ID: »Juden gibt es keine mehr in dieser Stadt, die sind etwas weiter weg in einem Dorf. Gestern sind wir durchmarschiert durch dieses Dorf, wenn man es so nennen kann. Es ist ganz furchtbar, wie es da aussieht. Überall, wo man hinschaut Dreck, und die Juden selbst strotzen voll lauter Dreck. Es ist ganz komisch, die Juden grüßen uns alle, obwohl wir nicht danken und auch nicht dürfen. Die schwingen die Mütze bis zum Erdboden. Sie haben zwar keine Grußpflicht, aber das ist noch von der S.S. her, die haben die Juden so abgerichtet. Wenn man diese Menschen so betrachtet, bekommt man so den Eindruck, daß die wirklich keine Berechtigung haben, überhaupt auf Gottes Erde zu leben.«[59]

Eine Bestätigung für diese individuellen Beobachtungen war die kollektive Erhebung, die das XXXV. AK bei seinen zwei Divisionen, der 162. und der 292. ID, anscheinend regelmäßig durchgeführt hat. Leider sind

---

[56] 258. ID/Abt. Ia, Belegungsübersicht, 2.11.1940, BA-MA RH 26-258/30.

[57] Gefr. H. K.3. Kp./IR 527, 298. ID, 12.8.1940, in: Walter Manoschek (Hrsg.), *»Es gibt nur eines für das Judentum: Vernichtung«. Das Judenbild in deutschen Soldatenbriefen 1939-1944*, Hamburg 1995, S. 15.

[58] Gefreiter H. N., 11.9.1940, ebd., S. 17.

[59] E., 3. Kp./Inf.Rgt. 472, 252. Inf.Div., 17.11.1940, ebd., S. 18.

nur die Ergebnisse der Befragung der 292. ID vom Oktober und November 1940 erhalten. Unter dem Stichwort »Stimmung und geistige Haltung der Truppe« wurde nach den Erfahrungen gefragt, die die Divisionen seit Juli mit den Dienststellen der Partei und der Zivilverwaltung gemacht hatten. Insbesondere ging es aber um solche Fragen, »die die Truppe beschäftigen und mit denen diese innerlich nicht fertig wird«.[60]

Die Panzer-Jäger-Abteilung 292 antwortete darauf: »Die vorwiegend jüdische Bevölkerung wird nicht beachtet, und zu den Polen besteht nur ein dienstliches Verhältnis, soweit dies im wirtschaftlichen Interesse der Truppe liegt.«[61] Der Ic-Offizier der Division wurde deutlicher: »Das Rassenbewusstsein hat sich durch die dauernde Beobachtung der zahlreich vorhandenen Juden und der schmutzigen Lebensweise der polnischen Bevölkerung verstärkt. Die Masse der Soldaten fühlt sich erhaben über diese Menschen.«[62] Das IR 507 übernahm diese Formulierung.[63] Einen Monat später notierte derselbe Ic-Offizier: »Die Haltung der polnischen Bevölkerung gegenüber ist zurückhaltend, den Juden gegenüber völlig ablehnend.« Nur noch ein Problem harre der Lösung – die Grußpflicht der Juden, die als »lästig« empfunden werde: »Eine Aufhebung des Grußzwanges würde sehr begrüßt werden. Es wäre gut, zu befehlen, dass Juden auf den Bürgersteigen vor Soldaten Platz zu machen haben.«[64]
Aufgrund von Heydrichs 3. Nahplan, der, mit Billigung der Wehrmacht, am 8. Januar 1941 die Umsiedlung von 771.000 Polen und der letzten nicht ghettoisierten Juden anordnete, kam es zu einer massiven Verdichtung der Bevölkerung auf engstem Raum. Die Wehrmachtsakten protokollierten den Vorgang peinlich genau:

»Seit dem 1.2.41 sind rd. 6000 Juden und Polen den Kreisen Pulawy und Janow zugeführt worden, insgesamt also vom 1.10.40 bis 15.2.41 rd. 31.500.«[65] – »Es sind eingetroffen: Am 20.2.41 1030 Polen in Wierznik, Kreis Jlza [...] 21.2. 999 Polen in Rudnik, Kreis Radomsko [...] 1000

[60] HöhKdo z.b.V. XXXV/Abt. Ic/AO, Betr.: Meldung über Stimmung und Haltung der Truppe, 11.10.1940, BA-MA RH 26-292/51.

[61] Pz.Jg.Abt. 292/Abt. II, Betr.: Meldung über Stimmung und geistige Haltung der Truppe, Der 292. ID, Abt. Ic, 15.10.1940, BA-MA RH 26-292/51.

[62] 292. ID/Abt. Ic, Betr: Meldung über Stimmung und geistige Haltung der Truppe, An das Höhere Kommando z.b.V. XXXV, Abt. Ic, 18.10.1940, BA-MA RH 26-292/51.

[63] IR 507/Abt. Ia, Betr.: Meldung über Stimmung und geistige Haltung der Truppe, Der 292. ID, 10.10.1940, BA-MA RH 26-292/51.

[64] 292. ID/Abt. Ic, Betr: Meldung über Stimmung und geistige Haltung der Truppe, An das HöhKdo z.b.V. XXXV, Abt. Ic, 14.11.1940, BA-MA RH 26-292/51.

[65] Fernschreiben Mil. Befh. i. GG/Ia, An HGr B/Ia, 19.2.1941, MA Podolsk 12464-136-40.

Ausgesiedelte [von Hand: Polen] in Skarzysko-Kamienna [...] 1000 Juden aus Wien in Kielce (Ghetto) [...] 22.2. 1126 Polen in Petrikau.«[66] – »XVII. AK meldet Eintreffen von 1000 ausgesiedelten Polen und Juden aus dem Reichsgebiet in Kamienna, weitere 1000 sind angemeldet.«[67] – »Die Division meldet, dass in der Woche vom 15.2.-22.2.41 996 Juden beiderlei Geschlechts und aller Altersklassen aus dem Reichsgebiet in die Gemeinde Opole zugesandt sind.«[68] – »Einsiedlungen in der Zeit vom 23.2. bis 11.3.41. Am 23.2. 1000 Polen aus Warthegau ausgeladen in Kielce. Am 24.2. 1000 Polen aus Soldau, ausgeladen in Chmielnik. Am 6.3. 1000 Polen aus Warthegau, ausgeladen in Wolbrom (Kreis Miechow). Am 8.3. 1000 Juden, ausgeladen in Tschenstochau. Am 11.3. 1000 Juden, ausgeladen in Gorlice.«[69] – »In Ostrowiece und Josefow je 1000 ausgesiedelte Juden eingetroffen. Weitere Transporte in den nächsten Tagen erwartet.«[70]

Für die Truppe bedeuteten die Zugladungen, vor allem wenn sie aus dem »Reich« kamen, dass man jetzt dabei war, die »Judenfrage« auf irgendeine Weise zu »lösen«. Die Umstände der Transporte wie die Lage der Deportierten ließen ahnen, dass es in jedem Fall kein gutes Ende sein werde. Schon die Bedingungen, unter denen die Transporte vor sich gingen, waren furchtbar, wie der Bericht über einen Transport von 1000 Personen, der am 12. Dezember 1940 in Neu-Sandez angekommen war, zeigt:

> »Der hier eintreffende Umsiedlertransport war ein reiner Elendszug. Nicht weniger als 215 Personen mussten ärztlich untersucht werden. 9 Personen wurden als völlig transportunfähig anerkannt, 6 Kranke mussten sofort in ein Krankenhaus eingewiesen werden und 42 Personen, darunter 33 Altersschwache, mussten in einem hierzu beschlagnahmten Haus untergebracht werden. 8 von ihnen waren bis Weihnachten bereits gestorben.«[71]

Fast noch schlimmer gestaltete sich die Unterbringung. Aus Lublin meldete die Abwehrstelle des Militärbefehlshabers, ein Drittel der polnischen

---

66 Mil.Befh. i.GG/Abt. Ia, Betr.: Einsiedlung von Polen und Juden im GG, An HGr B, 22.2.1941, MA Podolsk 12464-136-43.

67 Fernschreiben HGrB, An OKH/Gen StdH/Gen Qu, 2.3.1941, MA Podolsk 12464-136-47.

68 298. ID/Abt. Ic, Betr: Belegung der Unterkunftsräume durch Zuwanderer aus dem Reichsgebiet, An GenKdo XVII. AK/Abt. Ia, 8.3.1941, MA Podolsk 12464-136-94.

69 Fernschreiben Mil.Befh. i. GG/Ia, An HGr. B/Ib,12.3.1941, MA Podolsk 12464-136-56.

70 Fernschreiben AOK 17/Ia, An HGr B, 17.3.1941, BA-MA RH 20-17/83.

71 Lagebericht Dezember 1940, [Abschrift], MA Podolsk 12464-136-35.

Bevölkerung wohne »unter der Erde, in Kellern und Erdhöhlen«, im Judenviertel lebten »14 und mehr Personen in einem kleinen Raum«.[72] In Tarnow, einer Stadt im Süden des Landes, waren infolge der im Lauf eines halben Jahres erfolgten Deportation von 4000 Juden »6- und mehrköpfige Familien« gezwungen, sich mit einem Raum zu begnügen. Für insgesamt 26.000 jüdische Einwohner stand eine Infektionsabteilung mit nur 12 Betten zur Verfügung.[73] In Miedzyzec, im Stationierungsraum der 4. Armee, mussten von 1000 eingewiesenen Juden »wegen Überfüllung der Wohnhäuser« 700 in einer Synagoge untergebracht werden.[74] Der Kommandierende General des an der Ostgrenze des GG stationierten XXXXIII. AK, General Gotthard Heinrici, meldete für sein Gebiet eine durchschnittliche Belegung von 8-20 Juden für ein Zimmer. Jeder Jude erhalte wöchentlich 65 Gramm Brot und weniger als 100 Gramm Fleisch – »Wovon die Leute eigentlich leben, weiß niemand so recht zu sagen.«[75]

Angesichts dieser Verdichtung von in Elendsquartiere und neue Ghettos hineingestopften Menschenmassen wuchs in den aufmarschierten deutschen Armeen die Angst vor Seuchen und Krankheiten. Die Produktion einer Fülle von sanitären Regelungen der Divisionen war die Antwort darauf.

Die 167. ID empfahl als Schutzmaßnahmen Waschverbot für Leibwäsche in polnischen Haushalten und Gesundheitskontrolle des einheimischen Küchenpersonals.[76] Die 137. ID warnte: »Im Unterkunftsbereich epidemisch auftretende Krankheiten: a.) Typhus Verbot des Trinkens ungekochten Wassers. b.) Fleckfieber (Läusebekämpfung!)« Was für den deutschen Mann galt, war auch für das deutsche Pferd zu beachten: »Der Unterbringungsraum im Generalgouvernement ist stark verlaust und verräudet. Es sind deshalb nach Möglichkeit nicht die Ställe zu belegen, sondern die Scheunen als Notfälle auszubauen.«[77] Noch dramatischer malte die 78. ID die Gefahren aus: Sie diagnostizierte »eine starke

[72] Abwehrstelle beim Mil.Befh. i. GG, III C g, Betr.: Tagung der Kreishauptleute im Distrikt Lublin, 18.12.1940, MA Podolsk 12464-136-8 f.

[73] Standortarzt, An die OFK (Oberfeldkommandantur) Abt. IV b, Betr.: Polen- und Judenzuzug nach Tarnow, 23.1.1941, MA Podolsk 12464-136-22.

[74] GenKdo XXXXIV. AK, Ia, Betr.: Bevölkerungsbewegung im GG, Dem AOK 4, 3.2.1941, MA Podolsk 12464-136-29.

[75] Johannes Hürter, *Ein deutscher General an der Ostfront. Die Briefe und Tagebücher des Gotthard Heinrici 1941/42*, Erfurt 2001, Briefe an seine Familie vom 17.5. und 9.5.1941, S. 58ff.

[76] Wetterhahn [167. ID]/QuartiermeisterAbt., Bes. Anordn. Versorgung, 25.5.1941, BA-MA RH 26-167/10.

[77] 137. ID/V.P., Bes. Anordnungen für die Versorgung zur »Anweisung«, 25.3.1941, BA-MA RH 26-137/3.

Verbreitung von Seuchen (Fleck-Typhus, Bauch-Typhus, übertragbare Genickstarre)«.[78]

Alle Berichte und Anweisungen folgten wenigen, aber einprägsamen Mustern. Das am häufigsten verwandte war das vom Juden als Seuchenherd und Krankheitserreger. Ein vom Militärbefehlshaber gezeichnetes »Merkblatt für neu im Generalgouvernement eintreffende Truppen«, das erstmals im März und dann in kaum geänderter Fassung im Mai 1941 erschienen war, hatte in dem Abschnitt »Sanitäts- und Veterinärwesen« diese Vorstellung bekräftigt. Das Generalgouvernement erschien in dieser Darstellung wie ein einziges verseuchtes Gelände. Und der »Polenfeldzug«, der als militärische Operation begonnen worden war, sich dann zum »Volkstumskampf« ausgeweitet hatte, mutierte nun zum Krieg gegen die Mikroben. Auszüge aus dem Merkblatt:

»9. Wasserversorgung schlecht. Auf dem Lande und in den meisten Städten war Wasser nur abgekocht genießbar. 10. Freier Ankauf von Fleisch verboten, da meist schwarzgeschlachtet und Trichinengefahr. 11. Zivilbevölkerung, besonders Juden, stark verlaust, jede Berührung meiden. 12. Geschlechtskrankheiten: 7 mal so häufig als in der Heimat.«[79] Das massenhaft verbreitete »Merkblatt« des Befehlshabers entsprach in Bezug auf die Gefahren und deren Verursacher dem, was die offizielle Schulungsbroschüre der NDSAP in ihrem 1941 im Parteiverlag erschienenen Pamphlet unter dem Titel »Der Jude an der Ostgrenze« propagierte: »Nachweisbar ist bei fast allen großen Volksseuchen in Polen der Jude der gefährlichste Verbreiter gewesen.«

Stolz wird von der im Vorjahr durchgeführten Schutzimpfung berichtet, mit der »die schlimmsten Seuchenherde in den Ghettos der polnischen Städte« gesäubert wurden.[80] In einigen Ghettos wie in Lublin sei der Judenrat gezwungen worden, die Bewohner zur »gründlichen Säuberung der eigenen Person, ihrer Wohnungen, der Höfe, Klosetts, Senkgruben, Gehwege vor den Häusern usw.« aufzurufen. »Das große Fest der Sauberkeit hat Wochen gedauert«, berichtete der Autor zynisch, und fuhr fort: »Das sind natürlich alles nur Vorbereitungen zur Lösung der Judenfrage.«[81]

Den Kampf gegen das Judentum und letztlich auch seine Vernichtung als Maßnahme der Hygiene zu interpretieren, entsprach zwar dem natio-

[78] 78. ID/Abt. Ia/Op., Befehl Verlegung Division zum Lager Rembertow, 22.5.1941, BA-MA RH 26-78/22.

[79] Der MilBefh.i.GG/Qu 1, Merkblatt für im GG eintreffende Truppen, 10.5.1941, BA-MA RH 24-24/414.

[80] Hermann Erich Seifert, *Der Jude an der Ostgrenze,* Berlin 1941, S. 84.

[81] Ebd., S. 87f.

nalsozialistischen Weltbild, war aber noch nicht Allgemeingut der Masse der in Polen stationierten Wehrmachtsangehörigen. Anders verhielt es sich mit der Vorstellung, die Juden seien unsauber, dreckig, stinkend, verlaust, elend und krank im Gegensatz zu den sauberen, reinen, gepflegten, gesunden und starken »Ariern«. Dieses Feindbild und Selbstbild war weit verbreitet. Ein Beispiel dafür sind Briefe, die Heinrici, der schon erwähnte General des XXXXIII. AK, im Frühjahr 1941 aus der Kleinstadt Siedlce an seine Frau schickte:

»Hier ist es wenig schön, schlechtes, kaltes Wetter, noch gar kein Frühling, Wanzen und Läuse laufen überall herum, ebenso schreckliche Juden mit Davidstern am Ärmel.« – »Das Generalgouvernement ist wirklich der Kehrichthaufen Europas. Und wie sehn die Häuser aus! Halbverfallen, verkommen, schmutzig, Gardinenfetzen vor den Fenstern, schmutzstarrend, und sieht man einmal in eine solche Stube hinein, dann stehn da Gerümpel von Möbeln in furchtbarster Unordnung. Nur wenn man durch die Straßen durchgeht, hat man schon das Gefühl, man hätte Läuse und Flöhe mitgenommen. In den Judengassen stinkt es so, dass man nach dem Durchgehen sich die Nase putzen und ausspucken muß, nur, um den eingeatmeten Dreck loszuwerden.« – »In dem Schutt der Ruinen suchen noch heute Juden und zerlumpte Kinder, ob sie etwas finden können. Regnet es, sind die Straßen im Umsehen ein schmieriger Schlamm. Ist es trocken, fliegt der Staub in Wolken durch die Luft. Man empfindet ordentlich den Schmutz, den man einzuatmen gezwungen ist. Geht man durch die engen Straßen, so mischen sich mit dem unvorstellbare Gerüche von Armut und Verkommenheit.«[82]

Heinrici war, wie der Herausgeber der Briefe, Johannes Hürter, anmerkt, »alles andere als ein fanatischer Nationalsozialist«, eher »ein ›Durchschnittsgeneral‹«.[83] Der Kommandeur der zur 10. Panzerdivision gehörenden 10. Schützen-Brigade war da deutlich rabiater und machte keinen Hehl aus seiner Abscheu gegen die Juden. Am 14. Juni 1941 berichtete er vom Besuch in einem Ghetto.

»Die Stadt ist interessant durch ein Ghetto, in dem 4000 Juden aller Art eng zusammengepfercht ihr Dasein fristeten. [...] In den unmöglichsten Häusern mit unmöglichen [!] Schmutz, in unmöglichen Gerüchen hauste dieses Volk, trieb Handel und betrog sich gegenseitig, faulenzte und machte trotzdem einen zufriedenen Eindruck. Sie waren glücklich, leben zu können. Manch dralles Judenmädchen warf manch feuri-

82 Hürter, *Ein deutscher General,* S. 56, 57, 59 (Briefe 22.4.1941, 30.4.1941, 17.5.1941)
83 Ebd., S. 46.

gen Blick auf unsere Soldaten, die mit Interesse sich das ihnen zum ersten Mal anbietende Bild anschauten und mit Kopfschütteln und Staunen und Ekel schleunigst das Weite suchten, glücklich, in einer anderen Athmosphäre leben zu dürfen.«[84]

Deutlicher lässt sich der fundamentale Unterschied zwischen der eigenen höherstehenden Rasse und einer fremden, nicht dazugehörigen Spezies nicht beschreiben. Das zunächst manifeste Interesse verwandelt sich, je näher das fremde Objekt rückt, in Kopfschütteln und Staunen, schließlich in Ekel. Es ist der Blick des Insekten-Forschers. In Feldpostbriefen dieser Zeit taucht hinter dieser Figur schon der Schatten des Ungeziefer-Vernichters auf. Gemeinsam waren beiden Akteuren die Kälte der Wahrnehmung und die Abwesenheit jeglicher Empathie. Das verraten auch die im Mai/Juni 1941 verfassten Feldpostbriefe von Teilen derjenigen Soldaten, die wenige Wochen später als Angehörige der 4. bzw. der 9. Armee im Bereich der Heeresgruppe Mitte oder der 6. bzw. der 17. Armee im Verband der Heeresgruppe Süd die weißrussische oder ukrainische Grenze überschreiten würden.[85] Dann könnten sie zeigen, ob sie ihre »polnische Lektion« gelernt und verstanden hatten. Auszüge aus einer 1995 im Rahmen der Wehrmachtsausstellung erschienenen Sammlung von Feldpostbriefen:

»Es ist ähnlich wie in Frankreich, nur sind es hier die Juden, die für uns arbeiten, allerdings muß man sie immer antreiben. [...] Es sind Gestalten, die man bemitleiden könnte, wenn es keine Juden wären.«[86]– »Hier gibt's massenweise Juden, dieses Verbrechergesindel. [...] Gehe fast nie in die Stadt, kann die Verbrechervisagen nicht sehen, in dem *STÜRMER* sind dieselben noch golden abgebildet.«[87] – »Die Juden, die eine Armbinde tragen und zahlreich herumlaufen, sind der Höhepunkt von Dreck. An den Gesichtern sind sie auch ohne Armbinde unfehlbar zu erkennen.«[88] – »Eine Menge Juden gibt es hier auch noch: Da wir in einer größeren Stadt sind, wurde diese ins Ghetto zusammengezogen. Das war und ist für unsereinen eine fremde Welt, was sich da dem Auge, der Nase, dem Ohr an Schmutz und Elend bietet.«[89] – »Durch's Judenviertel ging ich heute auch, und schon machte mich ein Unteroffizier der Verkehrsaufsicht darauf aufmerksam, dass der Durchgang eigentlich verboten sei.

[84] 10. Schützen-Brigade (10. Panzer-Division), 13.6.1941- 31.7.1941, BA-MA RH 37/136.

[85] Klink, DRZW, Bd. 4, S. 245.

[86] St'Fw. C.B., Trsp.Kol.d.Lw. 9/VII, 23.4.1941, in: Manoschek, Das Judenbild, S. 20.

[87] Gefr. P. Sch., Bäck.Kp. 54, 1. Geb.Div., 18.5.1941, ebd., S. 23.

[88] [ohne Namensnennung], 2. SanKp. 25, 25. Inf. Div. (mot), 14.6.1941, ebd., S. 26.

[89] [ohne Namensnennung], Stab/Korps-Nachr.Abt. 455, 11.5.1941, ebd., S. 21.

Nun, ich nahm diesen Weg, um abzukürzen, ging aber schnell durch und werde so schnell nicht mehr durchgehen durch das Ghetto. Es sieht halt sehr nach Juden drin aus, und der Duft ist auch nur als ›mosaisch‹ zu bezeichnen. Ich ging meist mitten auf der Straße, um möglichst wenig mit diesem Gesindel in Berührung zu kommen.«[90] Als Schluss und vorweggenommenes Fazit der Bericht eines Gefreiten vom 28. Mai 1941: »Während ich noch beim Abendessen saß, wurde auch über die Judenfrage im Generalgouvernement und überhaupt in der Welt gesprochen; für mich ist es interessant, solche Gespräche anzuhören. Zu meinem Erstaunen waren sich schließlich doch alle einig, dass die Juden ganz von der Welt verschwinden müssen. [...] Die Juden müssten mal alle weg bzw. kaltgestellt werden, dann würde es bald anders aussehen in der Welt.«[91]

Schon in den offiziellen Berichten der Wehrmacht wie in den privaten Aussagen vieler deutscher Soldaten über den »Polenfeldzug« 1939 war übereinstimmend eine Gleichsetzung der Juden mit Schmutz, Elend und Kulturlosigkeit vorgenommen worden. Diese Haltung einer beginnenden Dehumanisierung hatte sich in den folgenden eineinhalb Jahren deutscher Besatzung unübersehbar radikalisiert. Die in die Ghettos als »Abfall« deportierten oder außerhalb unter menschenunwürdigen Umständen gerade noch überlebenden Juden waren inzwischen so zugerichtet worden, dass sie von einem nicht unerheblichen Teil von Angehörigen der Wehrmacht nur noch als Gesindel, als Verbrecher, als Ungeziefer wahrgenommen wurden, die kein Mitleid verdienten, sondern nur vernichtet werden mussten. In seiner dem Oberbefehlshaber des Heeres, Walther von Brauchitsch, übergebenen Protestnote vom 6. Februar 1940 über die Morde von SS- und Polizeikommandos an Zehntausenden von Juden und Polen hatte der Oberbefehlshaber der in Polen stationierten deutschen Truppen, Blaskowitz, für die ihm unterstehenden Einheiten und stellvertretend für die Wehrmacht insgesamt eine umfassende Ehrenerklärung abgegeben:

»Jeder Soldat fühlt sich angewidert und abgestoßen durch diese Verbrechen, die in Polen von Angehörigen des Reiches und Vertretern der Staatsgewalt begangen werden. Er versteht nicht, wie derartige Dinge, zumal sie sozusagen unter seinem Schutz geschehen, ungestraft möglich sind.«[92]

---

[90] Gefr. W.H., Stab/Bau-Btl. 46, 2.6.1941, ebd., S. 25.

[91] Gefreiter Wilhelm H., Stab/Bau-Btl.46, 28.5.1941, Sammlung Sterz, Bibliothek für Zeitgeschichte Stuttgart.

[92] Der ObdH an die Ob der HGr und Armeen und an Oberost, [hier an OB der 12. Armee] Betr.: Heer und SS, 7.2.1940, Nbg. Dok. NOKW-1799; Krausnick, Hitlers Einsatzgruppen, S. 83f.

Dieses Bekenntnis hatte sich in den folgenden anderthalb Jahren als pathetische und naive Fehleinschätzung erwiesen: Teile der Wehrmacht, das würde sich spätestens beim Überfall auf die Sowjetunion am 22. Juni 1941 zeigen, hatten sich, im Sinne der von Elias Canetti in *Masse und Macht* entwickelten Begriffe, nicht zuletzt durch die Erfahrungen in Polen, in eine verbrecherische »Jagdmeute« verwandelt.[93]

Götz Aly hat in seiner brillanten Studie »›Endlösung‹. Völkerverschiebung und der Mord an den europäischen Juden« die Umsetzung von Hitlers Plänen untersucht und aufgezeigt, dass zwar der Topos von der »Lösung der Judenfrage« zum Nazi-Sprachgebrauch gehörte, es aber zunächst keinen »Masterplan« dafür gegeben hatte: »Gemessen an den Zielen scheiterten alle Deportationsprojekte. Mehr als Ansätze ihrer Pläne konnten Heydrich und Eichmann nicht verwirklichen.«[94] Erst aufgrund dieses Scheiterns wurden immer neue, radikalere »Lösungen« entwickelt, darunter auch das nach dem Sieg über Frankreich enstandene Projekt, die Juden im Rahmen eines zu schaffenden »Kolonialreichs Mittelafrika« aus dem von Deutschland kontrollierten Teil Europas nach Madagaskar zu deportieren.[95] Voraussetzung dafür war allerdings die Niederlage Englands bzw. dessen Ausscheiden aus dem Krieg und damit das Ende der britischen Seeherrschaft im Mittelmeer. Die am 10. Juli begonnenen Angriffe der deutschen Luftwaffe auf britische Ziele wurden jedoch schon Ende September 1940 eingestellt.[96] Damit war die für den »Madagaskar-Plan« erwartete Lösung gescheitert: Weil die Luftwaffe die für das Gelingen der Landung deutscher Marinestreitkräfte an der englischen Küste notwendige Luftherrschaft nicht erringen konnte, musste sie zu einem »Zermürbungskrieg« übergehen.[97]

Die im Falle eines Scheiterns des Madagaskar-Projekts schon mitbedachte Alternative wurde von Hitler erstmals am 31. Juli 1940 im engsten Führungskreis artikuliert – »einen fünfmonatigen Feldzug gegen die Sowjetunion zu führen«, der im Frühjahr beginnen sollte. Nachdem der Generalstabschef des Heeres, Franz Halder, Hitler Anfang Dezember die ausgearbeiteten Angriffspläne vorgelegt hatte, unterzeichnete dieser am 18. Dezember 1940 die »Weisung Nr. 21 (Fall Barbarossa)« – den Befehl zum

---

[93] Elias Canetti, *Masse und Macht,* Frankfurt a.M. 1985, S. 49f., 130.

[94] Aly, *»Endlösung«,* S. 35.

[95] Ebd., S. 134f.; 143-146.

[96] Klaus A. Maier/Hans Umbreit, Direkte Strategie gegen England, in: Klaus A. Maier/Horst Rohde/Bernd Stegemann/Hans Umbreit, *Die Errichtung der Hegemonie auf dem europäischen Kontinent.* DRZW, Bd. 2, Stuttgart 1991, S. 363-419, hier: S. 389ff.

[97] Klaus A. Maier/Hans Umbreit, Die Luftschlacht um England, in: DRZW, Bd. 2, S. 375-416, hier: S. 389, 396.

Überfall auf die Sowjetunion.[98] Damit war ein neuer Handlungsraum eröffnet worden, dessen Umrisse Adolf Eichmann Ende Januar 1941 so skizzierte: Nach dem kurzen Feldzug im Osten solle »die Judenfrage innerhalb des von Deutschland beherrschten oder kontrollierten Teils Europas einer endgültigen Lösung zugeführt werden«.[99] Nachdem schon Anfang März mit der Wehrmachtsführung eine prinzipielle Einigung über Aufgaben und Einsatzgebiete der Einsatzgruppen von Sicherheitspolizei (Sipo) und Sicherheitsdienst (SD) in der Sowjetunion erfolgt war,[100] legte Reinhard Heydrich Ende März Hermann Göring einen ersten Plan zu Deportationen vor. Am 31. Juli 1941 wurde er beauftragt, aufgrund dieser Skizze »eine Gesamtlösung der Judenfrage im deutschen Einflussgebiet vorzubereiten«.[101] Ab da begannen die Experimente mit dem Einsatz von Gas als Tötungsmittel und mit dem Bau von zuverlässigen Vernichtungsanlagen für den Holocaust.[102]

Christopher Browning hat in seiner Studie *Die Entfesselung der »Endlösung«* die Kombination von drei bereits erprobten Programmen als Grundlage für diese Experimentierphase von August bis November 1941 bezeichnet – das Konzentrationslager als Ort der absoluten Geheimhaltung, das Euthanasie-Projekt mit seiner perfekten Vergasungstechnologie und die Sicherstellung des Nachschubs für die Todesfabriken aufgrund der Umsiedlungserfahrungen und des verfügbaren Personals von Eichmann. »Die Idee, Giftgas über das ›Euthanasie‹-Programm für Massentötungen einzusetzen«, so Browning, »war im Spätsommer 1941 bereits weit verbreitet und führte zu lokalen Experimenten«.[103] Als Stationen dieser Versuche nannte er die im Zeitraum zwischen August und November erfolgreich durchgeführten Vergasungstests im September in der Irrenanstalt von Minsk und in Mogilew, Heydrichs Auftrag zum Bau von luftdichten Kastenaufbauten für Gaswagen, die Erprobung von provisorischen »Gaskammern« in Kellerräumen bzw. im alten Krematorium von Auschwitz sowie in »zwei Bauernhäusern« in einem Ort namens Treblinka. Das Ende der Experimente

---

[98] Aly, *»Endlösung«*, S. 152, 209.

[99] Ebd, S. 269.

[100] Generaloberst Halder, *Kriegstagebuch [KTB] des OKW, 1940-1945*, hrsg. von Percy Ernst Schramm, Bd. II, Frankfurt a.M. 1965, Eintrag 5.3.1941, S. 341; die für die Truppe bestimmte detaillierte Fassung wurde am 28.4.1941 vorgelegt: Gerd R. Ueberschär/Wolfram Wette (Hrsg.), *Der deutsche Überfall auf die Sowjetunion. »Unternehmen Barbarossa«*, Frankfurt a.M. 1991, S. 249f.

[101] Aly, *»Endlösung«*, S. 271, 295, 271, 295.

[102] Ebd., 342f., 355f., 358ff.

[103] Christopher Browning, *Die Entfesselung der »Endlösung«. Nationalsozialistische Judenpolitik 1939-1942,* München 2003, S. 509.

bildete der Beschluss für ein neues Krematorium mit größeren Kapazitäten in Auschwitz, der Baubeginn eines Vernichtungslagers in Belzec und der Umbau eines alten Schlosses in Chelmno für den Massenmord durch Gaswagen.[104] Hitler hatte Mitte September durch die Revision seiner bisherigen Position, mit der Deportation der »Reichsjuden« bis nach dem Krieg zu warten, den Beginn der »Endlösung« eingeleitet.[105]

3. Vorbereitung auf »Barbarossa«

In der Planungsphase von »Barbarossa« wurde, zunächst nur in den internen Verlautbarungen der politischen und militärischen Führung, das antisemitische Vokabular radikalisiert, das in Hitlers Reichstagsrede vom 30. Januar 1939[106] schon als gefährliche Formel aufgetaucht war – die Verschmelzung von »Bolschewismus« und »Judentum«.[107] Und was als langfristige Zielsetzung unmissverständlich angekündigt worden war – »die Vernichtung der jüdischen Rasse in Europa« –, das wurde jetzt aktualisiert: Wenn vom künftigen Gegner die Rede war, lautete die Umschreibung »jüdischer Bolschewismus«.[108] Und wenn Hitler von seinen Kriegszielen sprach, dann hießen die entsprechend so: »Die jüdisch-bolschewistische Intelligenz, als bisheriger Unterdrücker, muß beseitigt werden.«[109] So lautete auch Hitlers Formulierung in seiner am 3. März 1941 erlassenen grundlegenden Weisung ans OKW.[110] Der Oberbefehlshaber des Heeres, Walther von Brauchitsch, hatte am 27. März alle taktischen Rücksichten beiseite gelassen: Er hatte gegenüber den Befehlshabern des Ostheeres Klartext gesprochen und sie so auf den kommenden Feldzug eingestellt: »Die Truppe muß sich darüber klar sein, daß der Kampf von Rasse zu Rasse geführt

---

104 Ebd., S. 510-526.

105 Ebd., S. 519.

106 Domarus, *Hitler-Reden*, Bd. 2, S. 1058.

107 Gerd Koenen, Überprüfungen an einem Nexus: Der Bolschewismus und die deutschen Intellektuellen nach Revolution und Weltkrieg 1917-1924, in: *Tel Aviver Jahrbuch für deutsche Geschichte*, Jg. 1995, S. 359-391, und Winfried Baumgart, *Deutsche Ostpolitik 1918. Von Brest-Litowsk bis zum Ende des Ersten Weltkrieges*, München/Wien 1966, S. 221.

108 Halder, *KTB des OKW*, Bd. 1, S. 341; Generaloberst Hoepner, Anlage 2 zu Kdo. d. PzGr4/Ia v. 2.5.1941, Kampfführung, in: Ueberschär/Wette, *Der deutsche Überfall*, S. 251; Hitlers Aufruf an das Ostheer vom 22.6.1941, Soldaten der Ostfront! BA-MA RH 22/4.

109 Hitler, Weisung vom 3.3.1941 an General Jodl, vgl. Halder, OKW, KTB, Bd. 1 (3.3.1941), S. 341.

110 Halder, KTB des OKW, Bd. 1, S. 341.

wird.«[111] Und Göring hatte einen Tag vorher bei einem Treffen mit Heydrich, bei dem ihn dieser über die Pläne »bezüglich der Lösung der Judenfrage« informierte, darauf gedrängt, dass die Truppe beim Einmarsch in die Sowjetunion eine kurze Unterweisung mitbekommen sollte, »wen sie praktisch an die Wand zu stellen habe«. Darin sollte sie »über die Gefährlichkeit der GPU-Organisation [Sowjetische Geheimpolizei], der Politkommissare, Juden usw.« informiert werden.[112] Dieser Anregung war das OKW mit den am 19. Mai erlassenen »Richtlinien für das Verhalten der Truppe in Rußland« gefolgt: Die erst unmittelbar vor dem Angriff und bis zu den Kompanien verteilten Anweisungen forderten von jedem Soldaten »rücksichtsloses und energisches Durchgreifen gegen bolschewistische Hetzer, Freischärler, Saboteure, Juden«.[113] Die »Richtlinien« waren mehr als nur eine individuelle Handlungsanleitung – mit der Feinderklärung an die Juden bildeten sie die Brücke zu den geplanten Mordaktionen der SS-Einsatzgruppen und schufen einen gemeinsamen Rahmen für die Vernichtung der Juden in den besetzten Gebieten. Auch die Aufgaben der Einsatzgruppen, die am 28. April noch zur Tarnung mit der »Sicherstellung vor Beginn der Operationen festgelegter Objekte [...] sowie besonders wichtiger Einzelpersonen (führende Emigranten, Saboteure, Terroristen usw.)« umschrieben worden waren,[114] wurden jetzt offengelegt: Die Ic- und Abwehroffiziere der Heeresgruppen erfuhren bei einer zentralen Einweisung von OKH und OKW am 5./6. Juni durch den Amtschef II im RSHA, SS-Standartenführer Hans Nockemann, welcher Personenkreis Objekt der Verfolgung der SS-Kommandos sein würde – »Juden, Emigranten, Terroristen, politische Kirchen usw.«[115]

Diese judenfeindliche Orientierung bestimmte auch die Feindnachrichten, die die in Polen aufmarschierten Truppenverbände über die Stimmung der Bevölkerung in den sowjetischen Grenzgebieten erhielten: Während die Mehrheit den deutschen Einmarsch freudig erwarte, seien die Juden

[111] Halder, KTB des OKW, Bd. 2, S. 331.

[112] Aly, *»Endlösung«*, S. 270.

[113] Ueberschär/Wette, *Der deutsche Überfall*, S. 258; siehe Dokument 7 im Anhang, S. 203.

[114] Ueberschär/Wette, Der deutsche Überfall, S. 249.

[115] Ic/AO III/HGr Nord über die Bespr. bei OKW/Abw u. OKH/OQu u. GenQu vom 5.- 6.6.1941, BA-MA RH 19 III/722. Die Juden waren schon im Jugoslawien-Feldzug als Ziel der Einsatzgruppen benannt worden: OKH/GenStdH/GenQu/Abt. Kriegsverwaltung, Betr.: Regelung des Einsatzes der Sicherheitspolizei und des SD beim Unternehmen »Marita« und »Fünfundzwanzig«, 2.4.1941, BA-MA RH 31-I/23.

feindselig.[116] Trotzdem hätten sie sich, ihrem »berechnenden Wesen« entsprechend, auf die Invasion eingestellt und tauschten Rubel in Deutsche Mark.[117] Bei weiterem Vormarsch ins Landesinnere sei damit zu rechnen, dass Fallschirmtruppen des Gegners versuchen würden, im Rücken der deutschen Truppen abzuspringen, um dort militärische Objekte, Brücken, Nachschublinien zu zerstören und Angehörige der Wehrmacht wie deren einheimische Helfer zu erschießen. Auch hierbei spielte die jüdische Volksgruppe eine auffallende Rolle: »Es sind junge Leute, auch Juden aus dem ehemaligen Polen, die deutsch oder polnisch sprechen und in Rußland geschult wurden.«[118] In Litauen und Lettland, so eine andere Instruktion, werde die Bevölkerung die deutschen Truppen freundlich aufnehmen. Nur in den Städten sei mit Widerstand vonseiten der Kommunisten zu rechnen, die »sich lediglich auf die jüdische Bevölkerung« stützen können.[119] Zusätzlich zu diesen eher vagen Informationen waren die Stäbe der Heeresgruppen schon früh vom OKW mit umfangreichem Material von dessen Militärgeographischem Amt beliefert worden.[120] Die Ausgabe an die Armeekorps und Divisionen erfolgte in der Phase der Bereitstellung – bei den Panzerdivisionen offensichtlich schon im Mai, bei den Verbänden der Infanterie unmittelbar vor dem Angriff.[121] Das Material unter der neutralen Bezeichnung »Militärgeographische Angaben aus dem Raum XY« schien – in seiner Gliederung nach fortlaufend nummerierten Wegeabschnitten von A nach B nach C – zunächst nicht mehr zu sein als eine kommentierte Straßenkarte.[122] Es lieferte aber – über die Beschreibung von Straßenzu-

[116] GenKdo XXXXIII. AK/Ia, Feindnachrichtenblatt Nr. 1, 15.6.1941, BA-MA RH 24-43/11.

[117] AOK 4/Ic, Nachrichtenblatt Nr. 49, 10.6.1941, BA-MA RH 26-292/52.

[118] 129. ID/Abt. Ic, Feindnachrichtenblatt Nr. 3, 18.6.1941, BA-MA RH 26-129/29.

[119] 206. ID/Ia, Hinweise für die kommenden Operationen 20.6.1941, BA-MA RH 26-206/7.

[120] Ein Mitarbeiter des Ic der PzGr 2 wurde am 3.1.1941 zur HGr Mitte nach Posen kommandiert. »Im Anschluß an die Einweisung werden in Berlin alle verfügbaren Unterlagen beschafft und zwar 1.) von Abteilung Fremde Heer Ost 2.) von 9. Abt. (Mil. Geo.),« vgl. PzGr 2/TB der Abt. Ic, BA-MA RH 21-2/640.

[121] 3. PzDiv/Ic-TB Mai 1941, BA-MA RH 27-3/165; AOK 9 verteilte am 17.6. »Volkstumskarten« und Broschüren »Staatsgebiet und Bevölkerung in Rußland« an die Korps und Divisionen, vgl. AOK 9/Qu 2 Beitrag fürs KTB 17.6.1941, 19.6.1941, BA-MA RH 20-9/357; die 102. ID erhielt die »Ostunterlagen« am 15.6. vom XXXXII. AK: 102. ID, Anlagen zum KTB, 15.6.1941, BA-MA RH 26-102/60; die erst später angekommene 52. ID erhielt ihre »Ostunterlagen« am 7.7.1941: 52. ID/Ic-TB 7.7.1941, BA-MA RH 26-52/59.

[122] Es gab auch »neutrale« Straßenkarten wie die Mappe G für »Zentralrussland«: Diese lieferte nur eine Übersicht über das Eisenbahnnetz, Schifffahrtslinien, Straßen-

stand, Brückenbreite, Steigungen und Besonderheiten des Geländes hinaus – auch genaue Angaben über Gebäude, öffentliche Einrichtungen, Einwohnerzahlen und den Anteil der Juden in Dörfern und Städten am Weg.

»Lida, Kreisstadt, 11.236 Einwohner (viel Juden), Post, Tel., Fernspr., 4 (3 stein.) Kirchen, 2 Krankenh., 6 Ärzte, 2 Apoth., 2 Brau., 3 Tabakfabr., 5 Schulen, [...] großes stein. Gefängnis, Markt u. die meisten Straßen gepflastert, [...] Bhf. westl. der Stadt, [...] Garnison Kasernen.«[123] – »Von den an der Straße liegenden, weit auseinandergezogenen Dörfern eignen sich für Einquartierungszwecke, da ziemlich große Scheunen vorhanden sind, nur die Dörfer zwischen Wileika und Lawarischki. [...] In der Gegend von Powodsie können unter Heranziehung der nicht an der Straße liegenden Dörfer Truppen aller Waffen bequem untergebracht werden. [...] Auf den Höhen südlich von Wileika liegt die Irrenanstalt, wohl die größte und modernste Anstalt Rußlands.«[124]

Der Nutzen einer solchen Information für einen Stab, der zu entscheiden hatte, wo sich am günstigsten ein Divisionsgefechtsstand, ein Militärlazarett oder eine Feldkommandantur einrichten ließ, lag auf der Hand. Auch die folgenden Angaben waren für einen Offizier wertvoll. Aber diese zunächst unscheinbaren Straßenkarten enthielten auch alle Angaben über den Umfang der jüdischen Bevölkerung längs des Vormarschweges und damit das Grundlagenmaterial für den bevorstehenden Einmarsch. Das Oberkommando der 9. Armee sprach daher zutreffend von »Volkstumskarten«.[125] Sie lesen sich so:

»Turgiele, Dorf mit rund 400 Einwohnern, davon 180 Juden. [...] Taboryszki, Ort mit 112 Einwohnern, darunter 23 Juden.«
– »Lawarischki: Flecken (210 Einwohner), eine massive Kirche, sonst nur Holzhäuser. Bewohner etwa 25% Juden und 75% Polen, treiben Ackerbau und etwas Handel mit Vieh und Waren.«
– »Podbrodzie (Marktflecken, 1050 Einwohner, 2/3 Juden, Bahnstation, russ. Kirche).«
– »Nowo Swenzjany (Marktflecken, 350 Gehöfte, 5000 Einwohner, davon 1 000 Juden, Direktion und Werkstätten der Kleinbahn von Poniewiez nach Glubokoje, hölzerne katholische und russische Kirche, 2 hölzerne, 1 steinerne Synagoge, 2 Schulen, Polizeistation, Oberförsterei)«

---

und Gewässerkarten und eine Sammlung der wichtigsten Stadtdurchfahrtpläne.

123 148. Szczuczyn – Lida, MilGeograph. Angaben aus dem Raum um Wilna, S. 44, BA-MA RH 21-3/424.

124 Nr. 6 Straße Cieszkany – Turgiele – Wilna, MilGeograph. Angaben aus dem Raum Lida – Wilna – Kowno – Suwalke, S. 75, BA-MA RH 21-3/424.

125 AOK 9/Qu 2 Beitrag fürs KTB 17.6.1941, 19.6.1941, BA-MA RH 20-9/357.

– »Koltynjany, Flecken, 300 Einwohner, davon 200 Juden, 35 Gehöfte, Steinkirche, Steinsynagoge, Schule.«
– »Gielwany 500 Einwohner, meist Juden, ca. 50 Polen, hölzerne Kirche«
– »Der sandig-lehmige Weg, 5 m breit, führt über Zubiele (250 Einwohner) nach Boguslawiszki (480 Einwohner, ungefähr 1/3 Juden).«[126]

Die Generalität und deren Stäbe wie das Führungspersonal der Einsatzgruppen schätzten den Nutzen dieses Materials richtig ein, wie eine Anweisung der 4. Armee zeigt: »Volkstumsfragen bedürfen der Beobachtung. Frühzeitig muß darüber Klarheit geschaffen werden, auf welche Bevölkerungsteile sich die deutsche Truppe stützen kann.« Und, so darf man ergänzen, welche Teile feindlich und daher festzusetzen oder notfalls zu eliminieren seien. Eher beiläufig nannte die Quartiermeisterabteilung der Armee die bewaffnete Formation, die hauptsächlich von diesen Karten profitieren würde, die Einsatzgruppen von SD und Sipo:

> »Grundsätzliche Sondermaßnahmen gegen Juden sind den späteren folgenden politischen Organen zu überlassen. [...] Im rückw[ärtigen] Armee- und Heeresgebiet führt der Reichsführer SS mit eigenen Organen selbständig und in eigener Verantwortung ihm gestellte politische Sonderaufgaben durch. Die Durchführung erfolgt außerhalb der Truppe, aber unter Unterrichtung der zuständigen Oberbefehlshaber.«[127]

Eine zentrale Bedeutung für den kommenden Vernichtungs- und Rassenkrieg sollte der Propaganda zukommen. Der dafür zuständige Oberst Hasso von Wedel hatte deren Stoßrichtung vor den Ic-Offizieren der Heeresgruppen, Armeen und Panzergruppen am 5./6. Juni 1941 in Berlin so umrissen: »Allgemeine Propagandatendenz: 1. Zerschlagung der feindlichen Kräfte, Judentum etc., 2. politische Neugestaltung.«[128] Als mediale Träger dieses »Propaganda-Krieges« sollten neun unterschiedliche, vom 23. Juni bis zum 10. Juli von der Luftwaffe abgeworfene bzw. von der Artillerie verschossene Flugblätter sowie beim Vormarsch angebrachte Maueranschläge und

---

[126] Mil.Geograph. Angaben aus dem Raum Lida – Wilna – Kowno – Suwalke, S. 70, 75, 81, 90f., 113f., BA-MA RH 21-3/424.

[127] AOK 4/OQ/Qu 2, Besondere Anweisungen für das Operationsgebiet, 8.6.1941, BA-MA RH 26-292/52; 292. ID/Abt. Ic, Betr: Kampfweise und Verhalten des Gegners, 20.6.1941, BA-MA RH 26-292/52; Wildgans/Ib, Bezug: AOK 4/OQu/Qu. 2, Auszug aus den Besonderen Anordnungen der Armee für das Operationsgebiet, 16.6.1941, BA-MA RH 26-7/80; 17. ID/Ib, Richtlinien für die Durchführung der Versorgung im Einsatz, 19.6.1941, BA-MA RH 26-17/52.

[128] AOK Norwegen, Ic, Aktennotiz Ic-Besprechung beim OKW v. 5.6.-6.6.1941, BA-MA RW 39/9.

Plakate fungieren. Das erste von 40 Millionen Flugblättern,[129] das sich an die Soldaten der Roten Armee wandte, erklärte die Gründe für den deutschen Angriff: der von der sowjetischen Regierung betriebene Bruch des Freundschaftsvertrages mit Deutschland durch die versuchte Allianz mit Bulgarien und den von Moskau unterstützten Putsch Jugoslawiens gegen Deutschland. »Mit diesen Machenschaften der jüdischen Clique wird jetzt Schluß gemacht« – die deutsche Wehrmacht komme als Befreier von einem Unrechtssystem, das die Bevölkerung »zu Leibeigenen Stalins und seiner jüdischen Kommissare« gemacht habe. »Zum Teufel mit allen Juden und Kommunisten. Der Frieden ist in Europa und in Eurer Heimat erst dann möglich, wenn der jüdischen Komintern der Kopf abgeschlagen ist«, so schloss das Flugblatt.[130] Der Tenor des zweiten Flugblatts war ähnlich, aber es endete in einem noch deutlicheren antisemitischen Imperativ: »Jagt die Juden nach Palästina!«[131] Wie die Flugblätter für den Abwurf in den ersten drei Wochen, so waren auch Maueranschläge und Plakate für den Einmarsch vorbereitet. Der Maueranschlag im DIN-A4-Format teilte der Bevölkerung mit, dass jeder Widerstand mit allen Mitteln gebrochen werde, dass jeder seiner normalen Arbeit nachzugehen und alle Versuche der Plünderung von Lebensmitteln oder der Zerstörung von Wirtschaftsgütern bzw. Maschinen entschieden zu verhindern habe. Dann hieß es unvermittelt: »Liefert rücksichtslos alle die Volksfeinde aus, die sich in eurer Mitte versteckt halten – GPU-Menschen, Agenten, verbissene Komunare und das Judenpack!«[132] Unter dem Titel »Bekanntmachung« wurde ein Plakat im DIN-A2-Format angeschlagen, das unterzeichnet war mit »Oberbefehlshaber der deutschen Armee«. Es war die erste Grundsatzerklärung der künftigen Besatzungspolitik: Nach Beseitigung der Spuren und Überreste der vergangenen Kämpfe habe jeder seine bisherige Tätigkeit im Rahmen der kollektiven Eigentumsordnung wieder aufzunehmen, nach Auflösung aller kommunistischen und jüdischen Organe werde eine provisorische Selbstverwaltung mit einem zuverlässigen Mann unter deutschem Kommando eingesetzt, die Soldaten der Roten Armee wurden aufgefordert, sich zu stellen, und die Juden wurden als Feindgruppe stigmatisiert und abgesondert: Sie hatten sich mit einer weißen Armbinde, die

---

[129] OKW/3 n/WFSt/WPr (IVb), Wehrmacht-Propaganda-Lagebericht für die Zeit vom 1.7-15.7.1941, 22.7.1941, S. 9, BA-MA RW 4/252.

[130] Nr. 000 111 RA, BA-MA MSg 114/46; zit. bei Ortwin Buchbender, *Das tönende Erz. Deutsche Propaganda gegen die Rote Armee im 2. Weltkrieg*, Stuttgart 1978, S. 60f.

[131] Nr. 000 112 RA, BA-MA M Sg 114/46, ebd.

[132] Ebd.; »Komunare« ist abgeleitet von dem NS-Kampfbegriff »Kommune«, also Kommunisten.

den Davidstern trug, zu markieren, ihre Freizügigkeit wurde mit sofortiger Wirkung aufgehoben, für jeden Juden im Alter von 16-50 Jahren galt ab sofort die Pflicht zur Zwangsarbeit.[133]

4. Einmarsch. Der Judenhass explodiert

Am 22. Juni erfolgte der Überfall der deutschen Wehrmacht auf die Sowjetunion.

> »Bei der Besetzung der Stadt **Lida** am 27. Juni war ich Zeuge folgenden Vorfalls: der Führer des Regiment-Reiterzuges IR 336 der 161. Infanterie-Division (ID) ließ dort 20 jüdische Ortsbewohner zusammentreiben und durch ein Kommando abführen. Unter diesen Einwohnern befanden sich Leute im Alter von 16 bis etwa 60 Jahre. Als man aus der Stadt herauswar, mißhandelte man sie aufs Schwerste. Sie wurden mit dem Gewehrkolben gestoßen und mit Seitengewehren gepeinigt, das Blut lief Verschiedenen aus Nase und Mund. Alsdann mußten sie unter weiteren schweren Mißhandlungen ein Loch ausheben. Als dieses fertig war, mußte sich Einer nach dem Anderen vor das Loch stellen, und sie wurden dann in Gegenwart der Anderen erschossen. Gründe für diese Tat lagen nicht vor.«[134]

Möglicherweise war die Erschießung ein Akt der »Vergeltung«: Bei einem sowjetischen Kriegsgefangenen, »einem Juden namens Viktor Israelewitsch Kirschenbaum«, waren am selben Tag Soldbuch und Bargeld eines deutschen Unteroffiziers gefunden worden, der von Rotarmisten gefangen genommen und erschossen worden war.[135] – Am 28. Juni 1941 vermerkte das Kriegstagebuch der 5. ID, die in **Rozanka,** südlich von Lida, ihren Gefechtsstand bezogen hatte, einen »Verstoß gegen das Völkerrecht«: Fünf Soldaten einer anderen deutschen Einheit, die sich vor einem massiven sowjetischen Gegenangriff zurückgezogen hatte, waren gefangen genommen und »nach schweren Verstümmelungen (ausgestochene Augen)« erschossen und verscharrt worden. Die sich zurückziehenden Deutschen seien »von

---

[133] Bekanntmachung. Der Oberbefehlshaber der deutschen Armee BA-MA RH 27-4/120.

[134] Otto Wormuth (3. IR 364) vom 10.3.1943, in: Hannes Heer (Hrsg.), *»Stets zu erschießen sind Frauen, die in der Roten Armee dienen«. Geständnisse deutscher Kriegsgefangener über ihren Einsatz an der Ostfront,* Hamburg 1995, S. 18; das von Wormuth genannte Datum 17.7. als Tag der »Besetzung« der Stadt ist falsch, diese erfolgte schon am 27.6.1941, vgl. 161. ID, KTB 27.6.1941, BA-MA RH 26-161/9.

[135] 161. ID/Abt. Ic TB 28.6.1941, BA-MA RH 26-161/48.

Juden verraten« worden. Als Vergeltung veranlasste der Kommandeur der 5. ID, Helmuth Thumm, daraufhin die Exekution von 50 »an der Massakrierung der deutschen Soldaten verdächtigen Juden«.[136] – Im benachbarten **Radun** drang ein Soldat beim Durchmarsch seiner Einheit durch das Städtchen am 2. Juli in das jüdische Lehrhaus ein und schoss einen dort arbeitenden Tischler nieder, der bald danach verstarb. Über die Motive ist nichts bekannt.[137] – **Byten,** 20 km davon entfernt, war am 25. Juni von einem Truppenverband des motorisierten XXIV. AK besetzt worden.[138] Auf Befehl des örtlichen Befehlshabers wurde ein Judenrat eingerichtet, der u.a. die Zwangsarbeit der Juden organisierte. Erschießungen oder Quälereien gab es keine. Das begann erst, als Anfang Juli ein Offizier der 52. oder der 167. ID Ortskommandant wurde.[139]

> Bericht eines überlebenden Juden: »Während der Amtszeit des Leutnants Schmidt drangen eines Tages Soldaten der Wehrmacht in die Synagoge ein und zwangen die dort betenden Juden, heilige Bücher und Gebetbücher aus dem Altar herauszunehmen und sie auf Kraftfahrzeuge zu verladen, die sie dann hinter die Stadt brachten, wo sie verbrannt wurden. Bei dieser Gelegenheit wurden die Juden und auch der Rabbiner von den Soldaten der Wehrmacht geschlagen.«[140]

Das nördlich von Minsk gelegene Städtchen **Pleschtschenizy** war von der 7. Panzer-Division oder von der 20. ID (mot) am 27. Juli eingenommen worden.[141] »In den ersten Tagen«, erinnert sich ein Überlebender, »wurden einige Leute, Juden und Christen, umgebracht, die unter der Sowjetherr-

---

[136] 5. ID, KTB 28.6.1941, BA-MA RH 26-5/7D; bei der Staatsanwaltschaft Stuttgart wurde gegen den ehemaligen Kommandeur Helmuth Thumm ein Verfahren eingeleitet und eingestellt: AZ 82 Js 488/70.

[137] Mosche Dawidowitz 15.9.1963, Strafsache Leopold Windisch, StA Mainz, 3 Ks 67, Bd. 3, S. 523.

[138] Die 3. PzDiv stand am 24.6. bei Byten, vgl. 3. PzDiv., KTB, Eintrag 24.6.1941, BA-MA RH 27-3/14; dann übernahm die 10. ID (mot), vgl. 10. ID (mot), Hermelin an Amsel, 28.6.1941, BA-MA RH 26-10/10.

[139] Am 3.7.1941 bezog die 52. ID in Byten ihren Gefechtsstand, vgl. 52. ID, KTB 3.7.1941, BA-MA RH 26-52/3; am 5.7. löste die 167. ID ab, vgl. 167. ID, KTB 5.7.1941, BA-MA RH 26-167/9.

[140] David Abramowicz, 11.9.1964, Strafsache Gerhard Erren, StA Hamburg 147 Js 29/67, Sonderband C 5.

[141] Bericht eines alten Mannes, in: Wassili Grossman/Ilja Ehrenburg, *Das Schwarzbuch. Der Genozid an den sowjetischen Juden,* Reinbek bei Hamburg 1994, S. 308; zum Vormarsch der genannten Verbände nach der Einnahme von Molodeczno am 25.6. vgl. 7. PzDiv, KTB, Einträge 25.6.-1.7.1941, BA-MA RH 27-7/46 und 20. ID (mot), KTB 29.6. 1941, BA-MA RH 26-20/11.

schaft verantwortliche Positionen innegehabt hatten.«[142] – Die 17. Panzer-Division hatte am 27. Juni die an der Brücke über den Njemen und an der Bahnstrecke Baranowicze-Minsk gelegene Kleinstadt **Stolpce** erobert.[143] Am folgenden Tag traf das Gros der Division in Stolpce ein.[144] Außerhalb des Ortes gingen die z.T. heftigen Gefechte, in die auch die 18. Panzer-Division verwickelt war, weiter.[145] Dennoch war die Lage am Ort selbst unter Kontrolle, weshalb der Stab des XXXXVII. Panzer-Korps dort am 29. Juni seinen Gefechtsstand bezog.[146] Die Stimmung der Truppe war gereizt: Die Verstopfung auf der »Rollbahn« Richtung Minsk-Moskau hatte den Vormarschplan völlig durcheinandergebracht und den vorgesehenen Truppenzuzug behindert.[147] Der Schrecken, den die Masse der sowjetischen Panzer ausgelöst hatte, steckte den Soldaten noch in den Knochen, und dazu kam die Angst vor dem ungewohnt heftigen Kampf mit den versprengten Truppenteilen des Gegners in den Wäldern längs der Rollbahn.[148] Immer wieder kam es zu Überfällen auf Einzelkolonnen mit hohen Verlusten.[149] Vielleicht erklärt diese Stimmung aus Nervosität und Wut, warum es in den Morgenstunden des 29. Juni zu einem Blutbad kam:

»Es war am Tag, der nach dem Einzug der Deutschen folgte. Da die Einnahme der Stadt durch Kampf erfolgte, wurden am nächsten Tage – unter Vorwand [der Vergeltung] für angeblich getötete zwei deutsche Soldaten – etwa 200 Personen zu beiden Seiten der Hauptstraße – damals Stalinstraße genannt – erschossen. Es war eine Blitzaktion, die eine Kampfeinheit binnen etwa zwei Frühmorgenstunden vollbrachte. Die Opfer wurden in den eigenen Höfen niedergemetzelt.«[150]

---

142 Bericht eines alten Mannes, in: Grossman/Ehrenburg, *Das Schwarzbuch,* S. 308.

143 PzGr. 2, KTB 27.6.1941, BA-MA RH 21-2/927.

144 17. PzDiv, KTB Ib 28.6.1941, BA-MA RH 27-17/18.

145 PzGr. 2, KTB 28.6.1941, BA-MA RH 21-2/927; Tagebuch des Leutnants der 18. PzDiv Georg Kreuter, in: Walter Kempowski, *Das Echolot. Barbarossa '41. Ein kollektives Tagebuch,* München 2002, S. 140; 18. PzDiv, KTB 28.6.1941, BA-MA RH 27-18/20.

146 XXXXVII. AK an Ib, 29.6.1941, BA-MA RH 27-17/23; PzGr. 2, KTB 28.6.1941, BA-MA RH 21-2/927.

147 Die Sanitätskompanie und zurückhängende Teile der 17. PzDiv mussten ihren Vormarsch abbrechen und nach Baranowicze zurückkehren; erst im zweiten Versuch erreichten sie am Abend des 29.6. Stolpce, vgl. Bericht der San.Kp. 1/27 über die Zeit vom 27.6. bis 30.6.1941, 1.7.1941, BA-MA RH 27-17/23.

148 Georg Kreuter, Tagebuch, 26.6.1941, in: Kempowski, *Das Echolot,* S. 112, 140.

149 Vgl. Bericht der San.Kp. 1/27 über die Zeit vom 27.6. bis 30.6.1941, 1.7.1941, BA-MA RH 27-17/23.

150 ZStL II 202 AR-Z 16/67, Abschlußbericht 19.7.1967, S. 4 und Leon Langmann, 21.9.1966, in: StA beim LG München I 117 Js 2/72, Strafsache gegen Angehörige der 8. Kp. des 727. IR (707. ID, Friedrich Göbel); Antel Wertheim, 17.8.1966, Eriel Tunik,

Während die Angaben zur Zahl der Opfer zwischen 56 und 200 differieren,[151] stimmen die Erinnerungen darin überein, dass es sich bei den Häusern zumeist um Wohnungen von Juden gehandelt hatte, die Aktion also eine antijüdische Stoßrichtung hatte.[152] In Stolpce lebten damals etwa 3000 Juden.[153] Die erste Aktion der Einsatzgruppen von SD und Sipo ereignete sich fast vier Wochen später: Ein Teil des Einsatzkommandos (EK) 8 war am 25. August in der Stadt erschienen und blieb dort einige Tage.[154] Nachdem die Ortskommandantur der Wehrmacht eine Liste der angesehensten jüdischen Gemeindemitglieder erstellt hatte, wurden die ausgewählten 80 Juden anschließend von dem SS-Kommando in einem Wald außerhalb Stolpces erschossen.[155] Die Ereignismeldung [EM] Nr. 50 des Reichssicherheitshauptamtes [RSHA] vom 12. August 1941 berichtete: »Es handelte sich hierbei vorwiegend um Teile der aktivistischen jüdischen Intelligenz.«[156]

Die genannten wie die folgenden Beispiele sind nicht wahllos ausgesucht, sondern stammen alle aus dem westlichen und nördlichen Teil Weißrusslands, aus einem geographischen Korridor zwischen der Verkehrsachse von Brest nach Minsk im Süden und der früheren litauischen Grenze im Norden. Dieses Gebiet, das 1941 bis 1944 zum »Generalkommissariat Weißruthenien« mit der Hauptstadt Minsk gehörte und Alfred Rosenbergs »Ostministerium« unterstand, wurde politisch von regionalen »Gebietskommissaren« geleitet, denen Abteilungen des Minsker SD zugeordnet waren. Einige dieser Gebietsführer wie Gerhard Erren und Leopold Windisch oder SD-Männer wie Alfred Renndorfer, Wilhelm Hellmann und Horst Schaupeter bzw. der Gendarmeriechef Wilhelm Schultz wurden nach dem Krieg von westdeutschen Gerichten zur Rechenschaft ge-

---

17.8.1966, ebd; Josef Reich, *Wald in Flammen,* Buenos Aires 1954, S. 25ff. Jehoszna Kranc, 17.6.1962, Strafsache Alfred Renndorfer, StA München I 113 Ks 1/65a-b, S. 2252.

[151] Reich nennt 54, Kranc 60, Wertheim 100, Langmann 200 Opfer.

[152] Reich beschreibt die Aktion als Beginn des Terrors gegen die Juden, Wald in Flammen, S. 25ff.; Langmann weist daraufhin, dass auch viele Nichtjuden unter den Opfern waren; Strafsache Göbel.

[153] Icchak Berkowicz, 17.8.1966, Cwi Stolowicki, 21.12.1964, Esterkin Mosze, 16.12.1964, Strafsache Göbel.

[154] Hubert Stein, 9.10.1962, Heinz Schlechte, 23.1.1963, Hans Graalfs, 19.3.1963, StA beim LG Kiel 2 Js 615/61, Strafsache Hans Graalfs.

[155] Reich, Wald in Flammen, S. 189f.; Tunik, 30.10.1966, Wertheim, 6.11.1966, Stolowicki, 10.10.1966, Berkowicz, 23.10.1966, Reuven Machti, 20.9.1966, Strafsache Göbel; Nechama Tec, *Bewaffneter Widerstand. Jüdische Partisanen im 2. Weltkrieg,* Gerlingen 1996, S. 49.

[156] EM Nr. 50, in: Klaus-Michael Mallmann/Andrej Angrick/Jürgen Matthäus/Martin Cüpper (Hrsg.), *Die »Ereignismeldungen UdSSR«. Dokumente der Einsatzgruppen in der Sowjetunion,* Darmstadt 2011, 12.8.1941, S. 279.

zogen und mit den Zeugenaussagen überlebender Juden aus diesen Orten konfrontiert. Nur deren Zeugnisse erlauben es, die Beteiligung der Wehrmacht an der Ermordung der Juden im Sommer 1941 in dieser Region minutiös zu rekonstruieren. Da bisher niemand den Wert dieser Quelle erkannt und diese entsprechend ausgewertet hat, kommt die Gewaltwelle der Wehrmacht beim Vormarsch in Weißrrussland im Sommer 1941 in der Forschung nicht vor. Christian Gerlach, der das Standardwerk zur Vernichtungspolitik in Weißrussland verfasst hat, spricht von »spontanen antisemitischen Übergriffen« und konstatiert statt der alleinigen Verantwortung der Wehrmachtseinheiten für diese ersten Strafaktionen nur die »Beteiligung« von Wehrmachtsangehörigen an »Judenerschießungen durch SS und Polizei«.[157] Christian Hartmann, der anhand des Verhaltens einer Panzer-Division, dreier Infanterie-Divisionen und der Verwaltung eines Rückwärtigen Armeegebiets das Verhalten der Wehrmacht in der Sowjetunion darstellen und die Prägungen durch die unterschiedlichen Aktionsräume Front und Hinterland analysieren will, hat die Möglichkeit von systematischen Gewaltaktionen der Wehrmachtsverbände beim Vormarsch kategorisch ausgeschlossen. Unter Rückgriff auf den Lieblingsspruch der Kriegsveteranen begründet er sein Urteil so: »Den Kampfverbänden, erst recht den motorisierten, fehlte dafür schlichtweg die Zeit.«[158] Zu erinnern ist bei solchen Ausflüchten an den Tatbestand, dass im Frontgebiet einzig die Wehrmacht im Besitz der vollziehenden Gewalt war und diese auch die Verantwortung für alle Gewalttaten anderer bewaffneter Formationen im wehrmachtseigenen Hoheitsgebiet trug.

An den Erstverbrechen in der Rayonstadt **Slonim** soll das tatsächliche Geschehen im Sommer 1941 exemplarisch dargestellt werden. Da die Maßnahmen gegen die dortigen Juden sich über drei Wochen hinzogen und nicht nur auf die Exekutionen verengt waren, sondern die unterschiedlichen Gewaltaktionen den Angriff auf alle Lebensumstände der Juden deutlich machten, wird der Charakter der ersten Verfolgungsmaßnahmen als Teil einer gewollten systematischen Vernichtung erkennbar. Das wird durch die Tagebücher und Chroniken von Überlebenden ebenso gestützt wie durch das Gerichtsverfahren gegen den ehemaligen Gebietskommissar Gerhard Erren

---

[157] Christian Gerlach, *Kalkulierte Morde. Die deutsche Wirtschafts- und Vernichtungspolitik in Weißrussland 1941 bis 1944,* Hamburg 1999, S. 538.

[158] Christian Hartmann, *Wehrmacht im Ostkrieg. Front und militärisches Hinterland 1941/1942,* München 2009, S. 668; zu Hartmanns Interpretation der Bedeutung von »Front« und »Hinterland« vgl. Hannes Heer, Taten ohne Täter. Das Institut für Zeitgeschichte rettet die Wehrmacht, in: ders., *Hitler war's. Die Befreiung der Deutschen von ihrer Vergangenheit,* Berlin 2005, S. 237-291.

nach dem Krieg.[159] Anhand dieser Quellen lässt sich nicht nur ein wirklichkeitsgetreues Bild der Situation zeichnen, die für viele weißrussische Städte und Dörfer mit einem großen jüdischen Bevölkerungsanteil damals typisch war, sondern es lassen sich auch die unterschiedlichen Verlaufsformen der Gewalttaten beschreiben und die zentralen Motive der Täter erkennen.

Slonim zählte zum Zeitpunkt des deutschen Überfalls etwa 30.000 Einwohner, davon waren 20.000 bis 25.000 Juden.[160] Nach dem plötzlichen Rückzug der sowjetischen Truppen war die Stadt am Morgen des 24. Juni 1941 kampflos von der 18. Panzer-Division, gefolgt von der 17. Panzerdivision, besetzt worden.[161]

> »Die ersten drei Stunden«, erinnerte sich Salomon Szlakman, »vergingen im Zeichen der vorbeifahrenden Panzer, Kraftwagen, Truppen und des allgemeinen Verkehrs«. Später seien sämtliche Einwohner durch Megaphone auf dem großen Ringplatz zusammengerufen worden, wo sie sofort in zwei Gruppen eingeteilt worden seien – in Juden und Nichtjuden. Dann habe ein Offizier auf Russisch erklärt, »daß die deutsche Wehrmacht gekommen sei, um die Weißrussen von den Bolschewiken und den Juden zu befreien«. Danach sei ein anderer Offizier »zu unserer Gruppe« gekommen, »suchte sich 10 Juden heraus, die dann vor den Augen aller an der Wand des Nationalhauses (des jüdischen Theaters) erschossen wurden.«[162]

Josef Holc machte sich während der Zeit der Besatzung auf Schnipseln von Zeitungspapier kurze Notizen und verfasste auf dieser Grundlage später ein Tagebuch.[163] Am 24. Juni war er schon vor dem Einrücken der Truppen dem zukünftigen Stadtkommandanten der Wehrmacht und dessen Stab bei ihrer Einfahrt in die Stadt begegnet und nach dem günstigsten Weg ins Zentrum sowie nach einem geeigneten Gebäude für die Kommandantur befragt worden. Danach wurde er mit dem »Anbringen von Anschlägen im Ort« beauftragt, »die den Aufruf [des deutschen Oberbefehlshabers] an die polnische und weißrussische Bevölkerung enthielten«. Nach der Plakat-Aktion erhielt er vom Stadtkommandanten den Befehl, aus jüdischen Män-

---

[159] StA Hamburg 147 Js 29/67, Strafsache gegen Gerhard Erren.

[160] Noah Kaplinski, 19.10.1960, 14.11.1973, Strafsache Erren, Sonderband [SB] C 1.

[161] GenKdo XXXXVII. PzK., KTB 24.6.1941, BA-MA RH 24-47/2; die 18. PzDiv richtete dort am 25.6. ihren Gefechtsstand ein, vgl. 18. PzDiv, KTB 25.6.1941, BA-MA RH 27-18/20.

[162] Salomon Szlakman, Die Tragödie von Slonim, Strafsache Erren, SB J, S. 1f.; ähnlich Noah Kaplinski, Das Kapitel des Unterganges unserer Gemeinde, Strafsache Erren, SB K 1, S. 12f.

[163] Josef Holc 13.6.1965, Strafsache Erren, SB C 5, S. 7.

nern Sanitätskolonnen zu bilden, um die gefallenen Rotarmisten in und um Slonim einzusammeln und zu bestatten.[164] Dank dieser persönlich erteilten Aufträge genoss Holc in der Folge einen gewissen Schutz und konnte so die folgenden Ereignisse aus nächster Nähe beobachten. Dies ist sein Bericht vom Einmarsch der Panzerverbände, in der er von einer Erschießung berichtete, die vorher stattgefunden hatte:

»Ihr feindseliges Verhalten gegenüber den Juden betonten die deutschen Truppen schon beim Einmarsch in die Stadt. Wie üblich bei solchen Anlässen, waren viele Menschen auf den Straßen, und es waren dort auch einige ›neugierige‹ Juden; sie standen im Tor in der Rozanska-Straße und sahen beim Vorbeimarsch zu. Dies mißfiel den deutschen Truppen, und man zog sie aus dem Tor heraus und ermordete sie an Ort und Stelle.«[165]

Nach diesem dramatischen Prolog trat zunächst eine gewisse Beruhigung ein – für zwei Tage. Die 18. Panzer-Division hatte am 26. Juni ihren Vormarsch fortgesetzt und war im Laufe des Tages durch die 17. Panzer-Division abgelöst worden.[166] Diese hatte auf dem Vormarsch am 23. Juni den südlich von Slonim gelegenen Ort Pruzany besetzt. Nach dem Bericht einer Überlebenden hätten die Panzer-Besatzungen »sofort« angefangen »zu rauben und die Juden zu mißhandeln«.[167] In Slonim schien die neue Besatzungstruppe sich dagegen zurückgehalten zu haben. Doch der Eindruck täuschte. Inzwischen hatten rückwärts der Stadt eingeschlossene Teile der Roten Armee ständig versucht, nach Osten auszubrechen.[168] Darauf reagierten Teile der deutschen Truppen in den ersten Tagen mit Panik. Zeitweise mussten die Mannschaften deswegen von ihren Offizieren mit vorgehaltener Pistole zum Vorgehen gezwungen werden.[169] Ein gelungener Durchbruchsversuch eines größeren sowjetischen Verbandes mit Panzern

---

[164] Holc datiert den Einmarsch fälschlich auf den 25.6.1941, Tagebuch, Strafsache Erren, SB J, S. 4.

[165] Ebd.

[166] 18. PzDiv, KTB 25.6. und 26.6.1941, BA-MA RH 27-18/20; 17. PzDiv/Ib-TB 26.6. und 27.6.1941, BA-MA RH 27-17/18.

[167] Bericht von Doktor Olga Goldfein, in: Grossman/Ehrenburg, *Das Schwarzbuch*, S. 337; 27. PzDiv, KTB/Ib 25.6.1941, BA-MA RH 27-17/18.

[168] 18. PzDiv, KTB 24. und 25.6.1941, BA-MA RH 27-18/20; M.G. Btl. 5 (mot)/Ia, Betr.: Gefechtsbericht des M.G. Btl 5 (mot) für die Zeit vom 24.6.-30.6.1941, 2.7.1941, BA-MA- RH 21-2/112; das Btl. war ab 25.6. der 29. ID (mot) unterstellt, die die 17. PzDiv im Raum Slonim abgelöst und am 1.7. in Slonim ihren Gefechtsstand bezogen hatte, vgl. 29. ID (mot), KTB 22.6.-1.7.1941, BA-MA RH 26-29/6.

[169] Pz.Pi.Btl. 98/Ia, Betr.: Morgen- und Zwischenmeldung, An 18. PzDiv, 25.6.1941, BA-MA RH 27-18/31; Gen Kdo XXXXVII. PzK/Abt. Ia, Korpsbefehl, 26.6.1941, BA-MA RH 27-18/24.

und anderen Fahrzeugen ereignete sich in der Nacht vom 26./27. Juni und schuf für das anscheinend schon befriedete Slonim eine kritische Situation.[170] Das XXXXVII. Panzerkorps vermerkte am 27. Juni eher beschönigend: »In Slonim ist die Gefahr, die von Heckenschützen droht, besonders groß. Während der Nacht und auch im Laufe des Tages hört man Gewehrschüsse fallen, die aus den etwas entfernt liegenden Häusern und Gehöften kommen.«[171]

Die Folge für die jüdischen Bewohner Slonims war dramatischer, als es diese Eintragung über entfernte Schüsse ahnen lässt:

> »In den Morgenstunden desselben Tages«, erinnerte sich der Überlebende Noah Klapinski, »wurden alle Männer aus den Wohnungen geholt, bestialisch geschlagen und mit hochgehobenen Händen über die Stadt zum Sportplatz getrieben«. Nach der Überprüfung der Papiere eröffnete man den Juden, dass man sie für den nächtlichen Überfall verantwortlich machte und dass in Zukunft für jeden erschossenen Deutschen 100 Juden ihr Leben lassen müssten. Zur »Musterung« wurde den Juden dann befohlen, sich am selben Tag noch einmal an drei Stellen einzufinden: im Theater, im Kino und im Kloster.[172]

Ab jetzt waren die Juden von Slonim nur noch Geiseln. Unter den deutschen Besatzern aber herrschte Nervosität: Beim Durchsuchen eines Munitionslagers war ein deutscher Soldat angeblich »durch Freischärler« getötet worden, ein weiterer kam mit einer Verwundung davon.[173] Die Juden mussten dafür büßen: Nachts wurde ein Jude erschossen, weil sein Haus, das von einem Stab bezogen worden war, plötzlich in Brand geriet.[174] Andere starben, als ein deutscher Soldat in das Kino eindrang, in dem ein Teil der Juden eingesperrt worden war, und mit seiner Maschinenpistole das Feuer auf sie eröffnete. Seine Begründung: Man habe auf ihn aus dem Gebäude geschossen. Weitere »Strafmaßnahmen« konnten nur durch die Intervention der Gemeindevertreter beim Ortskommandanten verhindert werden.[175] Dass es bei diesem aufgeheizten Klima nicht zu größeren Ge-

170 Kaplinski, Untergang der Gemeinde, S. 14; Abraham Sobel, Protokoll Nr. 1, Strafsache Erren, SB J, Bl. 24.

171 GenKdo XXXXVII. PzK/Abt. Ib, KTB 27.6.1941, BA-MA RH 24-47/139.

172 Kaplinski, Untergang der Gemeinde, S. 14f.

173 18. PzDiv/Haberland, Hauptmann i.G., Herrn Leutnant Mittang, 28.6.1941, BA-MA RH 27-18/175.

174 Kaplinski, Untergang der Gemeinde, S. 14f.; Doktorczyk bestätigt diese Darstellung in der Vernehmung am 17.5.1962, Strafsache Erren, SB C 3, S. 1.

175 Stanislaw Wolkowyszki, 17.7.1964, Strafsache Erren, SB C 5, S. 27f.; ähnlich Abraham Sobel, Protokoll 1, Strafsache Erren, SB J, S. 24f.

waltausbrüchen kam, war nur dem Einschreiten des Kommandeurs des XXXXVII. Panzerkorps, Joachim Lemelsen, der die 17. und 18. Panzerdivision wie die 29. ID (mot) befehligte, zu verdanken. Dieser hatte schon am 25. Juni Erschießungen »in sinnloser Form« durch Einheiten seines Korps verurteilt.[176] Am 27. Juni wiederholte er diesen Befehl, wurde aber präziser: »Kein Soldat hat aber das Recht, von sich aus gegen Zivilisten vorzugehen, gegen welche nichts vorliegt oder denen irgendeine Schuld evt. erst nachgewiesen werden muß.«[177] Lemelsens Befehl wirkte mäßigend auf die Truppe. Der erste Ortskommandant von Slonim teilte diese Ansicht.[178]

Allerdings zeigte das wiederholte Zusammentreiben der Juden, die Überprüfung ihrer Papiere wie die nächtlichen Erschießungen, dass diese Haltung ihre Grenze spätestens da fand, wo die Juden als Heckenschützen und Brandstifter denunziert wurden. Das »Schächten« von Tieren war schon unmittelbar nach der Besetzung verboten worden.[179] Ende Juni wurde der erste Schritt zur Umsiedlung der Juden vorgenommen: Den Polen wurde untersagt, »mit Juden unter einem Dach zu wohnen«.[180] Zusätzlich mussten die Wohnungen der Juden »mit einem Davidschild« gekennzeichnet werden.[181] Für die durchziehenden deutschen Truppen bedeutete das einen Freibrief zur Plünderung.[182] Bis zum 2. Juli unterstand die Stadt dem Kommando von Lemelsens Panzerkorps.[183] Vom 4. bis 7. Juli aber hatte General Ludwig Müller in der Stadt sein Hauptquartier eingerichtet, am 9. Juli trat er sein Amt als Kommandant des Rückwärtigen Armeegebietes 580 an.[184] Dieses Datum markierte eine wichtige Zäsur. Bereits am 10. Juli wurde die Kennzeichnung der Juden angeordnet, zwei Tage später war das Tragen des Judensterns Pflicht.[185] Am selben Tag beauftragte der neue, von der 252. ID

---

[176] Genkdo XXXXVII PzK/Ic, 25.6.1941, BA-MA RH 26- 29/60.

[177] XXXXVII. PzK/Abt. IIa, Korpstagesbefehl Nr. 1, 27.6.1941, BA-MA RH 27-18/24.

[178] Als Holc dem künftigen Ortskommandanten, der ihn als ortskundigen Begleiter und Dolmetscher in seinen Kraftwagen nötigte, mitteilte, er sei Jude, wurde er nicht, wie er erwartet hatte, aus dem Wagen gestoßen, sondern erfuhr, dass sich für seine »Rassen- und Nationalitätenabstammung [...] nur die Gestapo interessiere und nicht das Heer, dem meine Dienste in diesem Augenblick erforderlich seien«, vgl. Holc, Tagebuch, S. 4.

[179] Kaplinski, Untergang der Gemeinde, S. 12.

[180] Ebd. S. 15.

[181] Wolkowyszki, 17.7.1964, Strafsache Erren, SB C 5, S. 27.

[182] Kaplinski, Untergang der Gemeinde, S. 15.

[183] Zuletzt hatte die 29. ID (mot) ihren Gefechtsstand bei und in Slonim bezogen, vgl. 29. ID (mot) KTB 30.6. und 1.7.1941, BA-MA RH 26-29/6.

[184] 252. ID, KTB 7.7. und 9.7.1941, BA-MA RH 26-252/73.

[185] Holc, Tagebuch, S. 5; Kaplinski, Untergang der Gemeinde, S. 15ff.

gestellte Ortskommandant, Major Kizinna, den Sprecher der Juden, »eine vollständige Liste der jüdischen Lehrer und Rechtsanwälte nebst genauer Anschrift anzufertigen«.[186] Am nächsten Morgen wurden die auf der Liste Verzeichneten – angeblich zu einem Arbeitseinsatz – aus ihren Häusern abgeholt und erschossen.[187] Verantwortlich für die Ermordung von 84 führenden Köpfen der jüdischen Gemeinde von Slonim war ein Trupp des in Baranowicze stationierten Einsatzkommandos EK 8 von Sipo und SD.[188] Diese »Teilliquidierung der jüdischen Intelligenz« von Slonim[189] war der Beginn der systematischen Vernichtung. Sie fand ihre Fortsetzung am 17. Juli, als ein Teilkommando des EK 8 und das Polizeibataillon 316 unter Leitung des Höheren SS- und Polizeiführers Russland Mitte, Erich von dem Bach-Zelewski, 1075 Slonimer Juden erschossen.[190] Dabei leisteten Angehörige der 252. ID offensichtlich Hilfestellung, indem sie die Absperrung des Exekutionsortes übernahmen.[191] Der neue Ortskommandant Kizinna unterstützte das Massaker und erklärte seiner Division, es habe sich dabei um eine »Polizeirazzia« gehandelt, wobei »eine größere Anzahl Kommunisten und unsichere Elemente festgenommen worden« seien.[192] Die Situation in Slonim ist hier so ausführlich dargestellt worden, weil sie das ganze Spektrum der in den ersten Wochen der Besatzung ergriffenen Maßnahmen gegen die Juden zeigt. Das Beispiel macht zudem deutlich, dass die Behauptung, die deutschen Gewaltakte seien zur »Vergeltung« für das von Juden verübte oder noch zu erwartende Unrecht geschehen, nur ein legitimatorischer Vorwand war. Die Vorgänge auf dem Vormarschweg der deutschen Truppenverbände durch die ländlichen Zonen Weißrusslands werden diese These bestätigen.

---

186 Ebd., S. 17.

187 Ebd.; Holc, Tagebuch, S. 6.

188 EM Nr. 32, 24.7.1941, S. 171.

189 Holc, 13.10.1965, Strafsache Erren, SB, C 5, S. 1.

190 Kaplinski, Untergang der Gemeinde, S. 18; Holc, Tagebuch, S. 6f.; EM Nr. 32, 24.7.1941, S. 171.

191 Pesach Alpert erinnert sich, dass am 17. Juli 1300 bis 1400 Männer »von deutscher Wehrmacht festgenommen und dann weggeführt« wurden, 18.2.1974, Strafsache Erren SB CC 1, S. 16; Szmuel Ostrowski nannte »Einheiten der Feldgendarmerie« als Verantwortliche, 24.11.1960, Strafsache Erren, SB C 1, S. 68; Icchak Rotstein behauptete, die Exekution sei »von der Wehrmacht und den Einheiten der SS durchgeführt« worden, 17.9.1962, Strafsache Erren, SB C 3, S. 17; ein Wehrmachtssoldat hatte Abraham Doktorczyk erzählt, dass er an der Exekution bei Zyrawice beteiligt gewesen sei: 17.5.1962, ebd., S. 3.

192 252. ID, KTB 17.7.1941, BA-MA RH 26-252/73.

Die Nachbarstadt von Slonim war **Novogrodek.** Am 28. Juni hatte die deutsche Luftwaffe die 24.000 Einwohner zählende Stadt, die zur Hälfte von Juden bewohnt wurde, bombardiert und dabei 200 Menschen getötet.[193] Am 1. Juli erfolgte die Besetzung der Stadt.[194] Durchgeführt wurde sie vom IR Großdeutschland [GD],[195] oder von der 29. ID (mot),[196] möglicherweise auch von beiden.[197] Am Vortag der Besetzung hatte sich auf das Gerücht hin, der Einmarsch der Deutschen stünde unmittelbar bevor, eine aus Polen und Weißrussen bestehende Miliz gebildet, die erste Maßnahmen gegen die Juden ergriff. Am Morgen des Einmarsches wurden alle jüdischen Männer zusammengetrieben und zum Aufräumen der Trümmer gezwungen.[198] Wenig später rollten die ersten Panzer ein. Dabei skandierten die nicht-polnischen Zuschauer Parolen, die die Deutschen als Befreier »vom Joch der Juden« begrüßten. Zum Dank erlaubten die Besatzer der Menge, das jüdische Arbeitskommando mit Knüppeln und Lederriemen zu verprügeln.[199] Als erstes wurde eine Ortskommandantur eingerichtet.[200] Von da an durften Juden die Gehwege nicht mehr benutzen, und sie mussten sich mit einem gelben Lappen markieren.[201] Schon am ersten Tag nach der Besetzung[202] wurden 53 Juden als »Repräsentanten der jüdischen Intelligenz« auf den Marktplatz getrieben und öffentlich hingerichtet.[203] Verantwortlich dafür war die 8. ID, deren Vorausabteilung am 3. Juni in der

---

[193] Szaul Gorodinski 13.12.1960, Strafsache Erren, SB C 2, S. 205; Jack Kagan and Dov Cohen, *Surviving the Holocaust with the Russian Jewish Partisans,* London/Portland, Or. 1998, S. 38f.

[194] Gorodinski nannte »Dienstag«, den 30.6., als Tag des Einmarsches – der Dienstag war aber der 1.7.1941. Kagan/Cohen nennen den 3.7, Surviving the Holocaust, S. 39.

[195] IR GD meldete für den 29.6. als Standort den Raum bei Stolovicze, das sich an der Straße Slonim-Novogrodek befand, vgl. IR GD, Tagebuch Koleve, O2 des Regiments, 29.6.1941, BA-MA RH 37/6330.

[196] Die 29. ID (mot) wurde am 1.7. aus ihren Stellungen im Raum Slonim herausgezogen und nach Stolpce in Marsch gesetzt, wo der Stab am 2.7. seinen Gefechtsstand bezog, vgl. 29. ID (mot) an XXXXVII. PzK, BA-MA RH 21-2/113; am 3.7. verhinderte die Division Ausbrüche im Kessel Novogrodek-Minsk-Uzda, vgl. Tagesmeldung XXXXVII. PzK, 3.7.1941, BA-MA RH 21-2/115.

[197] Am 3.7. wurde die Unterstellung des IR GD unter die 29. ID (mot) gemeldet, vgl. IR 71 an 29. ID (mot), 3.7.1941, BA-MA RH 26-29/8.

[198] Kagan/Cohen, *Surviving the Holocaust,* S. 39.

[199] Tec, *Bewaffneter Widerstand,* S. 50.

[200] Gorodinski, 13.2.1960, Strafsache Erren SB C 2, S. 205.

[201] Kagan/Cohen, *Surviving the Holocaust,* S. 39.

[202] Iwan Woronitzki, Vernehmung vom 17.7.1944, Bericht der Kommission für den Rayon Novogrodek, BSA Minsk 861-1-1, S. 48.

[203] Gorodinski, FN 190; Kagan/Cohen, *Surviving the Holocaust,* S. 40; auch Tec nennt als Datum »Anfang Juli«, *Bewaffneter Widerstand,* S. 51f.

Stadt angekommen war. Das Gros der Truppen blieb bis zum 5. oder 6. Juli.[204] Auf dem Weg nach Novogrodek – wahrscheinlich am 2. Juli – hatten sie in der Ortschaft Moltschads sechs bis acht Juden »zur Abschreckung« erschossen.[205] Nach der öffentlichen Exekution auf dem Marktplatz wurden die Maßnahmen gegen die Juden verschärft: Sie mussten Zwangsarbeit leisten und den Judenstern tragen.[206] Noch in der ersten Julihälfte erschien ein Teilkommando des EK 8 unter Leitung des SS-Obersturmführers Winkler.[207] Dieses Kommando nahm Erschießungen in Novogrodek und Karelice vor, bei denen eine unbekannte Anzahl von Juden getötet wurde.[208] Am 26. Juli erschoss das EK 8 in Novogrodek 52 Personen, die aus einer Gruppe von 100 zur Reinigung der Straße eingesetzten Juden ausgewählt worden waren.[209]

Zwischen Novogrodek und Lida gab es eine Reihe von größeren Siedlungen, die alle von der Wehrmacht bei ihrem Vornarsch nach Osten durch Einheiten des V. Armee-Korps – die 5., die 35. und die 161. ID – eingenommen und erkennungsdienstlich »überholt« wurden. – Das Großdorf **Wassiliski,** das 2000 jüdische Einwohner zählte, wurde Ende Juni 1941 besetzt. Eine Woche später wurden sieben Juden auf Befehl der Ortskommandantur wegen angeblich »kommunistischer Umtriebe« von Wehrmachtssoldaten und polnischen Hilfspolizisten erschossen. Kurz danach wurde von einem ähnlich zusammengesetzten Kommando die Frau eines prominen-

---

204 Am 3.7. hatte eine Vorausabteilung der Division Novogrodek erreicht, vgl. 8. ID/Abt. Ia, Divisions-Befehl für 4.7.1941, 3.7.1941, BA-MA RH 26-8/25; am 5.7. passierten Teile der Division den Ort, vgl. 8. ID/Abt. Ia, Divisions-Befehl für 5.7.1941, 5.7.1941, BA-MA RH 26-8/25.

205 Die Tat erfolgte nach Zeugenaussagen eine Woche nach der Besetzung der Ortschaft, die in der Zeit vom 24.-27.6. erfolgt sein muss, vgl. ZStL II. 202 AR-Z 16/67, Abschlußbericht 19.7.1967, S. 539 (sämtliche NS-Gewaltverbrechen im Gebiet des Gebietskommissariats Baranowicze); am 2.7. hatte die 8. ID ihren Gefechtsstand in Moltschads,vgl. 8. ID/Abt. Ia, Divisionsbefehl für 2.7.1941, 1.7.1941, BA-MA RH 26-8/25.

206 Kagan/Cohen, *Surviving the Holocaust,* S. 40.

207 Eine Stationierung des Teiltrupps in Novogrodek wurde in EM Nr. 25, 17.7.1941, S. 135 gemeldet; das EK 8 hatte Mitte Juli in Baranowicze Quartier gemacht, vgl. EM Nr. 24, 16.7.1941, S. 130.

208 Dem Teilkommando des EK 8 unter Winkler wurde die Ermordung von mindestens 40 Juden in Novogrodek angelastet, vgl. Urteil des Schwurgerichts München I in der Strafsache gegen Bradfisch u.a. vom 21.7.1961, 22 Ks 1/61, in: *Justiz und NS-Verbrechen. Sammlung deutscher Strafurteile wegen nationalsozialistischer Tötungsverbrechen 1945-1966,* bearb. von H.H. Fuchs, C.F. Rüther u.a., Amsterdam 1968, Bd. XVII, S. 677.

209 Kagan/Cohen, *Surviving the Holocaust,* S. 42; die EM Nr. 43, 5.8.1941, S. 238, berichtete von »polizeilich-exekutiven Maßnahmen« gegen »bolschewistische Parteifunktionäre, NKWD-Agenten, aktivistische jüdische Intelligenzler« u.a. auch in Novogrodek.

ten Juden mit ihrer zehnjährigen Tochter auf dem jüdischen Friedhof exekutiert.[210] Am 26./27. Juni hatte die 35. ID das Dorf passiert,[211] vom 28. bis 30. Juni war Wassiliski Gefechtsstand des V. AK., dessen Stab in dieser Zeit einen früheren »roten« Parteisekretär erschoss.[212] **Iwje**, mit 3000 Juden eine fast rein jüdische Siedlung, wurde am 30. Juni von der Vorausabteilung der 35. ID besetzt.[213] Ihr folgte ab 3. Juli die 5. ID.[214] In diesen Tagen wurde, aufgrund der Denunziation des Direktors der polnischen Schule, der jüdische Lehrer Akiba Bakszt als angeblicher Kommunist erschossen.[215] Wer dafür verantwortlich war, ist ungeklärt.[216] Die nördlich von Novogrodek gelegene Kleinstadt **Woloshin** war schon am 25. Juni von Einheiten der 12. Panzer-Division eingenommen worden. Aus den Meldungen der Division geht hervor, dass sich auch »Zivilisten« und sogar »Flintenweiber« an den Kämpfen beteiligt hätten.[217] Offensichtlich mussten die 3000 in Woloshin lebenden Juden – folgt man dem Zeugnis des Überlebenden Josef Schwarzberg – dafür büßen:

> »Beim Einzug der Panzer erschossen die Deutschen folgende Einwohner: 1) Chaim-Eliahu Perski, 2) Esther Schimschilewitsch, 3) Pesach Meise und 4) Alter Berman. Die Deutschen besetzten die Stadt sofort, und die christliche Bevölkerung begann, die von den Sowjets verlassenen Warenlager und das jüdische Hab und Gut zu plündern.«[218]

Zahlreicher sind die Berichte über Erschießungen und Zwangsmaßnahmen durch Einheiten des LVII. Panzerkorps. Die Einnahme der an der alten litauischen Grenze gelegenen Kleinstadt **Postawy** durch die 19. Panzer-Division erfolgte am 1. oder 2. Juli.[219] Nach dem Einmarsch wurde die

---

[210] Chaja Alpert, 29.6.1966, *Strafsache Windisch,* Bd. 3, S. 554.

[211] 35. ID, KTB 26./27.6.1941, BA-MA RH 26-35/35.

[212] GenKdo V. AK, KTB 28.6. und 1.7.1941, BA-MA RH 24-5/19; GenKdoV. AK/Abt. Ic, Abendmeldung 30.6.1941, BA-MA RH 24-5/104.

[213] Einsatz der 14./IR 111 bei der Gruppe von Mandelsloh vom 28.6.-3.7.1941, 11.7.1941, BA-MA RH 26-35/41; 35. ID, KTB 30.6.-2.7.1941, BA-MA RH 26-35/35.

[214] Am 3.7. lag das IR 75 in Iwje, vgl. 5. ID/Abt. Ia, Abendmeldung 3.7.1941, BA-MA RH 26-35/8.

[215] Landesstab der Polizei Israel, Zwischenbericht Nr. 1, 7.2.1963, in: *Strafsache Windisch,* Bd. 1, S. 151.

[216] Einsatz der 14./IR 111 bei der Gruppe von Mandelsloh, vgl. Fußnote (FN) 205.

[217] 12. PzDiv/Abt. Ic, Abendmeldung 25.6. und Morgenmeldung 26.6.1941, BA-MA RH 27-12/49.

[218] Josef Schwarzberg, in: Leiter der Zentralstelle im Lande NRW für die Bearbeitung von nationalsozialistischen Massenverbrechen bei dem Leitenden Oberstaatsanwalt in Dortmund 45 Js 3/61, Strafsache gegen Hellmann, Bd. 12, S. 68-72.

[219] Das LVII. PzK erwähnte für den 2.7.1941, dass die 19. PzDiv bei Postawy auf Widerstand gestoßen sei, vgl. GenKdo LVII. PzK, TB Ic, 2.7.1941, BA-MA RH 24-57/63.

jüdische Bevölkerung sofort zusammengetrieben. Man wählte 50 Geiseln aus und postierte in ihrem Rücken ein MG. Dann wurde den versammelten Juden verkündet, dass die Geiseln – im Falle des Todes eines Deutschen – erschossen würden. Das Ganze war eine Inszenierung, die abschrecken sollte – die Geiseln wurden wieder freigelassen. Für die Familie Gerszon blieb es nicht beim Schrecken.

> Das von den Überlebenden verfasste Gedenkbuch berichtet, dass ein Sohn der Familie dem Einmarsch der Deutschen zusah. Als einer der Offiziere befahl, man solle ihn zum Erschießen wegführen, bat der Vater, den Sohn freizulassen: »Der Offizier befahl jedoch, man solle auch den Vater mitnehmen. Er befahl dann weiter, daß man auch die übrigen 3 Kinder, die mit zusahen, abführen solle. Man brachte sie alle zusammen zum christlichen Friedhof und erschoß sie alle dort am Zaun.«[220]

Die Panzerverbände wurden von Einheiten des XXIII. AK abgelöst – am 6. Juli bezog die 206. ID dort ihren Gefechtsstand.[221] Am selben Tag wurden 8 »Kommunisten« wegen einer durchschnittenen Telefonleitung der Nachrichtenabteilung verhaftet.[222] Die Meldung vom folgenden Tag schilderte den Vorgang präziser: »8 Kommunisten (Juden, darunter 4 Frauen) wegen Sabotage bzw. wegen Aufforderung zu dieser erschossen.«[223]

Die benachbarte Rayonstadt **Glubokoje** wurde von der 19. Panzer-Division in der Nacht vom 1. auf den 2. Juli besetzt.[224] Am 2. Juli bezog auch die zum Korps gehörende 18. ID (mot) dort ihren Gefechtsstand.[225]

> Von den 12.000 Einwohnern der Stadt waren etwa 7000 Juden.[226] Sie mussten sich unmittelbar nach der Besetzung der Stadt auf dem Marktplatz einfinden, der, wie in Postawy, von MGs umstellt war. Dort hielt,

---

[220] Michal und Zwi Rajak, Churban Glembokie, Szarkowszczyzna, Dunilowicze, Postawy, Druja, Kaziany, Das Leben und der Untergang von jüdischen Städtchen in Weißrußland und Litauen, Buenos Aires 1956, S. 372, in: StA beim LG Hannover 2 Js 388/65, Strafsache gegen Wilhelm Schultz; das Verfahren ist aus dem bei der StA Hamburg geführten Strafverfahren gegen den SD-Leiter in Glubokoje, Horst Schaupeter (141 Js 533/60) nach dessen Selbstmord unter neuem Aktenzeichen von der StA Hannover übernommen worden.

[221] 206. ID, KTB 6.7.1941, BA-MA RH 26-206/6.

[222] GenKdo XXIII. AK, TB der Abt. Ic Juli 41, 6.7.1941, BA-MA RG 24-23/238.

[223] Meldung 7.7.1941, zit. Christoph Rass, *»Menschenmaterial«, Deutsche Soldaten an der Ostfront,* Paderborn 2003, S. 340.

[224] Ruwin Jungelson 20.7.1961, Strafsache Schultz, Bd. 2, S. 401, und Miriam Chancinska, 26.5.1963, ebd., Bd. 6, S. 1095.

[225] 18. ID (mot), TB Ic, 2.7.1941, BA-MA RH 26-18/55.

[226] Untersuchungsstelle für NS-Gewaltverbrechen beim Landesstab der Polizei Israel, Zwischenbericht 20.7.1961, Strafsache Schultz, Bd. 2, S. 351-356, hier S. 352.

wie der Zeuge Michail Shapiro berichtet hat, ein Offizier eine Rede, in der er behauptete, »alle Juden seien Kommunisten, daß sie die Schuldigen am Krieg seien, daß dieses ein schädliches Volk sei, das kein Recht auf Leben und Schutz habe und deshalb für jede Beleidigung, die ihnen zugefügt werden wird, niemand zur Verantwortung gezogen würde«. Zur Strafe wurden in den nächsten Tagen elf Juden und Kommunisten erschossen.[227] Der Überlebende Schalom Jungelson hat diesen knappen Bericht so ergänzt und präzisiert: Noch auf dem Marktplatz hatte die Wehrmacht alle »Arbeitsfähigen« ausgesucht und zur Zwangsarbeit eingeteilt. »Am nächsten Tag wurden 6-7 Personen aus der [jüdischen] Intelligenz verhaftet und 3 Tage später erschossen. Sie wurden von den Wehrmachtleuten erschossen, und ich mußte sie mit anderen Juden begraben.«[228]

Als Begründung für diese Erschießung in einem nah gelegenen Wäldchen, so hat der Überlebende Meier Teiblum berichtet, sei angegeben worden, diese Juden hätten »für die Russen gearbeitet« bzw. »die zur Ablieferung bestimmten Sachen – Nahrungsmittel, Vieh und Wertgegenstände – »versteckt«, statt sie abzuliefern. Er hat sich auch daran erinnert, dass »die Juden eine große Summe Geld gesammelt und sie dem Wehrmachtkommando übergeben haben, damit man die Erlaubnis erteilt, die Leichen der Erschossenen auf dem jüdischen Friedhof zu begraben, was auch geschah«.[229] Vor allem an den Getreidevorräten waren die Deutschen interessiert. Wer mit mehr Mehl angetroffen wurde, als erlaubt war, musste mit Erschießung rechnen. Die Familie von Oscher Hofman, seine Frau, die Kinder und die Großeltern waren deswegen erschossen worden. Aber es blieb nicht bei solchen Akten von Gewalt: Die Juden waren darüber hinaus jeder Art von Demütigungen ausgesetzt: »Sie mußten singen, auf allen vieren laufen, Haustiere nachahmen, tanzen, den Deutschen die Stiefel küssen usw.«[230] Ab dem 5. Juli übernahm die dem XXXIX. Panzerkorps

---

227 Protokoll Michail Osipowitsch Schapiro, 13.3.1945, Untersuchungsbericht der Kommission für Glubokoje, in: Leiter der Zentralstelle NRW für die Bearbeitung von NS-Massenverbrechen, OStA Dortmund 45 Js 3/61, Strafsache Wilhelm Hellmann, Bd. 30, S. 6232; Shapiro nennt unter den elf erschossenen »sowjetischen Aktivisten« auch den prominenten Juden Dr. Geller.

228 Schalom Jungelson 4.7.1961, Strafsache Schultz, Bd. 2, S. 383; das bestätigen Lipa Schapiro, 29.6.1961, ebd., S. 372, Ester Michelson, 2.7.1961, ebd., S. 380, David Pliskin, 6.7.1961, ebd., S. 386.

229 Meier Teiblum, 9.8.1961, Strafsache Schultz, Bd. 2, S. 409f.; so auch Ester Michelson, ebd., S. 380.

230 Die Ermordung der Juden in Glubokoje und in anderen Ortschaften, in: Grossman/Ehrenburg, *Das Schwarzbuch*, S. 316f.

unterstellte 14. ID (mot) die vollziehende Gewalt,[231] und ab dem 8. Juli waren Einheiten des XXIII. AK vor Ort.[232]

Welche der genannten Einheiten für die Anfangsverbrechen an Juden in den südlich von Glubokoje gelegenen Nachbarorten verantwortlich waren, ist nicht mehr rekonstruierbar. In **Kriwitschi** wurde bei der Besetzung am 2. Juli ein Jude erschossen, der angeblich die Rote Armee Tage zuvor über das Auftauchen eines deutschen Spähtrupps informiert hatte. Den Juden des Ortes wurde befohlen, ihre Häuser mit Fahnen zu markieren, damit sie von den Wohnungen der Nichtjuden zu unterscheiden waren.[233] In **Dokschize,** das ebenfalls Anfang Juli besetzt wurde,[234] schändeten die einmarschierenden Truppen die Synagoge: Sie verbrannten alle religiösen Gegenstände und ließen das Bethaus verwüstet zurück. Zusätzlich – »um den Juden Angst zu machen« – wurden in den ersten Tagen drei Juden erschossen.[235] In **Golubitschi** war der Blutzoll bedeutend höher: »Gleich nach dem deutschen Einmarsch« wurden 40 Juden exekutiert.[236] Welche Einheiten dafür verantwortlich waren und welcher Grund dafür angegeben wurde, ist unbekannt.[237] Nordöstlich von Glubokoje war der erste Versuch der 19. Panzer-Division und der ihr folgenden 14. ID (mot), am jenseitigen Ufer der Disna einen Brückenkopf zu bilden, gescheitert. Erst am folgenden Tag bezog die 14. ID (mot) in der Stadt **Dzisna** ihren Gefechtsstand.[238] Die meisten dort lebenden Juden hatten sich – aus Angst vor der Bombardierung – bei Bauern in der Umgebung versteckt. Deshalb waren am Tage der Besetzung nur 2000 Juden anwesend. Offensichtlich hatten die schweren Kämpfe um die Stadt bei der Truppe eine Stimmung geschaffen, in der der kleinste Anlass den Ruf nach Rache provozierte: »Sofort«, so

---

[231] 14. ID (mot), KTB 5.7.1941, BA-MA RH 26-14/10; am 6.7. meldeten Teile der Verwaltungsdienste der Division Glubokoje als ihren Standort, vgl. 14. ID (mot), KTB Ib, 6.7.1941, BA-MA RH 26-14/78.

[232] So meldete das Armeekorps am 8.7., dass Glubokoje und Beresino nach Waffen, kommunistischer Propaganda und Bolschewisten durchsucht worden seien, vgl. GenKdo XXIII. AK, TB der Abt. Ic Juli 41, 8.7.1941, BA-MA RH 24-23/238.

[233] Die Ermordung der Juden in Glubokoje und in anderen Ortschaften, in: Grossman/Ehrenburg, *Das Schwarzbuch,* S. 326.

[234] Dokschize könnte die 20. PzDiv eingenommen haben: sie verließ am 2.7. Minsk und bewegte sich im Vormarschstreifen südlich von der 19. PzDiv über Beresino (3.7.) auf Lepel zu, das sie am 5.7. erreichte, vgl. 20. PzDiv, KTB 1.-5.7.1941, BA-MA RH 27-20/2.

[235] Josef Schapiro, 17.8.1961, Strafsache Schultz, Bd. 2, S. 422.

[236] Abraham Feldscher, 3.8.1961, Strafsache Schultz, Bd. 2, S. 406.

[237] Golubitschi dürfte von den Einheiten, die Glubokoje besetzten, eingenommen worden sein: vgl. FN 227.

[238] Gen Kdo LVII. PzK, TB Ic, 2.-7.7.1941, BA-MA RH 24-57/63; 14. ID (mot), TB Ic, Einsatz Dzisna 6.-16.7.1941, BA-MA RH 26-14/59.

erinnerte sich die Überlebende Ester Zwik, »nahmen die Deutschen einige Judenerschießungen vor, sie griffen die Juden auf der Straße und erschossen sie sofort«.[239] Zwei Tage nach der Besetzung führte die Entdeckung von getöteten »Kameraden« zu einer weiteren Steigerung des Hasses auf deutscher Seite: Von 70 vermissten Angehörigen des zur Division gehörenden IR 53, die bei den Kämpfen um Dzisna in Gefangenschaft geraten waren, wurden 50 tot aufgefunden. Die Meisten seien, so der Bericht eines Bataillonsarztes, trotz leichter Verwundung vom Gegner mit Nackenschuss, Bajonett und Kolben niedergemacht worden. Vom Hörensagen wisse er von »grässlichsten Verstümmelungen« einiger Kameraden.[240] Über die Reaktionen der Division auf diesen Fund ist nichts bekannt.

In **Miori**, 40 km westlich von Dzisna gelegen, wurden nach dem Einmarsch Anfang Juli der Rabbiner und seine Frau nachts aus dem Haus gezerrt und im Hof erschossen. Der Überlebende Mendel Scheiner gehörte zu denen, die das Paar begraben haben.[241] An mindestens drei weitere Erschießungen von Juden in den ersten Tagen der Besetzung konnte sich ein anderer Überlebender erinnern.[242] In Miori lebten damals etwa 1500 Juden. In **Druja**, etwas weiter nördlich gelegen, wurden beim Einmarsch 20 Menschen von der Wehrmacht festgenommen und elf davon auf einer der Inseln im Fluss Dwina erschossen. Der Zeuge, Chaim Scheiner, hatte sich am Ort der Exekution versteckt, weil er glaubte, seinem Vater, der mit anderen Juden die Gruben für die Leichen ausheben musste, drohe auch der Tod. Ein weiterer Jude wurde als Geisel erschossen, weil die den Juden auferlegte Kontribution – »Gold, Brillianten, Pelze und Vieh« – nicht in ausreichender Weise geleistet worden war. Diese Erschießung, so der Zeuge, sei von einem gerade angekommenen deutschen Polizei-Kommando durchgeführt worden.[243] Das benachbarte **Braslaw,** im nördlichsten Zipfel Weißrusslands, an der Grenze zu Lettland gelegen, wurde Ende Juni oder Anfang Juli besetzt.[244] In dem Städtchen lebten etwa 2000 Juden. Was am ersten Tag der Besetzung geschah, hat der Überlebende Chaim Ben-Arie so erinnert:

[239] Ester Zwik 23.10.1961, Strafsache Schultz, Bd. 6, S. 949.

[240] Btl.Arzt II./IR (mot) 53, Betr.: Meldung über erwiesene Verstümmelung und Ermordung verwundeter deutscher Soldaten, Dem Div. Arzt 14. ID (mot), 10.7.1941, BA-MA RH 21-3/437; 14. ID (mot), Abt. Ic, Einsatz Dzisna 6.-16.7.1941, RH 26-14/59.

[241] Mendel Scheiner 3.7.1961, Strafsache Schultz, Bd. 2, S. 419; für den 9.7. wurde die 253. ID in Miori gemeldet: sie beschlagnahmte 6 t Hafer und Weizen bei einem Juden, vgl. 253. ID, TB Nr. 3, Eintrag 9.7.1941, BA-MA RH 26-253/50.

[242] Leib Veif 14.7.1961, Strafsache Schultz, Bd. 2, S. 396.

[243] Chaim Scheiner, 7.8.1961,Strafsache Schultz; Bd. 2, S. 412.

[244] Nakum Fischer nennt den 28. Juni, Chaim Ben-Arie den 3. Juli 1941, Strafsache Schultz, Bd. 2, S. 412, und Bd. 6, S. 976.

> »An diesem Tag jagten die Deutschen alle Juden auf den Markt. Als ich zu dem Sammelplatz kam (auch meine ganze Familie war dabei), sah ich sehr viele uniformierte Deutsche, die uns bewachten. Sie hatten Schußwaffen. Die Namen der Deutschen kenne ich nicht. Kurz darauf zogen die Deutschen 20 Juden heraus und erschossen sie vor den Augen der Versammelten auf der Stelle.«[245] Was danach geschah, hat Nakum Fischer bei seiner Vernehmung 20 Jahre später so beschrieben: »Gleich am ersten Tag der Besetzung durch die deutsche Armee wurde von der Wehrmacht der Befehl gegeben, daß sich alle Juden am Ende der Stadt versammeln sollten. Dort wurden sie von der Wehrmacht umringt und etwa 3 Kilometer weit in den Sumpf Dubki geführt, wo sie bis zum Abend aufgehalten wurden. Die Juden mußten in den Sumpf treten und dort unbeweglich verharren. Wegen Nichtbefolgung dieser Anweisung wurden die Juden Schleime, dessen Familienname ich vergessen habe, und Chazkele, der Branntweinbrenner, erschossen. Am Abend wurden alle Juden in die Stadt zurückgejagt, aber ihre ganze wertvolle Habe wurde [mittlerweile] aus den verlassenen Häusern durch die hiesige weißrussische Bevölkerung geraubt.«[246]

Schon Mitte Juli änderte sich das Szenario des Umgangs mit den Juden. Der Vormarsch hatte den Charakter des Unbekannten und Improvisierten verloren und auch der Mord an den Juden wurde nicht länger der Entscheidung der jeweiligen Befehlshaber überlassen, sondern erfuhr eine Generalisierung und Formalisierung. Die Initiative dazu kam von der 4. Armee. Um das Zutrauen der meistens »nicht feindseligen Bevölkerung« zu gewinnen, hatte diese schon am 6. Juli 1941 vorgeschlagen, von »Repressalien gegenüber der gesamten Bevölkerung« abzusehen: Da die »ziemlich seltenen« Sabotageaktionen und Überfälle aus dem Hinterhalt nur »einzelnen kommunistischen Elementen, vor allem Juden« oder »Soldaten in Zivilkleidung«, anzulasten seien, sollte man an diesen ausgewählten Gruppen auch Vergeltung üben.[247] Auch die Panzergruppe 3 hatte zur gleichen Zeit ähnliche Überlegungen angestellt, wie man den schädlichen Effekt von Repressalien an der gesamten Bevölkerung vermeiden könnte.[248] Da der Vorschlag der 4. Armee aber schon sehr viel konkreter war, griff das OKH ihn als ein »beachtliches Schreiben« auf und setzte ihn am 12. Juli »als Anre-

---

[245] Chaim Ben-Arie, 11.12.1962, Strafsache Schultz, Bd. 6, S. 976.

[246] Nakum Fischer, 18.7.1961, Strafsache Schultz, Bd. 2, S. 399; Salman Charmac hat diese Schilderung bestätigt, 13.7.1961, ebd., S. 394.

[247] AOK 4/TB Ic, Eintrag 4.7.1941, BA-MA RH 20-4/671.

[248] PzGr 3/Abt Ic, Feindnachrichtenblatt Nr. 13, 11.7.1941, BA-MA RH 26-20/84.

gung« bei den Verbänden des Ostheeres in Umlauf.[249] Die Armeen begrüßten den Vorschlag, weil er ein Regelwerk einführte, das für zwei klar definierte Feindgruppen – bolschewistische Partisanen und Juden – galt und rasche Entscheidungen ermöglichte. Bei der 9. Armee sollten Erschießungen immer »aus den Reihen der uns nicht wohlgesinnten Bevölkerung« erfolgen, und jeder Offizier wusste jetzt, was damit gemeint war.[250] Und die in der Ukraine operierende 6. Armee passte den Vorschlag an ihre Situation an und verlangte von den ihr unterstellten Truppen im Fall von notwendigen Strafmaßnahmen das »Erschießen von ortansässigen Juden oder Russen«.[251] Die Juden galten ab jetzt auch als das natürliche Objekt der »Vergeltung«, was zu einer Erhöhung des Strafmaßes führte und Manöver der Tarnung in den Militärakten überflüssig machte. Exemplarisch dafür sind zwei Vorgänge von Ende Juli/Anfang August. In **Mogilew** wurden 50 bis 70 Juden durch Einheiten der 15. ID erschossen, weil angeblich ein deutscher Offizier in der gerade eroberten Stadt getötet worden war.[252] Ähnlich verfuhr das in der Nähe der Pripjet-Sümpfe operierende XXXV. AK, als Anfang August bei einem Überfall auf zwei LKW sieben deutsche Soldaten den Tod fanden: Es veranlasste in den beiden in der Nähe des Tatorts gelegenen Dörfern **Zytkowicze** und **Ludzieniewicze** die Erschießung von 41 Juden.[253] Die Vorausabteilung der 87. ID erschoss im Juli aus ähnlichem Grund in einem Dorf östlich von Minsk 41 Juden.[254] Und bei den von der 8. ID am 7. August erschossenen »113 Personen«, die »im Zuge von Zwangsmaßnahmen« am 7. August nördlich von Smolensk erschossen worden waren, dürfte es sich ebenfalls um Juden gehandelt haben.[255]

---

[249] GenKdo XXXIX. AK/Abt Ic, 19.7.1941, OHK/Gen StdH/H Wes Abt (Abw), Betr: Behandlung der Bevölkerung, 12.7.1941, BA-MA RH 27-20/22 und RH 27-7/156.

[250] GenKdo XXIII. AK/Abt. Ic, TB, Eintrag 11.9.1941, BA-MA RH 24-23/238.

[251] 62. ID/KTB Ic, Eintrag 21.7.1941, BA-MA RH 26-62/40.

[252] Wolfgang Schumann, ehemaliger Angehöriger des IR 81, hatte durch eine Anzeige bei der ZSt Ludwigsburg am 18.6.1963 die Ermittlungen gegen ehemalige Offiziere seiner Einheit initiiert, die daraufhin eingeleiteten Verfahren wurden alle eingestellt (Hinweise und Dokumente durch Frau Gunda Schumann); StA beim LG Augsburg 7 Js 58/64, Ermittlungsverfahren gegen Leonhardt Kratsch, Einstellungsverfügung vom 19.12.1967; StA beim LG München 110 Js 2/69, Ermittlungsverfahren gegen Leonhardt Kratsch, Einstellungsverfügung vom 29.10.1969; StA beim LG Nürnberg-Fürth 11 Js 24/69, Ermittlungsverfahren gegen Hermann Deppe, Einstellungsverfügung vom 18.12.1970.

[253] Feldgendarmerie Trupp (mot) 435, TB August 1941, Eintrag 7.8.1941, 1.9.1941, BA-MA RH 24-35/120.

[254] Brief des ehemaligen Angehörigen der Einheit Karl Bartels am 16.1.2005 an den Verfasser.

[255] GenKdo VIII. AK, Abt. Ic, Morgenmeldung, 8.8.1941, BA-MA RH 24-8/124.

Die bisher geschilderten Vorgänge belegen, dass »die Judenfrage« vom ersten Tag an Bestandteil des normalen militärischen Geschehens war und der Umgang der Truppe mit dieser Tatsache durch den Befehl des OKH vom 12. Juli nur vereinfacht und entdramatisiert wurde. Die Juden galten ab jetzt aufgrund der Feinderklärung der Befehlshaber aller an der Ostfront eingesetzten Wehrmachtsverbände als Kombattanten, die zu töten für die Masse der Soldaten völkerrechtlich erlaubt war. Auch die Zusammenarbeit mit den SS-Einsatzgruppen, die nach der Vereinbarung zwischen OKH und RSHA vom 28. April 1941 nur in den rückwärtigen Gebieten gegen die Juden zum Einsatz kommen sollten,[256] hatte sich in den ersten sechs bis acht Wochen des Feldzuges eingespielt und zugleich verändert: Als nützliche Verstärkung und als zusätzliche Garanten der militärischen Sicherheit waren diese mobilen, Heydrich unterstehenden Formationen auch an der Front, wie die oben geschilderten Anfangsverbrechen in Weißrussland gezeigt haben, gern gesehene Partner. Manfred Messerschmidt hat die Rolle der Wehrmacht beim Holocaust in den besetzten Gebieten der Sowjetunion schon früh und treffend als »Faktor der arbeitsteiligen Täterschaft« bezeichnet.[257]

5. Die Rückwärtigen Armeegebiete

Da der Krieg gegen die Sowjetunion als Blitzkrieg konzipiert war, sollte nach Hitlers Plänen der Militärverwaltung nur eine vorübergehende Rolle zukommen, um nach dem sicheren Sieg möglichst rasch mit dem Aufbau und der Nutzung der eroberten Territorien zu beginnen. Daher unterblieb die Ausarbeitung von detaillierten Konzepten, wie sie für die Militärverwaltung im Westen existierten. Hinter dem 20 km breiten Gefechtsgebiet der »Front« erstreckten sich zunächst die unterschiedlich ausgedehnten Besatzungsräume der zwölf deutschen Armeen. Der Kommandant des jeweiligen Rückwärtigen Armeegebietes, in der militärischen Verkürzung »Korück« genannt, unterstand dem Oberkommando seiner Armee und war von den dort stattfindenden militärischen Operationen abhängig. Seine Aufgabe bestand darin, mithilfe spezieller Sicherungstruppen und der Orts- und Feldkommandaturen die militärische Absicherung wie die geordnete

256 Ueberschär, Wette, *Der deutsche Überfall*, S. 249f.

257 Manfred Messerschmidt, Das Heer als Faktor der arbeitsteiligen Täterschaft, in: Hanno Loewy (Hrsg.), *Holocaust: Die Grenzen des Verstehens*, Reinbek bei Hamburg 1992, S. 166-190, hier: S. 173f.

Verwaltung des ihm zugewiesenen Besatzungsraumes zu garantieren. Diese Sicherungstruppen bestanden aus wehrmachtseigenen Einheiten der Feldgendarmerie und Geheimen Feldpolizei (GFP) und konnten in Absprache mit den in ihrem Gebiet eingesetzten »Höheren SS- und Polizeiführern« durch Polizeibataillone, Verbände der Waffen-SS und »Sonderkommandos« von Sicherheitspolizei und SD verstärkt werden. An die Rückwärtigen Armeegebiete schlossen sich die den drei Heeresgruppen zugeordneten und meist riesige Räume umfassenden rückwärtigen Heeresgebiete an. Diese standen unter der Führung von Befehlshabern, verfügten über eigene Sicherungsdivisionen und konnten nach Bedarf auch Einsatzgruppen und Polizei anfordern.[258]

General Ludwig Müller, der Kommandant des Rückwärtigen Gebietes der 2. Armee – in der Militärsprache: der »Korück 580« –, begann seine Tätigkeit im Südosten Weißrusslands mit einem doppelten Paukenschlag: An seinem Standort in Bielsk erfolgte am 3. Juli 1941 per Plakataushang eine Anordnung, in der die Bildung eines Judenrats mit namentlich genanntem Vorsitzenden, die sofortige Aufstellung von zehn Arbeitskolonnen und die Pflicht für alle Juden »über 10 Jahren, [...] die von 3 oder mehr jüdischen Großelternteilen abstammen«, sich mit einem gelben Tuchflecken zu kennzeichnen, bekräftigt wurde.[259] Zwei Tage später verkündete ein neues Plakat die Erschießung von 30 Juden wegen Sabotage.[260] Deren Exekution hatte das SS-Einsatzkommando z.b.V. aus Warschau übernommen . In dessen Abschlussbericht war nicht mehr verschleiernd die Rede von »Sabotage« als Ursache der Strafaktion, sondern der wirkliche Grund wurde offen benannt: »Führer der jüdischen Intelligenz (insbesondere Lehrer, Rechtsanwälte, Sowjetbeamte) liquidiert.«[261] Schon diese Eingangsszene belegt die Kooperation der beiden Partner und definiert deren Rollen: Die Wehrmacht leistete die Vorarbeit durch »Erfassung« der Juden, Kontrolle durch Zwangsarbeit und zeitweilige Mithilfe von Judenräten, und die SS erfüllte den Vernichtungsauftrag und dessen erstes Etappenziel – die Ausschaltung von ehemaligen Sowjetkadern und der Gruppe der »jüdischen Intelligenz« als möglichem Kern und Organisator von Widerstand.[262] Beide Akteure arbeiteten nicht aneinander vorbei, sondern koordiniert. In einer Anweisung

---

[258] Jürgen Förster, Die Sicherung des »Lebensraumes«, in: *DRZW*, Bd. 4, S. 1030f.; Dieter Pohl, *Die Herrschaft der Wehrmacht. Deutsche Militärbesatzung und einheimische Bevölkerung in der Sowjetunion 1941-1944*, München 2008, S. 98-104.

[259] Anordnung! Der Ortskommandant Trendelburg Major, BA-MA RH 22-224/K 5.

[260] Bekanntmachtung! BA-MA RH 22-224/K 4.

[261] EM 13, 5.7.1941, S. 83.

[262] EM 17, 9.7.1941, S. 95.

des OKH vom April 1941 war das Zusammenspiel zwischen den für die rückwärtigen Armeegebiete vorgesehenen »Sonderkommandos« von Sipo und SD genau geregelt: Diesen bis zu 50 Mann starken Einheiten wurde eine »ständige enge Zusammenarbeit« mit dem für die Ausschaltung politischer Gegner zuständigen Ic-Offizier der jeweiligen Wehrmachtseinheit zur Pflicht gemacht. Der Ic hatte die Aktionen der Sonderkommandos sowohl mit denen der wehrmachtseigenen Abteilungen von Abwehr, GFP und Feldgendarmerie als auch mit den »Notwendigkeiten der [militärischen] Operationen in Einklang zu bringen«.[263]

Eine zweite Szene zwei Monate später ließ diese zunächst verabredete und bald schon zur Normalität gewordene Kooperation deutlicher erkennen. Ende August wurde dem Korück eine Polizeieinheit unterstellt, die zur »Befriedung« im Südabschnitt des rückwärtigen Armeegebietes eingesetzt werden sollte – das Polizei-Bataillon 309.[264] Diese Einheit verfügte über einschlägige Erfahrungen aus den ersten Wochen des Krieges: Am 27. Juni hatte das Bataillon im Verband der 221. Sicherungsdivision in der Hauptsynagoge von Bialystok mindestens 800 Juden, unter ihnen wahrscheinlich auch Frauen und Kinder, erschossen und verbrannt.[265] Am 31. August erteilte der Korück General Müller diesem Bataillon den folgenden Auftrag:

> »Viele Orte sind ausgesprochen deutschfreundlich. Diese durch Hilfe gegen deutschfeindliche Elemente (wie Partisanen, Juden, usw.) unterstützen. [...] Juden und deren Betätigung besonders eingehend feststellen. Es ist festgestellt, daß Juden sowohl den Rotarmisten, wie vor allem den Bolschewistischen Funktionären weitgehendst Spitzeldienste leisten und Verbindung mit ihnen halten.«[266]

Die Juden, das ist die Kernaussage des Befehls, sind das Verbindungsglied sowohl zur gegnerischen Front als auch zu den untergetauchten Parteifunktionären und damit das Haupthindernis der Befriedung im Rückwärtigen Armeegebiet 580. Daher müssen sie möglichst rasch eliminiert werden. Offensichtlich hatte das Bataillon diesen Auftrag zufriedenstellend erledigt, wie der Bericht der Feldkommandantur Rogatschew vom 5. September unter dem Stichwort »Befriedung« bestätigte:

> »Die männlichen Juden sind im Bezirk überwiegend von dem Polizei-Bataillon erschossen. Die in dem Südabschnitt noch lebenden männli-

---

[263] OKH/Gen St d H/Gen Qu, Betr.: Regelung des Einsatzes der Sicherheitspolizei und des SD im Verbande des Heeres, 28.4.1941, BA-MA RH 22/155.

[264] Korück 580/Qu Op., 31.8.1941 und 1.9.1941, BA-MA RH 23/170.

[265] Vgl. Gerlach, *Kalkulierte Morde,* S. 542f.

[266] Korück 580/Qu Op, Richtlinie für Säuberung, Befriedung und Beuteerfassung, 31.8.1941, BA-MA RH 23/170.

chen Juden werden gefängnismäßig interniert und, da ein ausgesprochener Mangel an Facharbeitern vorliegt, zu Zwangsarbeiten jeglicher Art herangezogen. Ihr späteres Schicksal bleibt vorbehalten.«[267] Ähnliche Arbeitslager waren auch in andern Städten des Gebietes eingerichtet worden.[268] Und diese Maßnahme betraf nicht nur die Männer, wie der Befehl der Ortskommandantur der Wehrmacht in Rogatschew zeigte: »Die weiblichen Juden von 17 bis 50 Jahren sollen gleichfalls zusammengezogen werden, da auch durch diese Personen mehrfach Verbindung zu den Partisanen festgestellt werden konnte. Die Kinder der Juden sollen durch ältere jüdische Frauen versorgt werden.«[269] »Die Bevölkerung«, so die Bilanz der Ortskommandantur, »begrüßt das scharfe Vorgehen gegen die Juden. Sie hasst den Bolschewismus und damit den Juden.«[270]
Ein Beispiel aus dem Rückwärtigen Armeegebiet der 9. Armee, die im Norden Weißrusslands operierte, zeigt, dass diese Kooperation auch dort praktiziert wurde. General Wolfgang von Ditfurth, Kommandeur der 403. Sicherungsdivision und vom 5. bis 11. Juli 1941 provisorischer Korück 582 in Wilna, hatte schon bei Dienstantritt ein Plakat anbringen lassen, das die Auflösung der jüdischen Organisationen, die Pflicht zur Kennzeichnung mit dem Judenstern, die Einschränkung der Freizügigkeit und die Zwangsarbeit angeordnet hatte.[271] Die Kennzeichnung wurde innerhalb einer Woche durchgeführt.[272] Danach hatten die Angehörigen der zu seiner Division gehörenden GFP und das ihm unterstellte Polizei-Bataillon 131 den Befehl erhalten, an allen Ausfallstraßen Auffangposten einzurichten, um »flüchtige Rotarmisten und Juden« festzunehmen und sie zum Zweck der Zwangsar-

---

267 Der Kdt. der FK 528 (V), Betr.: Lagebericht, 5.9.1941, BA-MA RH 26-221/21; in dem Arbeitslager waren vorläufig 300 Personen inhaftiert, auch ein Lager für jüdische Frauen war vorgesehen, vgl. Ortskommandantur [OK] I/827 (V) [Rogatschew], An den Korück 580, Betr.: Lagebericht der OK I/827 (V), 5.9.1941, BA-MA RH 26-221/21; kurz zuvor hatte das ähnlich berüchtigte Polizei-Regiment Mitte bei einer zehntägigen »Säuberungsaktion« im Auftrag des Korück »150 Gefangene, 189 Partisanen, 224 Juden und eine Frau erschossen«: HSSPF Russland Mi[tte], An RF-SS Kdo.-Stab RF-SS u. Chef Orpo, FSchr. 1.9.1941, Kriegshistorisches Archiv (KHA) Prag 4-1; am 1.9. wurden weitere 64 Partisanen erschossen, ders., An RF-SS Kdo.-Stab u. Chef Orpo, FSchr. 2.9.1941, ebd.

268 OK I(V) 264 [Shlobin], An die Feldkommandantur (V) 528, Betr.: Befehl Korück 580 vom 1.9.1941, BA-MA RH 26-221/21; OK I/827 (V) [Rogatschew], An den Korück 580, Betr.: Lagebericht der OK I/827 (V), 5.9.1941, BA-MA RH 26-221/21.

269 Ortskommandantur [OK] I/827 (V) [Rogatschew], An den Korück 580, Betr.: Lagebericht der OK I/827 (V), 5.9.1941, BA-MA RH 26-221/21; ebd.

270 Der Kdt. der FK 528 (V), Betr.: Lagebericht, 5.9.1941, BA-MA RH 26-221/21.

271 Sicherungs-Division 403/TB Ic, Juli 1941, BA-MA RH 26-403/4.

272 Bericht über die Tätigkeit des Div. Stabes in Wilna, [o. D.] BA-MA RH 26-403/4.

beit in »Gefangenensammelstellen zusammenzuziehen«.[273] Die Opfer dieser Verhaftungsaktion der Zeit vom 9. bis zum 14. Juli waren 16 Russen, 18 verdächtige Personen und 66 Juden.[274] Gleichzeitig waren Kommandos der Einsatzgruppe A – zunächst das SK 7a, dann das EK 9 – mit Judenerschießungen in der Stadt beschäftigt.[275] Es gelang ihnen, mithilfe von litauischen Kollaborateuren, binnen Kurzem die tägliche Tötungsrate von 320 auf die von 500 Erschossenen zu steigern.[276] Bei dieser, wie General Ditfurth sich ausdrückte, »Bekämpfung jüdischer Übergriffe« wurde das SD-Kommando von drei Gruppen der wehrmachtseigenen GFP unterstützt.[277]

Am 11. Juli löste General Oskar Schellbach den bisherigen provisorischen Korück 582 ab. In der Folgezeit beschleunigte sich der Rhythmus der Erschießungen, weil die »Erfassung« perfektioniert wurde. Der Befehl, der das ermöglichte, war die am 19. August 1941 erfolgte Anweisung des OKH, die Juden in gesonderten Wohngebieten zusammenzufassen.[278] Jetzt entstanden auch im Rückwärtigen Armeegebiet Ghettos.[279] Die Begründung dafür lautete wie die des Ortskommandanten von Rudnja: Die »sich im Rayon herumtreibenden Juden« hätten den Partisanen als »Verbindungsleute und Werber« gedient, weshalb man mit dieser gefährlichen »Pest « aufgeräumt habe – »durch die Bildung eines Ghettos«.[280] Auch in

---

[273] Sich. Div. 403/Abt. Ia, Maßnahmen für Sicherung und Befriedung des Gebietes Stadt und Land Wilna, 7.7.1941, BA-MA RH 26-403/4.

[274] Sich. Div. 403, KTB, Eintrag 14.7.1941, BA-MA RH 26-403/2.

[275] Das SK 7a hatte schon Tage vor Einrücken des Korück in Wilna mit der Erschießung von »jüdischen KP-Funktionären« begonnen: EM 11, 3.7.1941; SK 7a war am 8.7. vom EK 9 abgelöst worden: EM 21, 13.7.1941.

[276] EM 21, 13.7.1941, S. 114..

[277] Bericht über die Tätigkeit des Div. Stabes in Wilna, [o.D.], BA-MA RH 26-403/4.

[278] Berück Mitte/Abt. VII/Kr.Verw., Verwaltungsanordnungen Nr. 6, 12.9.1941, BSA Minsk 3500-2-40.

[279] Toropjetz: OK I/532, Wochenbericht der Abt. I, 28.9.1941, BA-MA RH 23/223; Rudnja: OKII/930, Betr.: Partisanenbekämpfung, An Korück 582/Abt. Ic, 1.1.1942, BA-MA RH 23/237; Rshew: OK I/532, TB der Abteilung I für die Zeit vom 19.-24.10.1941, 25.10.1941, BA-MA RH 23/223; Ljubawitschi: Bericht der Untersuchungskommission der Stadt und des Rayons Rudnja, 27.11.1943, BSA Minsk 861-1-26, S. 260; in einigen Orten, in denen das SK 7a vor den Orts- und Feldkommandanturen am Platz war, wie in Witebsk, Newel und Welish, übernahm dieses die Registrierung, Kennzeichnung und Ghettoisierung der Juden: Witebsk: EM 34, 26.7.1941, S. 188; Welish: EM 67, 29.8.1941, S. 377; Newel: EM 73, 4.9.1941, S. 406.

[280] OK II/930 [Rudnja], Betr.: Partisanenbekämpfung, An Korück 582/Abt. Ic, 1.1.1942, BA-MA RH 23/237; in Janowitschi waren »auf eine Mitteilung von Korück hin« 149 Juden erschossen worden, weil sie, nach Darstellung des exekutierenden EK 9, »die Maßnahmen der Wehrmacht sabotiert« und sich der Zwangsarbeit entzogen hatten; nach dieser Aktion ist wahrscheinlich das Ghetto eingerichtet worden; die Aktion habe,

Janowitschi wurde, möglicherweise nach dem Überfall auf die Unterkunft eines Teilkommandos des EK 9 im benachbarten Surash am 13. September,[281] ein Ghetto eingerichtet. Dessen Insassen – 1025 Juden – wurden, in Absprache mit der Wehrmacht und unter dem Vorwand einer »ansteckenden Krankheit«, bald darauf erschossen.[282] Das war auch das Schicksal des Ghettos in Rudnja: Am 21. Oktober wurden – nachdem man 200 noch benötigte Handwerker verschont hatte – die anderen 800 Juden ermordet.[283] Die frei gewordenen Plätze füllte man vorübergehend mit 1.000 Juden aus den umliegenden Dörfern. Dann wurde das Ghetto durch die Erschießung von » 835 Juden beiderlei Geschlechts« im November 1941 zum zweiten Mal geleert.[284] Diese am Beispiel von Korück 580 und 582 beschriebene Synchronität von »Erfassung« in Arbeitslagern bzw. Ghettos und der folgenden Ermordung der Juden wurde in allen Rückwärtigen Armeegebieten üblich.[285]

6. Ekel und Hass: Versuch einer Bilanz

Was erzählten die unterschiedlichen Narrative der Gewalt, die von der Wehrmacht beim Vormarsch durch das westliche und nördliche Weißrussland im Juni/Juli1941 entwickelt wurden? Die Massenerschießungen von 10, 20 bis 50 Juden, die sofort und überall bei der Einnahme von Dörfern und Kleinstädten erfolgten, sollten den schicksalhaften Zusammenhang von Krieg und Judentum demonstrieren: Die Juden seien schuld daran, dass Deutschland diesen Krieg begonnen habe und in Russland einmarschieren musste, wollte es nicht untergehen. Immer wieder betonten Stabsoffiziere nach der Einnahme von Dörfern und Städten in ihren Reden an die versammelte Bevölkerung diesen Zusammenhang von Ursache und Wirkung. Dann erst erfolgte die Exekution der zum Tod bestimmten Juden. Diese Inszenierungen erzählten von der Macht und der Gefährlichkeit der Juden – und davon, dass es damit jetzt sein Ende habe. Auch die Texte der

---

wie der Ib-Offizier des Korück vermerkte, »Ordnung geschaffen«, Korück 582/Qu, Betr.: Russische Banden, An AOK 9, 20.8.1941 [handschr. Zusatz], BA-MA RH 23/230.

[281] EM 92, 23.9.1941, S. 542f.

[282] Ebd. S. 546.

[283] Bericht der Untersuchungskommission der Stadt und des Rayons Rudnja, 27.11.1943, BSA Minsk 861-1-26, S. 260.

[284] Ebd., S. 261f.; EM Nr. 148, 19.12.1941, ebd., S. 889.

[285] Zu den rückwärtigen Armeegebieten vgl. Theo J. Schulte, *The German Army and Nazi Policies in Occupied Russia,* Oxford 1989.

Invasoren in den Militärakten kreisten immer wieder um diese rätselhafte Macht, die sich für einige der Interpreten in der wirtschaftlichen Rafinesse und der kulturellen Dominanz der Juden zeigte: »Mit der Freigabe der Versorgungslager zur Plünderung durch die Zivilbevölkerung arbeiten wir dem in den Städten sitzenden Judentum in die Hände,« räsonnierte am 3. August der Ib-Offizier der 167. ID und machte gleichzeitig auf einen weiteren gefährlichen Umstand der deutschen Besatzungspolitik aufmerksam:

> »Unter der russischen Bevölkerung sprechen fast ausschließlich die Juden deutsch. So sieht die russische Bevölkerung den Juden, den sie als seinen Zwingherrn, als den Nutznießer der bolschewistischen Herrschaft zur Genüge kennen gelernt hat und dementsprechend haßt, wiederum als den Nutznießer, weil als den Verbindungsmann zu den einrückenden deutschen Truppen.«[286]

Andere, wie der Ic-Offizier der 6. ID, wollten diese Vormachtstellung aus der Rolle des Judentums in der Geschichte Weißrusslands ableiten: Nachdem er darauf hingewiesen hatte, dass die Juden an der Bevölkerung Weißrusslands – im Vergleich zu den andern Teilen des russischen Reiches – überproportional vertreten seien, holte er zu einem geschichtlichen Rückblick aus:

> »An der Verarmung der weißrussischen Gebiete hatte die starke Durchsetzung mit Juden erheblichen Anteil, weil diese bereits vor dem (Ersten Welt-)Kriege sowohl die Bauern und Leibeigenen als auch die Gutsbesitzer und polnischen Adeligen wirtschaftlich völlig in der Hand hatten. Daß der jüdische Einfluß unter dem Bolschewismus sich noch verstärkt hat, ist bekannt.«[287]

Die Stärke des weißrussischen Judentums zeigte sich aber auch, für jeden erkennbar, in Städten wie Slonim, Novogrodek oder Glubokoje in der Lebendigkeit der jüdischen Gemeinden, der Bedeutung der Synagogen im Stadtbild und der Rolle der gebildeten jüdischen Führungsschicht.

Die Lehren der »polnischen Lektion« waren darüber nicht in Vergessenheit geraten. Diese zeigten ihre Virulenz in den individuellen Gewaltphantasien und deren Entladung. Treibsatz dafür war der Ekel, den die Begegnung mit den umgesiedelten, auf engstem Raum eingepferchten oder in den Ghettos endgültig zum »menschlichen Abfall« gewordenen polnischen Juden hinterlassen hatte. Der Gefechtsbericht einer Vorausabteilung der 35. ID verriet diese schon körperliche Abwehr in jedem Satz:

---

286 167. ID/Ib, Betr.: Verhalten der Truppe im Feindland (o.D., aus dem Zusammenhang aber ersichtlich: 3.8.1941), BA-MA RH 26-167/64.

287 6. ID/Abt. Ic, Polozk und Weißrußland, 19.7.1941, BA-MA RH 26-6/10.

»28.6.1941. In flotter Fahrt erreichen wir über Wasiliski gegen Mittag Zoludek. Kinder schenken uns Blumen und sind ganz zutraulich, obwohl unsere verstaubten Gesichter gar nicht vertrauenserweckend ausschauen. Ein katholischer Pfarrer, der gebrochen deutsch spricht, sagt uns: ›Wir froh, daß die Deutschen da sind. Jetzt aus mit den Juden und Bolschewisten!‹ Ja, ein ganzes Judenviertel hat es in Zoludek. Unser Rastplatz liegt in diesem Viertel. Mit anekelnder Freundlichkeit kommen gleich einige Judenweiber an und wollen uns Milch anbieten [...], doch der Schmutz und die Verwahrlosung, die diese Ansiedlung kennzeichnet, lässt uns wenig Appetit an der angebotenen Milch finden.« Zwei Tage später, nach heftigem und erfolgreichem Kampf um ein noch von Rotarmisten besetztes Dorf, geht die Fahrt weiter: »Ein motorisierter Spähtrupp fährt nach Iwie vor. [...] Die Bevölkerung begrüßt uns freudig, doch wir geben wenig darauf, denn es treibt sich hier viel Judengeschmeiß herum, dessen schmalzende Freundlichkeit uns zu wider ist.«[288]

Aber der Ekel brach sich auch auf andere Weise Bahn, wie der Befehl an die jüdische Bevölkerung eines Dorfes demonstrierte, stundenlang stumm und bewegungslos in einem Sumpf zu stehen oder, wie andernorts geschehen, auf dem Bauch kriechend die Stiefel der Besatzer zu küssen. Die körperliche Abwehr des Ekels verlangte offensichlich nach Allmacht, um damit den größtmöglichen Abstand von den jüdischen »Untermenschen« herzustellen. Aber stärker als der Ekel war der Hass. Der brauchte den Tabubruch, um alle von Menschen gemachten Regeln zu zerstören oder den Anspruch einer göttlichen Weltordnung zu verhöhnen, um sich auf den Trümmern der alten Welt als Vertreter eines neuen, absoluten Gesetzes und einer neuen Menschengattung zu präsentieren. Es war der Triumph einer »partikularen« Moral, die sich auf den Rang der vom Blut her »höheren« germanischen Rasse, auf die Allem übergeordneten Interessen des deutschen Volkes, auf den Auftrag des »Führers« berief. Die in der Epoche der Aufklärung und durch die Anerkennung der Menschenrechte entstandene moderne Welt der »universalen Moral« galt nicht mehr und musste fanatisch bekämpft werden.[289] Die nationalsozialistische Moral verlangte den Mord an Kindern, weil diese Juden waren, und die Zerstörung der Syn-

[288] Einsatz der 14./I.R. 111 bei der Gruppe von Mandelsloh vom 28.6.-3.7.1941 und 11.7.1941, BA-MA RH 26-35/41

[289] Raphael Gross, *Anständig geblieben: Nationalsozialistische Moral*, Frankfurt a.M. 2012, S. 205-210. Diese Begrifflichkeit hat der jüdische Philosoph Ernst Tugendhat in seinen Werken »Vorlesungen über Ethik« Frankfurt a.M. 1993 und »Dialog in Leticia«, Frankfurt a.M. 1997, entwickelt.

agogen, weil diese Zeugnisse einer artfremden Kultur waren. Erst durch diese Gewaltakte stellte sich bei Nationalsozialisten oder nationalistischen Deutschen das Gefühl ein, »anständig« und »im Recht« zu sein. Wir erinnern uns: Eines der vier minderjährigen Kinder der Familie Gerzon in Postawy hatte aus Neugier dem Einmarsch der Deutschen zugesehen und sollte deshalb erschossen werden. Als der Vater verzweifelt um Verständnis und Freilassung seines Kindes bat, wurde er gezwungen, auch die übrigen drei Söhne einen nach dem andern auszuliefern, um dann gemeinsam mit ihnen in den Tod geschickt zu werden. Solche Tabubrüche waren auch die mehrfach genannten Fälle vom Eindringen der Truppen in die Synagogen und deren Zerstörung von heiligen Büchern und traditionellen Ritualobjekten. »Vorbildlich« und daher in Erinnerung blieb das Verhalten eines Soldaten der Wehrmacht, der sich beim Einmarsch in eine Ortschaft plötzlich aus seiner Marschkolonne gelöst, in das am Weg liegende jüdische Lehrhaus gestürzt und den einzig darin angetroffenen Menschen, einen zufällig dort arbeitenden Tischler, erschossen hatte.

Die oben zitierten Feldpostbriefe der in Polen auf den Einmarsch in die Sowjetunion wartenden Wehrmachtssoldaten waren voll von diesem Hass. Jetzt, an der Front, konnte dieser täglich ausgelebt werden. Aber seit Mitte Juli 1941 waren diese Affekte durch den Befehl des OKH, bei Repressalien für erschossene Kameraden nur an Juden und Kommunisten Vergeltung zu üben, auch legitimiert worden: Die Erschießung von unschuldigen Juden hatte jetzt nicht mehr im Mindesten den Anschein eines Verbrechens, sondern war zu einem militärischen Geschehen geworden. Bei häufigeren Massenexekutionen entstand daraus Routine. Das würde dem Vormarsch wie den kommenden Schlachten nützen.

7. Die Wehrmacht als Akteur der »Endlösung«: ein Ausschnitt

Der am 22. Juni 1941 ohne Kriegserklärung erfolgte Einmarsch der deutschen Wehrmacht in die Sowjetunion bedeutete nicht nur den Auftakt zur Eroberung des Landes, sondern setzte auch sofort die Verfolgung von schon vorher markierten Gegnergruppen in Gang: ehemalige politische Repräsentanten des bolschewistischen Systems, flüchtige Angehörige der Roten Armee, vor allem aber die Juden als die angeblichen bisherigen Nutznießer der Sowjetmacht und die Träger jeden künftigen Widerstandes. Daher standen diese, wie oben gezeigt, beim Vormarsch der deutschen Truppen im Zentrum der Anfangsverbrechen und deren plakativer Botschaft – der Stigmatisierung der Juden als Todgeweihte. Den Schlussakt der Auslöschung der in die Hände der deutschen Besatzer gefallenen sowjetischen Juden wird in der öffentlichen Wahrnehmung zumeist immer noch allein den Einsatzgruppen von SD und Sipo wie den meist im Verbund damit operierenden Polizeibataillonen und Waffen-SS-Verbänden zugeschrieben. Dass dabei auch die in den rückwärtigen bzw. zivilverwalteten Gebieten anwesenden Truppenteile der Wehrmacht eine bedeutende Rolle gespielt haben, wird ebenso übersehen wie die Form, in der sich die Ausrottung der sowjetischen Juden vollzog: Anders als in den meist isoliert liegenden Vernichtungslagern mit ihren Gaskammern in Polen waren die Stätten des Massenmordes in der Sowjetunion die in den städtischen Zentren ab dem Spätherbst 1941 errichteten Ghettos und deren in gewaltsamen Schüben ab Ende 1941 in Gang gesetzte »Auflösung«. Den »Holocaust auf freiem Feld« hat Habbo Knoch dieses Geschehen genannt.[290] Im Zentrum steht im Folgenden ein Wehrmachtsverband, dessen Wirken zum Synonym für Holocaust-Täterschaft geworden ist – die im Frühjahr 1941 aus Teilen der 1. Gebirgsdivision neu aufgestellte 707. Infanterie-Division (ID) unter ihrem Kommandeur Generalmajor Gustav Freiherr von Mauchenheim, genannt Bechtolsheim. An einem Ort, in dem die Wehrmacht bei ihrem Vormarsch durch Weißrussland im Juni/Juli 1941 schon eine deutliche Spur hinterlassen hatte, in Slonim, wird man zum Zeugen, wie die 707. ID diesem Geschehen eine neue, grausigere Erfahrung hinzugefügt hat – in der Rolle eines Akteurs der »Endlösung«. Die Opfer sind mit den Erinnerungen an die Opfer der Anfangsverbrechen im Sommer 1941 und mit diesem neuen Bild von der Wehrmacht in den Tod gegangen.[291]

---

[290] Habbo Knoch, *Die Tat als Bild. Fotografie des Holocaust in der deutschen Erinnerungskultur,* Hamburg 2001, S. 28; vgl. schon früh und umfassend zu diesem Vorgang Raul Hilberg, *Die Vernichtung der europäischen Juden,* Frankfurt a.M. 1990, Bd. 2, S. 287-410.

[291] Zur folgenden Darstellung und den Nachweisen vgl. Hannes Heer, Extreme Normalität. Generalmajor Gustav Freiherr von Mauchenheim, gen. Bechtolsheim. Umfeld, Motive und Entschlussbildung eines Holocaust-Täters, in: *Zeitschrift für Geschichtswissenschaft* 51 (2003), Heft 8, S. 729-753; ders., Gustav Freiherr von Mauchenheim, genannt Bechtolsheim – ein Wehrmachtsgeneral als Organisator des Holocaust, in: Klaus-Michael Mallmann/Gerhard Paul (Hrsg.), *Karrieren der Gewalt. Nationalsozialistische Täterbiographien,* Darmstadt 2004, S. 33-46; ders., Widerstandsbekämpfung, Bedrohungsphantasien und Rassenideologie. Zur Dynamik der Vernichtungsaktionen gegen »Juden, Kommunisten und unzuverlässige Elemente« in der Region Minsk im Herbst 1941, in: Oliver von Wrochem (Hrsg.), *Repressalien und Terror. »Vergeltungsaktionen« im deutsch besetzten Europa 1939-1945,* Paderborn 2017, S. 103-125. Fußnoten werden nur bei zitierten Texten und neuen Ergebnissen gesetzt.

Mit der am 17. Juli 1941 erfolgten Ernennung Alfred Rosenbergs zum Reichsminister für die besetzten Ostgebiete begann dort der Aufbau einer von verdienten NSDAP-Kadern getragenen Zivilverwaltung: Teile der eroberten Ukraine wurden zum »Reichskommissariat Ukraine«, und aus den drei baltischen Ländern wie dem westlichen Weißrussland entstand das »Reichskommissariat Ostland«. Zeitgleich mit der Ernennung der beiden zivilen Reichskommissare wurden auch die Inhaber der militärischen Hoheitsrechte, die Wehrmachtsbefehlshaber für die Ukraine und »Ostland« bestimmt – die Generäle Karl Kitzinger und Walter Braemer. Dem Oberkommando der Wehrmacht (OKW) direkt unterstellt, sollten sie die Front-Truppen durch intakte Nachschub- und Nachrichtenverbindungen unterstützen und zugleich in ihrem Befehlsbereich die militärische Sicherheit garantieren. Zur Erfüllung dieser Aufgaben waren ihnen drei Divisionen unterstellt – eine für die Ukraine, eine für das Baltikum und eine für das jetzt »Weißruthenien« genannte westliche Weißrussland. Der zum Kommandant in Weißruthenien ernannte General Bechtolsheim hatte am Frankreichfeldzug 1940 teilgenommen und war zunächst als Besatzungsoffizier dort geblieben. Mit der ab Mai 1941 neu aufgestellten und aus zwei Regimentern, dem IR 727 und IR 747, gebildeten 707. ID sollte er ursprünglich in Jugoslawien eingesetzt werden, wurde dann aber nach Minsk umdirigiert. Das Personal seiner Division war meist älter als 30 Jahre und fronterfahren. Bechtolsheim hatte ab Mitte August die in seinem neuen Einsatzraum Minsk bisher stationierten Einheiten abgelöst und sein Amt als »Kommandant in Weißruthenien« am 1. September übernommen. Was abweichend von der Norm in seinem Gebiet fehlte, waren die Kommandos der zuständigen Einsatzgruppe A des SD und der Sipo: Diese hatte nur ein Kommando des EK 3 mit insgesamt 55 SS-Männern in Minsk und in Baranowitschi stationiert. Weil die Einsatzgruppe B, die ursprünglich für Weißrussland vorgesehen war, ihr Versprechen, schwache Kräfte im Westen des Landes zurückzulassen, nicht einhalten konnte, wurden stattdessen vom SD Warschau vier »Unterstützungstrupps« mit ca. 50 Mann vorübergehend nach Minsk, Nowogrodek und Lida verlegt. Erst ab Dezember 1941 veränderte sich mit dem Aufbau der Dienststelle des Kommandeurs der Sipo und des SD Minsk (KdS) diese Lage.[292] Die 707. ID fand also eine Lücke im Sicherheitsnetz vor, die sie als einzige bewaffnete Vertretung exekutiver Gewalt vor Ort aber zur Zufriedenheit des OKW ausfüllte.

---

[292] Gerlach, *Kalkulierte Morde,* S. 185-187.

Der erste, am 10. September von Bechtolsheim erlassene Befehl basierte auf den Einschätzungen der bisher in Minsk stationierten Divisionen wie seines Vorgesetzten Braemer in Riga und sprach eine deutliche Sprache:

> »Die jüdische Schicht, die in den Städten den größten Teil der Bevölkerung stellt, ist die treibende Kraft der sich mancherorts anbahnenden Widerstandsbewegung. [...] Die jüdische Bevölkerung ist bolschewistisch und zu jeder deutschfeindlichen Haltung fähig. Zu ihrer Behandlung bedarf es keiner Richtlinien.«[293]

Als Bechtolsheim die ersten Anzeichen eines solchen Widerstandes gemeldet wurden, ließ er Mitte September zwei »Straf- und Säuberungsaktionen« durchführen, denen »ca. 80 »Kommunisten und Juden« bzw. »145 Partisanen, Juden u. sonstige verdächtige Personen« zum Opfer fielen. Diese Aktionen waren der passende Anlass, den von General Braemer, der auch den Rang eines SS-Brigadeführer bekleidete, gleichzeitig schon länger geforderten »beschleunigten Einsatz von SS- und Polizeikräften« zu erreichen. Am 4. Oktober erhielten zwei Kompanien des in Kaunas (Litauen) stationierten Reserve-Polizeibataillons 11, verstärkt durch drei litauische Kompanien, den Marschbefehl nach Minsk, um, wie der zuständige Befehlshaber der Ordnungspolizei, Georg Jedicke, angab, »in Verbindung mit der Wehrmacht die gemeldeten Partisanen-Abteilungen zu bekämpfen.« Der Führer des Polizeibataillons, Franz Lechthaler, nannte in einem Nachkriegsprozess einen anderen Schwerpunkt des Einsatzes – die »sogenannte Aktion ›Judenrein‹«, deren Ziel es gewesen sei, »Ortschaften im Raume von Minsk von Juden zu säubern und die Juden zu liquidieren«. Denn, so Bechtolsheim, es gäbe in Weißrussland »nicht eher Ruhe, bis die Juden sämtlich beseitigt wären«.

Das aus 326 deutschen Polizisten und 457 Litauern bestehende Kommando verließ Kaunas am 6. Oktober und erreichte am selben Tag Minsk. Bei dem am 8. Oktober erfolgten ersten Einsatz im Süden und Osten der Stadt wurden in drei Tagen 3000 »Partisanen, Kommunisten, Juden und sonstiges verdächtiges Gesindel aufgetrieben und erschossen«. Eine Woche später folgte die Erschießung von »1000 Juden und Kommunisten« an der Bahnstation Koidanowo. Dann ließ man diese Tarnung fallen und wandte sich ganz offen der »Aktion Judenrein« zu. Erste Ziele waren die in der Nähe von Minsk gelegenen Kleinstädte Molodeczno und Sluzk. Der Bahnknotenpunkt Molodeczno war Standort der Bau-Organisation Todt (OT) und eines »Stalags«, eines Stammlagers für Kriegsgefangene. Am 26. Oktober wurden die 1000 Juden aus dem Ghetto mit Wehrmachts-LKWs zur Erschießung

[293] Kdt. i. W./Abt. Ia, Lagebericht 1.9.-10.9.19 41, 10.9.1941, BSA Minsk 651-1-1.

außerhalb der Stadt transportiert. An der Exekution beteiligte sich auch Leitungspersonal aus dem Stalag. Der nächste Einsatzort war Sluzk, das 14.300 Einwohner, die Hälfte davon Juden, zählte. Es gab einen Reparaturbetrieb für Fahrzeuge und Waffen der Wehrmacht, den Stützpunkt eines Rüstungskommandos, eine Verpflegungsdienststelle und ein Stalag. Der Einsatz des Bataillons am 27. Oktober erfolgte überfallartig und ohne Absprachen mit der dortigen zivilen Verwaltung. Da die meisten Juden schon im Arbeitseinsatz waren, kam es zu einem wüsten Durcheinander: Während ein Teil des Bataillons die jüdische Bevölkerung zusammentrieb, um die Selektion von Arbeitskräften durchzuführen, besorgten andere Teile den Abtransport zur Erschießung. Bald waren die Straßen voller Leichen. Von den 7000 Juden wurde die Hälfte ermordet. Die 5. Kompanie des IR 747 und das für ein Kriegsgefangenenlager zuständige Landesschützen-Bataillon hatten die Absperrung der Stadt übernommen. Der Grund der Aktion war die Angst vor »Sabotage« durch Juden in kriegswichtigen Einrichtungen: »Kriegsgefangene Facharbeiter« sollten die jüdischen ersetzen.[294]

Die nächsten Stationen des Mordens lagen im Befehlsbereich des 727. IR und an wichtigen Durchmarschstraßen: Kleck und Nieswicz. Von den 10.000 Einwohnern der Kleinstadt Kleck waren die Hälfte Juden. Schon eine Woche vor der Ankunft des Polizei-Bataillons hatte der von der 8. Kompanie gestellte Ortskommandant, Georg Friedrich Koch, die 34 angesehensten Persönlichkeiten der jüdischen Gemeinde von Angehörigen seiner Kompanie erschießen lassen.[295] Am Morgen des 30. Oktober wurden alle Juden auf dem Marktplatz zusammengetrieben. Nachdem 1500 Facharbeiter mit ihren Angehörigen abgesondert worden waren, wurden die restlichen 3500 Juden vom Polizeibataillon in einer Sandgrube erschossen. Ein ähnlicher Vorgang fand am selben Tag im benachbarten Nieswicz statt. Das Städtchen zählte 7000 Einwohner, von denen mehr als die Hälfte Juden waren. Hier führte der Ortskommandant Anton Specht, Offizier der 8. Kompanie, die Selektion durch: 500 jüdische Handwerker mit ihren Familien durften am Leben bleiben, die restlichen 3000 Juden fanden unter den Schüssen des Polizeibataillons und der litauischen Kompanien in der Nähe des Schlosses Radziwill den Tod.[296] In Lachowicze vereinigten sich die getrenn-

---

[294] Besprechung des Inspekteurs des Wirtschaftsstabes Ost, General Nagel, am 25.10.1941 in Minsk, vgl. Reisebericht Nagel, o.D., BArch Wi ID/1273.

[295] Friedrich Danielzik, 13.11.1972, Bd. 7, S. 1240, Strafsache 8. Kompanie.

[296] Überlebender Chichin H., 11.8.1969, ehem. Angehöriger der 8. Kp. August F., 2.2.1970, Hamburger Institut für Sozialforschung (Hrsg.), *Verbrechen der Wehrmacht. Dimensionen des Vernichtungskrieges 1941-1944. Ausstellungskatalog*, Hamburg 2002, S. 139 -143, hier: S. 141f.

ten Teile des Polizeibataillons wieder und erschossen am 2. November die Mehrheit der dortigen jüdischen Einwohner – etwa 1000 Menschen. Dieser Einsatz war der letzte des Bataillons. Es kehrte nach Kaunas zurück, während die drei litauischen Kompanien der 707. ID unterstellt blieben. In seinem Monatsbericht vom 10. November vermerkte Bechtolsheim lapidar:

> »Bei einer Säuberungsaktion im Raume Sluzk-Kleck wurden durch das Res. Pol. Batl. 11: 5900 Juden erschossen. – Gesamtzahl der Gefangenen 10.940, davon 10.431 erschossen. Eigene Verluste: Bei Kampfhandlungen mit Partisanen 1 Uffz. und 1 Gefr. tot, 2 Mann verwundet, 3 Mann vom [weißrussischen] Ordnungsdienst verwundet.«[297]

Die geringe Zahl der eigenen Verluste sprach dafür, dass es zwar zu Zusammenstößen mit versprengten Rotarmisten gekommen war, aber bei dem Gros der Erschossenen – ca. 10.000 – dürfte es sich um Juden gehandelt haben. Am Ende des Jahres 1941 würde der Judenreferent der SD-Dienststelle Minsk, Kurt Burkhardt, dieser persönlichen Mordbilanz von Bechtolsheim weitere 9000 Personen, »weit über die Hälfte davon Juden«, zurechnen.[298] Die fast 10.000 Erschossenen waren die Opfer zweier Anordnungen Bechtolsheims geworden, die dieser schon parallel zu den Mordaktionen des Polizeibataillons erlassen hatte. Sie forderten von der Truppe einen systematischen »Streifendienst« und die »Vernichtug« der Juden:

> 16. Oktober: »Anlässlich dieser Streifen ist dafür zu sorgen, dass die Juden restlos aus den Dörfern entfernt werden. Es bestätigt sich immer wieder, dass diese die einzigen Stützen sind, die die Partisanen finden, um sich jetzt noch und über den Winter halten zu können. Ihre Vernichtung ist daher rücksichtslos durchzuführen. Im Abschnitt des IR 727 sind dabei in erster Linie die litauischen Komp. zu verwenden.« 19. Oktober: »Die Juden als die geistigen Führer und Träger des Bolschewismus [...] sind unsere Todfeinde. Sie sind zu vernichten. [...] Hier gibt es keinen Kompromiss, hier gibt es nur eine klare und eindeutige Lösung und die heißt hier im Osten restlose Vernichtung unserer Feinde. Diese Feinde sind keine Menschen mehr im europäischen Kultursinn, sondern von Jugend auf zum Verbrechen erzogene als Verbrecher geschulte Bestien. Bestien aber müssen vernichtet werden.«[299]

---

[297] Kdt.i.W./Abt. Ic, Anlage 4 zum Monatsbericht vom 1.10.-10.1911.1941, 10.11. 1941, BA-MA RH 26-707/15 D.

[298] Burkhardt Bericht, Ende Dezember 1941/Anfang 1942, in: Dokumentband III, Strafsache Windisch, ursprünglicher Fundort: Institut für Zeitgeschichte München, Fb 104/2.

[299] Kdt.i.W./Abt. Ia, 16.10.1941, BSA Minsk 378-1-698; Kdt.i.W./Abt. Ia, Lagebericht 1. 10.-15.10.1941, 19.10.1941, BSA Minsk 651-1-1.

Das Bild vom Juden als »Bestie« stammte aus Hitlers Proklamation an seine Soldaten aus Anlass der am 2. Oktober gestarteten Offensive in Richtung Moskau.[300] Was mit dem »Streifendienst« der 707. ID und der »Entfernung« der Juden aus den Dörfern« gemeint war, zeigen die folgenden Geständnisse ehemaliger Soldaten der in Slonim stationierten 6. Kompanie des IR 727 in einem Nachkriegsprozess:

> »Die Kompanie führte kleinere Aktionen im Umkreis von Slonim durch. Wir wurden mit LKWs hingefahren, z.T. sind wir auch marschiert. Bei einer dieser Aktionen musste ich den LKW begleiten, worauf etwa 20 Juden waren und zu einer Grube gefahren wurden. [...] Der LKW-Fahrer hat mehrere Judentransporte zur Exekutionsstätte gemacht. Ich glaube, an diesem Tag sind 100 Juden erschossen worden. [...] Ich weiß, dass wir auch einmal Juden vor dem Schulhaus sammelten und erschossen haben. Es waren dies etwa 100 Juden. Als wir bei solchen Anlässen die Juden aus den Häusern holten, hatten wir immer die Anweisung von [Kompaniechef] Glück bekommen, den Juden vorzumachen, dass sie in Sammel- oder Internierungslager kommen und ihr Gepäck mitnehmen sollen. Den Juden wurden dann die Sachen vor der Erschießung abgenommen, z.T. mussten sie sich sogar nackt ausziehen.« – »Unsere zurückkehrenden Kameraden erzählten, daß sie in der weiteren Umgebung des Klosters in kleineren Dörfern einige jüdische Familien, und zwar Männer, Frauen und Kinder erschießen mußten.[…] Einer dieser Kompanieangehörigen […] sagte weiter, dabei sei ihm das Gehirn dieser Juden direkt in das Gesicht gespritzt.«[301]

Selbst die Entfernung des gesamten jüdischen Personals einer Klinik und die folgende Exekution der 50 Festgenommenen gehörten zu den Aufgaben solcher »Streifengänge«. Diese unspektakulären Ausflüge in die kleinen Dörfer der Umgebung gehörten auch bei der in Stolpce stationierten 8. Kompanie, bei der 12. Kompanie in Lida und Szcuczyn wie bei den Einheiten des 747. IR zum täglichen Dienst.

Daneben gab es aber auch Großaktionen, die systematisch die jüdischen Strukturen in den Kleinstädten auf dem Land zerstörten. Der an der »Rollbahn« Brest-Minsk-Moskau gelegene Ort Stolpce, dessen Ortskommandantur von der 8. Kompanie gestellt wurde und über 100 bis 150 Bewaffnete verfügte, war ein Zentrum von solchen eliminatorischen »Unternehmen«. Am 21. Oktober erschoss die Kompanie in Goroditsche – nach der Aus-

---

[300] Domarus, *Hitler-Reden,* Bd. 4, S. 1756.

[301] Heinrich Greckl, 28.9.1962, Bd. 16; Robert Reindl, 1.12.1959, Bd. 1, Strafsache Erren.

sonderung von 50 Handwerkern – mehr als 1000 Juden, fast ein Drittel der jüdischen Bevölkerung. Panik und nachhaltigen Schrecken erregten die Überfälle, die Anfang November erfolgten: Am 4. und 5. November besetzte die 8. Kompanie die Ortschaften Turec, Swierzna und Jeremice. Sie erschoss 900 Juden und übergab die Arbeitsfähigen zur Zwangsarbeit der Organisation Todt (OT). Am 9. November wurde die Kleinstadt Mir besetzt und 1300 der insgesamt dort lebenden 2000 Juden erschossen. 800 überlebten zunächst noch als Zwangsarbeiter. An der Mordaktion waren ca. 80 Angehörige der 8. Kompanie beteiligt.

Auch im östlichen Teil Weißrusslands, wo das 747. IR – und ab Mitte Oktober – das ihr unterstellte Landesschützen-Regiment 75 operierten, wurden die Befehle Bechtolsheims umgesetzt. Das neu zugeführte Regiment war daran beteiligt, in Woloshin 300, in Szarkowzczyzna 200 Juden und in Jody die gesamte jüdische Bevölkerung – 400 bis 500 Menschen – zu erschießen. Die Tatsache, dass die gemeldete Zahl der ermordeten Juden im Osten des Divisionsgebietes niedriger zu sein schien als im Gebiet westlich von Minsk, hing damit zusammen, dass nach dem Krieg flächendeckende Prozesse gegen Gebietskommissare und SD-Führer nur im westlichen Teil Weißrusslands durchgeführt wurden. Dass die Mordquote im Befehlsbereich des 747. IR dennoch vergleichbar hoch war, belegen die zufriedenen Berichte der lokalen Zivilverwaltung: Ende November 1941 meldete diese, dass im Bereich des Gebietskommissariats Sluzk »einige Rayons […] bereits judenfrei« seien. Ähnlich hieß es auch im Bericht der Verwaltung von Minsk-Land, dass bis auf einige Rayons, in denen noch eine Handvoll Juden lebten, »[alle] Rayons […] judenfrei« seien.

Die Überfälle der 8. Kompanie auf die Ortschaften Turec, Swierzna, Jeremice und Mir basierten schon auf der neuen Befehlslage, die Bechtsolsheim mit einer Anordnungen vom 3. November geschaffen hatte:

> »Eine Aussiedlung in grossem Maßstab, die alleine Abhilfe schaffen könnte, ist z. Zt. nicht möglich. So kann das Judentum nur […] aus den Landbezirken entfernt, in Ghettos zusammengefasst und von den aktiv bolschewistisch tätigen, mit den Banden weiterhin in Verbindung stehenden Elementen gesäubert werden.«[302]

Am 10. November bestätigte er ausdrücklich, dass »die Zusammenbringung der Juden auf dem flachen Lande in Ghettos größerer Ortschaften durchgeführt« werde. Der Plan einer zwangsweisen Umsiedlung der jüdischen Landbevölkerung in Ghettos war keine Idee von Bechtolsheim, sondern ging auf eine frühe Anweisung des Reichskommissars Ostland, Hin-

---

[302] Kdt.i.W./Abt. Ia, Lagebericht 16.10.-31.10.1941, 3.11.1941, SHAL Riga P 70-5-37.

rich Lohse, zurück. Dieser hatte schon am 18. August angeordnet, »das flache Land [...] von den Juden zu säubern«, sie in Städten zu konzentrieren und »dort [...] Ghettos zu errichten«. Aber erst jetzt, im Spätherbst 1941, waren die Gebietskommissare in der Lage, gestützt auf eine funktionierende Verwaltung und örtliche Polizeikräfte, diesen Plan zu realisieren. In Glubokoje, dem Zentrum des gleichnamigen Gebiets, erließ dessen Leiter, Paul Hachmann, am 22. Oktober den Befehl zur Errichtung eines solchen Ghettos. Zu den 7000 Juden aus der Stadt kamen weitere 2000, die man aus den umliegenden Ortschaften dorthin getrieben hatte. Nach diesem Muster wurde im Gebiet Glubokoje die jüdische Landbevölkerung in die Ghettos der jeweils nächsten Kleinstadt gezwungen. Im Gebiet Lida setzte dieser Vorgang der Zwangsumsiedlung von etwa 14.000 Landjuden in die kleineren Rayonstädte zwei Wochen später, am 16. November, ein und endete im Dezember 1941. Die Namen dieser mit brutaler Gewalt in Ghetto-Orte verwandelten Kleinstädte in den Gebieten Glubokoje und Lida erinnerten an die Anfangsverbrechen, die sich hier beim Vormarsch der Wehrmacht im Juli/Juli 1941 ereignet hatten – Dokschize, Druja, Miori, Dzisna, Postawy, Radun, Wassiliski, Zoludek oder Iwje.

Überraschenderweise schien aber Bechtolsheim mit einem Befehl vom 24. November die Fortsetzung dieses Programms stoppen und nur zu veränderten Konditionen seine militärische Kooperation fortsetzen zu wollen:

> »Die Durchführung *größerer* Judenaktionen ist nicht Aufgabe der Einheiten der Division. Sie werden durch die zivile- oder Polizeibehörde durchgeführt, gegebenenfalls durch den Kommandanten in Weißruthenien angeordnet, wenn ihm dazu besondere Einheiten zur Verfügung stehen, oder aber aus Sicherheitsgründen und bei Kollektivmaßnahmen. Wo kleinere oder größere Judengruppen auf dem Lande angetroffen werden, können sie entweder selbst erledigt, oder aber in Ghettos an einzelnen größeren Orten, [...] zusammengebracht werden, wo sie dann der Zivilverwaltung bzw. dem SD zu übergeben sind.«[303]

Der Befehl reagierte auf eine völlig neue Lage: Vom 11. bis zum 21. November waren in fünf Deportationszügen 5000 Juden aus Hamburg, Düsseldorf, Frankfurt, Berlin und Brünn in Minsk angekommen und in das schon seit dem 19. Juli existierende Ghetto getrieben worden.[304] Um Platz für diese »reichsdeutschen« und »böhmischen« Juden zu schaffen, hatten Kommandos von SD und Hilfspolizei vom 7. bis 11. November 6624 und

303 Kdt.i.W./Abt. Ia, Befehl Nr. 24, 24.11. 1941, BSA Minsk 378-1-698.

304 Alfred Gottwald, Diana Schulle, *Die »Judendeportationen« aus dem Deutschen Reich 1941-1945*, Wiesbaden 2005, S. 91-95.

am 20. November weitere 5000 weißrussische Juden erschossen.[305] Bechtolsheims Vorgesetzter, General Braemer, der bereits am 11. Oktober bei einem Treffen mit Lohse und Rosenbergs Stellvertreter Otto Bräutigam im OKH in Berlin über die Pläne für die »Endlösung« im Generalkommissariat Ostland informiert worden war,[306] hatte am 20. November gegen diese Transporte bei Lohse Potest eingelegt. Er begründete das zum einen damit, dass die Zufuhr von deutschen Juden in die weißrussischen Ghettos, weil sie »der Masse der weißruthenischen Bevölkerung an Intelligenz weit überlegen sind«, eine eminente Ansteckungsgefahr bedeutete und damit die »Befriedung« der Region untergraben könnten.[307] Zum anderen machte er sich zum Sprecher der Heeresgruppe Mitte: Deren Stabschef, Generalmajor von Greiffenberg, hatte ihn am 14. November fernmündlich aufgefordert, mit Rücksicht auf die angespannte Transportlage der Heeresgruppe vor Moskau, eine weitere »Streckenbelastung« durch Judentransporte »am besten schon an der Grenze« zum zivilverwalteten Reichskommissariat Ostland abzustoppen.[308] Die Heeresgruppe war durch den scharfen Protest des Befehlshabers des Rückwärtigen Heeresgebietes, Max von Schenckendorff, am 15. November alarmiert worden, der mitgeteilt hatte, dass zwei dieser Deportationszüge für Borissow und Bobruisk, also für seinen Befehlsbereich, bestimmt seien und er »das Hineinführen der Judenzüge in das Operationsgebiet [...] nötigenfalls mit Waffengewalt« verhindern werde.[309]

Hitler war im September den Wünschen seiner Gauleiter nachgekommen, den Prozess der Deportationen zur Vernichtung der Juden in Gang zu setzen.[310] Schenckendorff, durch seine exzellenten politischen Verbindungen früh darüber informiert, hatte Anfang Oktober damit begonnen, die großen Ghettos seines Rückwärtigen Gebietes – Mogilew, Witebsk, Polozk, Borissow, Gomel und Bobruisk – »aufzulösen«, indem er mehr als 30.000 Juden ermorden ließ.[311] Dazu hatte er das bestehende Verbot für Wehrmachtsangehörige, die Ghettos zu betreten, am 18. Oktober rechtzei-

---

[305] Gerlach, *Kalkulierte Morde,* S. 624f., 751f.

[306] Ebd., S. 613.

[307] Norbert Müller, *Die faschistische Okkupationspolitik in den zeitweilig besetzten Gebieten der Sowjetunion 1941-1944,* Berlin 1991, S. 225f.

[308] Jörn Hasenclever, *Wehrmacht und Besatzungspolitik in der Sowjetunion. Die Befehlshaber der rückwärtigen Heeresgebiete 1941-1943,* Paderborn 2010, S. 513f.

[309] Ebd., S. 513.

[310] Peter Longerich, *Politik der Vernichtung. Eine Gesamtdarstellung der nationalsozialistischen Judenpolitik,* München 1998, S. 427ff.

[311] Hasenclever, *Wehrmacht und Besatzungspolitik,* S. 504ff.

tig aufgehoben.[312] Vielleicht fürchtete er auch nur, dass sich beim Auffüllen der leeren Ghettos mit Zehntausenden von Deportierten die skandalösen Gewaltszenen bei der »Auflösung« des Ghettos Bobruisk wiederholen würden, die zum Einschreiten der Heeresgruppe Mitte geführt hatten,[313] und drohte daher mit der Schließung der Grenzen des Rückwärtigen Heeresgebietes. General Braemer jedenfalls übernahm in seiner Protestnote den scharfen Ton Schenckendorffs ebenso wie den des Stabschefs der Herresgruppe Mitte und meldete Lohse: »Ich halte den Antransport der Juden aus dem Reich für völlig unmöglich.«[314] Der Protest hatte Erfolg: Bis Frühjahr 1942 unterblieben weitere Deportationen nach Minsk.[315]

Die Initiative zu dieser spektakulären Protestaktion war von Bechtolsheim ausgegangen.[316] Für ihn hatte offensichtlich die Vernichtung der einheimischen Juden absolute Priorität. Das Gefahrenpotenzial durch Sabotage von jüdischen Zwangsarbeitern in den Rüstungsbetrieben von Molodetschno und Sluzk wie die Gefährdung der Verkehrsachsen durch große jüdische Gemeinden wie in Koidanowo, Niswicz und Kleck war durch den Einsatz des Reserve-Polizeibataillons 11 beseitigt worden. Das Kapitel der »Säuberung des flachen Landes« von den versprengten und daher unkontrollierbaren jüdischen Siedlungen war fast abgeschlossen. Jetzt stand die Vernichtung der Groß-Ghettos in den Zentren Weißrusslands auf der Agenda. Die Deportation von Zehntausenden Juden aus dem Reich nach Minsk zu diesem Zeitpunkt war da nur störend: Sie würde zur Zersplitterung der für die obengenannte Aufgabe bereitstehenden Einsatzkräfte führen und die permanente Intervention von Reichsämtern wie des RSHA bedeuten. Der Zorn über die monatelange Abwesenheit der Einsatzgruppe A des SD und der Sipo und die Vernachlässigung von deren sicherheitspolizeilichen Aufgaben in Weißrussland war in Bechtolsheims Befehl vom 24. November deutlich zu spüren. Erst Ende November 1941/Anfang Januar 1942 würden diese Kommandos der SS aus dem Raum vor Leningrad und von Lettland nach Minsk kommen und dort die Dienststelle des Kommandeurs

---

312 KHA Prag, K 10-M 94, S. 190; Prozess gegen David Eggoff, KGB-Archiv Minsk (eingesehen); Militärarchiv Podolsk 500-12473-164, 12.11.1941.

313 Hasenclever, *Wehrmacht und Besatzungspolitik*, S. 506ff.

314 Gerald Reitlinger, *Die Endlösung. Hitlers Versuch der Ausrottung der Juden Europas 1939-1945*, Berlin 1956, S. 102; ähnlich Hilberg, *Die Vernichtung der europäischen Juden*, Bd. 2, S. 371.

315 Gerlach, *Kalkulierte Morde*, S. 752f.

316 Urteil LG Kassel, 3a Ks 1/61, 9.1.1963, Strafsache Lechthaler, in: Justiz und NS-Verbrechen, Bd. 18, S. 796.

des SD und der Sipo, des KdS Minsk aufbauen.[317] Die radikale Dezimierung der Juden in Weißrussland durch »Auflösung« von Großghettos wie das in Slonim und anderswo und nicht die Auffüllung des Ghettos in Minsk durch reichsdeutsche Juden war das Modell, das Bechtolsheim vorschlug. Wenn er dazu den Auftrag erhielte und ihm »besondere Einheiten zur Verfügung« gestellt würden, so die versteckte Botschaft seiner Erklärung vom 24. November, könne er sich dieser großen Aufgabe widmen. Gustav Freiherr von Bechtolsheim und Max von Schenckendorff waren zu Verbündeten geworden – in einem makabren Wettkampf um die Orte und Methoden der »Endlösung«.

Mit der Ermordung von 9000 Menschen in Slonim, dem Großteil der dortigen jüdischen Bevölkerung, war das erste Groß-Ghetto im Bereich des Generalkommissariats Weißruthenien »aufgelöst« worden, sieht man von der gleichzeitigen »Leerung« des Minsker Ghettos von den weißrussischen Juden für die Ankunft der ersten deportierten jüdischen Reichsdeutschen einmal ab. Der Gebietskommissar von Slonim, Gerhard Erren, hatte in Slonim nicht nur den Ablauf des Mordens perfekt organisiert, sondern auch die selbstverständlich klingende Begründung für den Vorgang gefunden:

> »Slonim [war] bei meiner Ankunft stark übervölkert, die Wohnverhältnisse teilweise katastrophal. Die Judenaktion vom 14.11. schaffte fühlbare Abhilfe; es wurde möglich, eine Straße völlig zu räumen und für Deutsche Dienststellen und Wohnungen herzurichten. [...] Die vom SD am 14.11. durchgeführte Aktion befreite mich von unnützen Fressern; und die jetzt vorhandenen ca. 7000 Juden in der Stadt sind sämtlich in den Arbeitsprozeß eingespannt, arbeiten willig aufgrund ständiger Todesangst und werden im Frühjahr genauestens für eine weitere Verminderung überprüft und aussortiert.[318]

Für die Angehörigen der 6. Kompanie war diese Botschaft Errens am Morgen vor dem Massaker von Oberleutnant Glück so übersetzt worden:

> »Der Kompaniechef erklärte uns, daß die jüdische Bevölkerung nichts zu essen habe; verhungern lassen wolle man sie aber nicht und deshalb sei es besser, sie werden erschossen.«[319]

---

[317] Gerlach, *Kalkulierte Morde,* S. 186f.; im Gegensatz zu Gerlach, der den Aufbau des KdS Minsk schon im Oktober 1941 beginnen lässt, spricht Jürgen Matthäus zutreffend von »Ende November/Anfang Dezember«, ders., Georg Heuser – Routinier des sicherheitspolizeilichen Osteinsatzes, in: Klaus-Michael Mallmann, Gerhard Paul, *Karrieren der Gewalt,* S. 115-125, hier S. 115.

[318] Gebietskommissar von Slonim Erren, Lagebericht 25.1.1942, Sonderband D, Strafsache Erren.

[319] X.M., 1.2.1974, Sonderband C 1, S. 10 326, Strafsache Erren.

Und wie lief dieses monströse Geschehen ab? Angehörige der 6. Kompanie des IR 727 erinnern sich in einem Nachkriegsprozess:

Karl Müller
»Es vergingen einige Wochen, als eines Tages die Kompanie, soweit sie in der Kaserne untergebracht war, antreten [...] und anschließend in südöstlicher Richtung etwa vier Kilometer marschieren mußte. Es wurde Halt auf einem sandigen ebenen Gelände gemacht, das rings von Wald umgeben war. Hier mußten wir drei Gräben von etwa 60 bis 70 m Länge ausheben. Diese Gräben hatten [...] eine Tiefe von etwa 2 m. [...] Mit dem Ausheben der Gräben sind wir mehrere Tage beschäftigt gewesen. Wie uns damals gesagt wurde, sollten es Panzersperren sein«.[320]

Peter Reiser
»Wie aber erzählt wurde, hätten die Leute der Kompanie an diesen Tagen nur das Kommando geführt und Juden hätten arbeiten müssen und diese wären dann in die Gruben ›reingeschossen worden‹.«[321]

Franz Lehner
»Ich selbst mußte mit meinen LKW zum Marktplatz fahren und mich dort zur Verfügung halten. Außer mir waren noch mehrere Kraftfahrer mit ihren Fahrzeugen da [...]. Wer von unserer Kompanie den Befehl gegeben hat, mich am Marktplatz zu melden, weiß ich heute nicht mehr, es dürfte jedoch Oberleutnant Glück gewesen sein. [...] Nach den gesamten Vorbereitungen wurden die Juden in einer regelrechten Treibjagd aus ihrem Viertel herausgetrieben auf den Marktplatz. Diejenigen, die gut zu Fuß waren, wurden unter Bewachung in Richtung Baranovitschi in Marsch gesetzt. [...] Alte und nicht Gehfähige, auch Kinder wurden auf unsere LKWs getrieben und von uns an den bereits erwähnten Exekutionsplatz gefahren. [...] Wieviel Fuhren es von allen Fahrzeugen zusammen waren, weiß ich nicht, doch schätze ich die Zahlen der an diesem Tag umgebrachten Juden auf etwa 8000. [...] Am Erschießungsort selbst wurden die sehr dicht gedrängt auf den LKWs befindlichen Juden von den Fahrzeugen teilweise mit Stockschlägen herunter und zu den Gräben hingetrieben. Sie mußten in die Gräben steigen, wurden zum Teil

[320] Karl Müller, 23.5.1962, Bd. 14, Strafsache Erren; bestätigt: Sebastian Hellinger, Erren Bd. 16, Bl. 3009, und Sebastian Gaxenberger, ebd., Bl. 3043.

[321] Peter Reiser, 26.9.1962, Erren Bd. 16, Bl. 3055; bestätigt: Mathias Stelkens, Erren, Bd. 21, Bl. 4040f.

auch hineingestoßen und es gab dabei herzzerbrechende Szenen unter Angehörigen und den Opfern. [...] Die Schützen waren nicht von einund derselben Einheit, [...] und ich habe dabei SS-Leute, Wehrmachtsangehörige, Schutzpolizisten gesehen und meiner Ansicht nach waren auch Litauer oder Letten dabei. [...] Die Oberaufsicht am Erschießungsplatze hatte ein SS-Untersturmführer [...]. Wenn mir der Name Amelung genannt wird, so glaube ich mich zu erinnern, daß dieser Name tagelang in aller Munde war.«[322]

Friedrich Praeg
»Noch im Laufe des Vormittags begab ich mich in einem LKW, auf dem sich keine Juden befanden, nach der Hinrichtungsstätte. [...] Dort habe ich gesehen, dass die von den LKWs heruntergeschafften Juden sich entkleiden mußten, dann von der Entkleidungsstätte weitergetrieben wurden in vorbereitete Gräben von 8 m Tiefe und 4 m Breite [...]. Dort mußten sie sich mit dem Gesicht zum Boden hinlegen, auf eine Schicht von bereits erschossenen Juden drauf und wurden mit Karabinern und Maschinenpistolen erschossen [...]. Auf dem Wege der Hinrichtungsstätte standen Soldaten der 6. Kompanie als Sicherheitsposten, auch beim Heruntertreiben von den LKWs und dem Zutreiben zu der Stätte, waren Kompanieangehörige eingesetzt. Es bestand auch ein Erschießungskommando der Kompanie. Ich habe an dem kleinen Abschnitt, den ich beobachten konnte – ich stand direkt an einem Graben – keine Litauer, SS, SD und Angehörige des Gebietskommissariats gesehen, auch nicht den Gebietskommissar selbst. Polnische Polizei ist mir nicht in Erinnerung, desgleichen nicht deutsche Polizei. Ich kann weder positiv noch negativ sagen, ob derartige Personen sich an anderen Gräben an der Aktion beteiligt haben. Ich habe allerdings nichts davon gehört. Ich bin etwa zwei Stunden dort draußen gewesen [...]. Ich sah, dass u.a. jüdische Säuglinge von dem Schießkommando am Arm hochgehalten und mit Pistolen erschossen wurde. Die Körper warf man dann im großen Bogen in den Graben. Die Schützen waren zum Teil angetrunken, es stand ballonweise französischer Cognac zur Verfügung.«[323]

---

[322] Franz Lehner, 1.2.1960, Erren Bd. 1, Bl. 107f.; bestätigt: Johannes Hieble 6.2.1960, Erren Bd. 1, Bl. 127.

[323] Friedrich Praeg, 18.3.1960, Erren Bd. 3, Bl. 476f.; bestätigt: Ludwig Geltinger, 31.5.1960, Erren Bd. 4, Bl. 773, und Wilhelm Reckers, 15.8.1960, Erren Bd. 6, Bl. 1159f.

Hubert Rieble
»Am frühen Vormittag bekam ich von dem Kompaniespieß Vogel den Befehl, den vorhandenen Schnaps [...] nach dem Erschießungsplatz [...] zu fahren, zur Verwendung für das Erschießungskommando. [...] Soviel ich mich erinnere, begrüßte mich Oberleutnant Glück mit den Worten »So, ist das der Schnaps.«[324]

Alfred Steltzer
»An der Erschießungsgrube habe ich SS-Leute, Litauer in grauer Uniform und Wehrmachtsangehörige gesehen.«[325]

Georg Rueß
»Teilgenommen haben eine große Anzahl von Wehrmacht, SD, Gendarmerie und Polizei. Dabei auch Hilfsdienste, [...] die ich als Ukrainer oder Letten bezeichnen würde.«[326]

Karl Müller
»Noch am gleichen Abend wurde mir abermals von Unteroffizier Raum befohlen, umzuschnallen und im Kasernenhof anzutreten. Dort versammelten sich etwa drei Gruppen, die sodann auf LKW verladen und an den Erschießungsplatz gefahren worden sind. Hier haben wir die Nacht über Wache schieben müssen. [...] In der Nähe der Gräben wurde ein Wachfeuer angezündet [...]. Den Anblick der im Graben liegenden Erschossenen werde ich in meinem Leben nie vergessen. Die Menschen lagen kreuz und quer durcheinander, es war furchtbar und entsetzlich anzusehen. Die Luft stank nach Blut und Schweiß. Ganz besonders schrecklich war, plötzlich eine Kinderstimme zu hören, die mehrmals Mama schrie. Es klang so als sei sie begraben und schreie von der Tiefe herauf.«[327]

---

324 Hubert Rieble, 31.5.1969, Erren Bd. 4, Bl. 776.
325 Alfred Steltzer, Oktober 1964, Erren Bd. 26, Bl. 5157.
326 Georg Rueß, 25.11.1964, Erren Bd. 28, Bl. 5587f.
327 Karl Müller, 23.5.1962, Erren Bd. 14, Bl. 1241.

Zwangseinweisung der jüdischen Bevölkerung in das Ghetto Minsk am 19. Juli 1941 durch Oberst Karl Schlegelhofer, Feldkommandant von Minsk

Juden auf dem Weg in das Ghetto Minsk

Anordnung zur Zwangseinweisung: Hamburger Institut für Sozialforschung (Hrsg.), Vernichtungskrieg. Verbrechen der Wehrmacht 1941-1944, Ausstellungskatalog, Hamburg 1996, S. 106

Quellen Fotos links: Fotoalbum Kurt Wafner, privat;
Foto oben: Yad Vashem, Photo Archiv 97 FO6

Im Minsker Ghetto befanden sich Ende Juli 50.000-60.000 Juden (Christian Gerlach, Kalkulierte Morde, Hamburg 1999, S. 625). Davon wurden schon im November/Dezember 1941, um Platz für die nach Minsk deportierten deutschen Juden zu schaffen, 14.000 weißrussische Juden ermordet (ebd., S. 624f.). Weitere 12.000 Minsker Juden starben in der ersten Hälfte 1942 (ebd., S. 690f., S. 704.).

Judenerschießung im Gefängnishof von Dubno am 7. oder 8. Juli 1941

»Juden schaufeln selbst Ihr Grab (Dubno)«

»Juden warten auf Ihre erschiesung (in Dubno)«

»Judenerschießung in Dubno«

»Die letzte Lebenssekunde der Juden (Dubno)«

Am 25. Juni 1941 hatte die 11. Panzer-Division die westukrainische Stadt Dubno eingenommen (HIS, Dimensionen des Vernichtungskrieges, S. 127). Überlebende Dubnoer Juden haben in einem Nachkriegsprozess in der BRD berichtet, was dann geschah: Zum Zeichen des Sieges bekam ein älterer Jude ein Stalinbild umgehängt, wurde an einen Panzer angehängt und zu Tode geprügelt. Zweidrittel der 18.000 Einwohner von Dubno waren Juden. Ungefähr zwei Wochen später kam eine andere Wehrmachtseinheit, verhaftete 25 Juden und erschoss diese an den von ihnen ausgehobenen Gräben im Gefängnishof. (StA Dortmund, 45 Js 25/63, Raja Mantwer, 29.3.1967, und Josef Taller, Israel, 10.1.1965, Bundesarchiv Ludwigsburg, B 162/5211, S. 258f. und S. 174)

Ein Angehöriger des Einsatzkommandos 5 der SS, das sich zur Tatzeit mit einem anderen Auftrag in Dubno befand, gab an, dass die Wehrmachtseinheit die Exekution als Vergeltung für den Tod von Kameraden durch sowjetische Truppen durchgeführt habe. (Amtsgericht Bielefeld, Julius Thienel 24.3.1965, Bundesarchiv Ludwigsburg, B 162/5211, S. 480f.)

Der Truppenverband, der sich nach Verfolgung von versprengten Rotarmisten am 7. oder 8. Juli in Dubno aufhielt, war das zur 79. Infanterie-Division gehörige Regiment 226 unter seinem Kommandanten Oberstleutnant Andreas von Aulock. (79. ID, Korpsbefehle 5.7.1941, BA-MA, RH-79/16 und 168. ID, Kriegstagebuch, Anlagen, 6.7.1941, BA-MA, RH 26-168/11.) Die Einheit hatte wenige Tage davor bei den Kämpfen in den Wäldern um Dubno den Tod von fünf Angehörigen gemeldet. (79. ID, Kriegstagebuch 3. und 4.7.1941, BA-MA, RH 26-79/ 14.)

An der Exekution in Dubno hatte auch ein hoher Stabsoffizier des übergeordneten LI. Armeekorps, Hauptmann Robert Bernardis, teilgenommen. Er hielt sich drei Tage beim 226. Infanterie-Regiment auf. (LI. AK, Ic, Feindnachrichtenblatt 7.7. und 10.7.41 und LI. AK, Ic, Tätigkeitsbericht, 10.7.41, RH 24-51/54.) Die Exekution war also keine spontane Racheaktion für Verluste an der Front, sondern eine geplante, exemplarische Hinrichtung von Juden.

Quellenangaben für die Fotos auf S. 136 und 137: Landesarchiv NRW, Abteilung Rheinland, Duisburg: LAV NRW R, RWB Nr. 26206/1, RWB Nr. 26206/3, RWB Nr. 26206/5 , RWB Nr. 26206/7.

Die zugehörigen rückseitigen Bildunterschriften, die aus Original übernommen wurden, tragen die Archivnummern 26206/2, 26206/4, 26206/6 und 26206/8.

Christian Streit

»Und dann wollen wir uns ja im Osten gesundstoßen«*

Die Politik des Hungers

Das Bild des Krieges gegen die Sowjetunion, das im allgemeinen Geschichtsverständnis der Deutschen immer noch vorherrscht, wurde vor allem durch die Zeit von der Jahreswende 1942/43 bis Kriegsende geprägt. Es ist das Bild eines Verteidigungskrieges gegen eine unaufhaltsam vorrückende Rote Armee. Dabei ist völlig aus dem Blick geraten, dass die deutsche Führung – nicht nur Hitler, sondern auch die gesamte militärische Führung – einen völlig anderen Krieg geplant und begonnen hatte. Um die grundsätzlichen Entscheidungen zu verstehen, die in der ersten Jahreshälfte 1941 gefällt wurden und die den ganzen Charakter des Ostkrieges bestimmen, ist es notwendig, sich zu vergegenwärtigen, dass diese Entscheidungen in der Annahme eines sicher geglaubten Sieges der Wehrmacht gefällt wurden. In der Zukunft, die Hitler und die anderen mit der Planung des Krieges Beschäftigten damals vor sich sahen, erstreckte sich ein ungefährdeter deutscher Herrschaftsbereich vom Atlantik bis zum Ural.

Die Wehrmacht hatte im Frühjahr 1940 innerhalb von sechs Wochen die französische Armee besiegt, die als der gefährlichste Gegner Deutschlands angesehen wurde. Hitler sah in der Roten Armee nach den Stalinschen Säuberungen 1937/38, bei denen ein großer Teil der militärischen Führer beseitigt worden war, einen »tönernen Koloß ohne Kopf«.[1] Die enormen Schwächen, die die sowjetischen Truppen im Winter 1939/40 im Kampf gegen die finnische Armee zeigten, schienen dies zu bestätigen. In der NS-Führung wie in weiten Teilen der Generalität herrschte zudem die Überzeugung, der slawische Mensch sei minderwertig, zu eigenständigem Denken unfähig und könne nur auf Befehl handeln. Die Wehrmacht habe nun auf dem europäischen Kontinent keinen Gegner mehr, der ihr gewachsen sei. Daraus ergab sich für den seit Juli 1940 geplanten Krieg im Osten eine von Hybris geprägte Einschätzung der Siegeschancen. Hitler äußerte Ende Juni 1940 die Überzeugung, dieser Krieg werde »nur ein Sandkastenspiel«

---

* Tagebucheintrag Goebbels' vom 6.5.1941.

[1] Hitler am 9.1.1941 in einer Besprechung mit den Spitzen von OKW und OKH, *Kriegstagebuch der Wehrmacht (Wehrmachtführungsstab) 1940-1945*, hrsg. v. Percy Ernst Schramm, Bd. 1, Frankfurt a.M. 1963, S. 238.

sein.[2] Der Oberbefehlshaber des Heeres, Feldmarschall von Brauchitsch, erklärte am 20. April 1941, es werde »voraussichtlich heftige Grenzschlachten bis zu vier Wochen« geben, dann aber sei nur noch mit geringem Widerstand zu rechnen.[3] Der Generalstabschef des Heeres, Generaloberst Halder, meinte am 4. Juni 1941 bei einer Chefbesprechung im Oberkommando der Wehrmacht (OKW), »die ganzen Kämpfe könnten Tage, vielleicht sogar eine erhebliche Reihe von Tagen in Anspruch nehmen«, dann werde die Wehrmacht aber in ein Vakuum stoßen.[4] Göring prahlte in der Luftwaffenführung, den Kampf gegen England müsse man wegen des Ostkriegs nicht einstellen, die Geschwader würden im Osten »nur für die ersten 4 Tage [benötigt], um den Eindruck zu erhöhen«.[5] Der deutlichste Ausdruck dieser Siegesgewissheit ist Hitlers Weisung Nr. 32 für die Kriegführung vom 11. Juni 1941, mit der angeordnet wurde, den Schwerpunkt der Rüstung vom Heer auf Kriegsmarine und Luftwaffe zu verlegen, da »*nach der Zerschlagung der sowjetrussischen Wehrmacht* [...] irgendeine ernsthafte Gefährdung des europäischen Raumes zu Lande [...] nicht mehr« bestehe.[6]

Aus diesem Gefühl einer durch nichts eingeschränkten Macht heraus ergaben sich ungeheuerliche Planungen, die die Voraussetzungen dafür schaffen sollten, dass Deutschland in dem erwarteten »langen Krieg« gegen England und die USA siegen konnte. Der eroberte sowjetische Raum sollte nicht nur die für die Rüstungsproduktion erforderlichen Rohstoffe liefern, sondern auch die Nahrungsmittel mit dem Ziel, die englische Seeblockade wirkungslos zu machen.

Hungerplan

Hitler und die Generalität sahen die Ursachen für die Niederlage 1918 nicht in übersteigerten Kriegszielen, der Weigerung, einen Kompromissfrieden zu suchen, und Fehlentscheidungen der militärischen Führung, sondern in einem »Zusammenbrechen der Heimatfront«, für das der Hunger infolge

---

[2] Albert Speer, *Erinnerungen,* Berlin 1969, S. 188.

[3] BA/MA, RW 4/v. 575, Bl. 105.

[4] Klaus Reinhardt, *Die Wende vor Moskau. Das Scheitern der Strategie Hitlers im Winter 1941/42,* Stuttgart 1972, S. 23, Anm. 63.

[5] Horst Boog, »Die Luftwaffe«, in: *Das Deutsche Reich und der Zweite Weltkrieg* (zit. *DRZW),* Bd. 4, Stuttgart 1983, S. 697.

[6] Walther Hubatsch (Hrsg.), *Hitlers Weisungen für die Kriegführung 1939-1945. Dokumente aus dem Oberkommando der Wehrmacht,* München 1965, S. 151, Hervorhebung im Original.

der englischen Seeblockade und sozialistische Agitation im Zuge der seit 1916 zunehmenden Streikbewegungen gegen den Krieg verantwortlich gemacht wurden.[7] Einen »November 1918« sollte es nie wieder geben. Das sollte nun die rücksichtslose Ausbeutung der Nahrungsressourcen der eroberten sowjetischen Gebiete sicherstellen.[8]

An der entsprechenden Planung waren in erster Linie drei Männer beteiligt: Hermann Göring als Beauftragter für den Vierjahresplan, der Staatssekretär im Reichsministerium für Ernährung und Landwirtschaft, Herbert Backe,[9] und der Chef des Wehrwirtschafts- und Rüstungsamtes im OKW, Georg Thomas, der die Ausbeutungsorganisation für den Osten, den Wirtschaftsstab Ost, konzipierte. Backe war die treibende Kraft. Am 20. Februar 1941 legte Thomas Hitler eine Denkschrift über die wehrwirtschaftlichen Folgen eines Krieges gegen die UdSSR vor, zu der Backe Daten für den landwirtschaftlichen Bereich geliefert hatte. Durch eine »kleine Senkung« des Verbrauchs der Bevölkerung – »der Russe ist gewöhnt, seinen Verbrauch schlechten Ernten anzupassen« – könne man, so die Studie, eine Beute von vier Millionen Tonnen Getreide erhalten, die ausreichen würde, den Zuschussbedarf im gesamten deutschen Machtbereich zu decken.[10]

Über die Folgen dieser »kleinen Senkung« für die Betroffenen sagte die Studie nichts. Dass sich die Planer aber der Konsequenzen ihrer Pläne durchaus bewusst waren, zeigte sich in einer Besprechung von Staatssekre-

---

7 Vgl. Chaja Boebel/Lothar Wentzel (Hrsg.), *Streiken gegen den Krieg. Die Bedeutung der Massenstreiks in der Metallindustrie vom Januar 1918*, 2., durchgesehene Aufl., Hamburg 2015.

8 Der vom Hamburger Institut für Sozialforschung herausgegebene Katalog der 2. »Wehrmachtsausstellung«, Verbrechen der Wehrmacht, Hamburg 2002, bietet auf mehr als 70 Seiten Informationen und Quellen zur Hungerpolitik. Anders als Hannes Heer schätze ich die Notwendigkeit dieser zweiten Ausstellung und ihre Leistung sehr hoch ein. Durch ihre nüchterne und sorgfältige Dokumentation hat sie die Grundthese der ersten Ausstellung überzeugend abgesichert. Dass die Wehrmacht in großem Maßstab an den schlimmsten Verbrechen beteiligt war, die den Nationalsozialismus kennzeichnen, wird heute, anders als noch im Jahr 2000, in der ganz überwiegenden Mehrheit unserer Gesellschaft – vom rechten Rand abgesehen – nicht mehr angezweifelt. Deutlichster Beleg dafür ist die unterschiedliche Bewertung der Wehrmacht durch die Abgeordneten der CDU/CSU in den Bundestagsdebatten vom 13. März und 24. April 1997 einerseits und vom 30. Juni 2011 andererseits.

9 Backe, »Alter Kämpfer« mit der NSDAP-Mitgliedsnummer 22.766, war überzeugter Anhänger der Rassenideologie. Der eigentliche Ernährungsminister, Walter Darré, hatte mit den hier beschriebenen Entscheidungen nichts mehr zu tun, er war bereits völlig bedeutungslos geworden, de facto führte Backe das Ministerium.

10 Christian Streit, *Keine Kameraden. Die Wehrmacht und die sowjetischen Kriegsgefangenen 1941-1945*, Bonn, 4. Aufl. 1997, S. 62.

tären der beteiligten Ministerien am 2. Mai 1941. In einer Notiz über die Ergebnisse hieß es:

»Der Krieg ist nur weiterzuführen, wenn die gesamte Wehrmacht im dritten Kriegsjahr [1941/42] aus Rußland ernährt wird.

Hierbei werden zweifellos zig Millionen Menschen verhungern, wenn von uns das für uns Notwendige aus dem Lande herausgeholt wird.«[11]

Bis zum 23. Mai 1941 arbeiteten Agrarexperten unter der Leitung des Chefs der Gruppe Landwirtschaft des Wirtschaftsstabs Ost, Hans-Joachim Riecke, Richtlinien für die Ausbeutung der Nahrungsressourcen des Ostens aus.[12] Da diese Richtlinien die damals herrschende Zukunftsperspektive und die die Entscheidungen bestimmenden Grundsätze sehr deutlich zeigen, werden sie hier kurz zusammengefasst. Basis des Ganzen war das Ziel, »unter allen Umständen, selbst durch rücksichtsloseste Drosselung des russischen Eigenkonsums« Überschüsse für Deutschland herauszuholen.[13] Dies sei durch die räumliche Trennung der Überschussgebiete in der südlichen Schwarzerdezone und der Zuschussgebiete in der nördlichen Waldzone möglich. »Die Konsequenz ist die Nichtbelieferung der gesamten Waldzone einschließlich der wesentlichen Industriezentren Moskau und Petersburg [d.h. Leningrad].«[14] Es gelte »die Struktur von 1909/13 oder sogar diejenige von 1900/1902 wiederherzustellen«. Das bedeutete auch, dass die »gesamte Industrie im Zuschussgebiet«, auch die im Ural, aufgegeben werden müsse. Die »Zerstörung« dieser Industrien sei »auch für die fernere Friedenszukunft Deutschlands eine unbedingte Notwendigkeit«. Nach dem Modell des Zarenreichs müssten die Bauern im Süden gezwungen werden, ihre Produkte »bis auf ein Existenzminimum« zu verkaufen, um benötigte Gebrauchsgüter aus deutscher Produktion zu kaufen.

---

[11] A.a.O., S. 63 (Nürnberger Dokument 2718-PS). – Die fundierteste Darstellung dieser Besprechung gibt Alex J. Kay, »Verhungernlassen als Massenmordstrategie. Das Treffen der deutschen Staatssekretäre am 2. Mai 1941«, in: *Zeitschrift für Weltgeschichte*, Bd. 11, 2010, Heft 1, S. 81-105. – Von Kay stammt auch die ausführlichste Darstellung der Planungsphase: *Exploitation, Resettlement, Mass Murder. Political and Economic Planning for German Occupation Policy in the Soviet Union,* 1940-1941 New York/Oxford 2006.

[12] Riecke, Ministerialdirektor im RMEL (Reichsministerium für Ernährung und Landwirtschaft), war wie Backe »Alter Kämpfer« (NSDAP-Mitgliedsnummer 16308). Er war auch in Rosenbergs Ostministerium Abteilungsleiter für Landwirtschaft, was seine starke Stellung unterstreicht. Wie noch zu zeigen sein wird, war er wie Backe ein unbeirrter Vertreter einer unbarmherzigen Ausbeutungspolitik. Die Richtlinien: Nürnberger Dok. 126-EC, in: *Der Prozeß gegen die Hauptkriegsverbrecher vor dem Internationalen Militärgerichtshof* [zit. *IMG*], Nürnberg 1947, Bd. XXXVI, S. 135-157.

[13] A.a.O., S. 157.

[14] A.a.O., S. 138.

»Die russische Konkurrenz in der Waldzone muß daher fallen.«[15] Lediglich die wichtigen Rohstofflieferanten im Erdölgebiet Transkaukasien und die Schwerindustrie im Donezgebiet sollten erhalten bleiben.

Das hieß nichts anderes, als dass die forcierte Industrialisierung der Sowjetunion seit 1925 und sogar ein Teil der Industrialisierung des späten Zarenreichs und die damit verbundene Verstädterung rückgängig gemacht werden sollten. Die Reduktion der Lebensmittelausfuhren der UdSSR gegenüber denen des Zarenreichs wurde auf die Zunahme der Bevölkerung zwischen 1914 und 1939 um 30 Millionen zurückgeführt. Hier scheint eine Quelle jener Zahl »30 Millionen« zu liegen, um die nach Äußerungen von Mitgliedern der NS-Führung die sowjetische Bevölkerung dezimiert werden sollte.[16]

Die Nichtbelieferung der Waldzone mit Lebens- und Futtermitteln werde dazu führen, dass dort Milchwirtschaft und Schweinemast aufhörten, ebenso der Anbau von Flachs und Hanf, da stattdessen Kartoffeln und Getreide angebaut würden. Ein deutsches Interesse an der Nahrungsmittelproduktion bestehe nur hinsichtlich der Versorgung der dortigen deutschen Truppen. Da die Bevölkerung der Waldzone »größter Hungersnot entgegensehen« müsse, komme es darauf an, »frühzeitig« die Schweine- und Rinderbestände »abzuschöpfen«, sonst werde »die Bevölkerung sie für sich abschlachten, ohne daß Deutschland etwas davon hat«. Dabei gehe es nicht nur um die Versorgung der Wehrmacht, man müsse das Vieh auch über die Häfen der Ostsee zu den Schlachthäusern in Norddeutschland bringen. »Die Forderung des Führers«, im Herbst die Herabsetzung der Fleischrationen wieder aufzuheben, sei nur »durch stärkste Eingriffe in den Viehbestand Rußlands« zu erreichen.[17] Für die Wehrmacht müssten nicht nur Lebensmittel, sondern auch Futtermittel, Hafer, Heu und Stroh requiriert werden. Es sei daran erinnert, dass die Wehrmacht nur teilmotorisiert war und am 22. Juni 1941 mit etwa 600.000 Pferden in die UdSSR einmarschierte.[18]

Die geplante Ausplünderung der Waldzone ging aber noch darüber hinaus. Auch die bevorstehende Flachsernte sei »restlos den deutschen Zwecken zuzuführen«, nicht nur die Faser, sondern, zur Erzeugung von Leinöl,

---

[15] A.a.O., S. 140, 144.

[16] Vgl. die Zusammenstellung entsprechender Äußerungen bei Christian Gerlach, *Kalkulierte Morde. Die deutsche Wirtschafts- und Vernichtungspolitik in Weißrußland 1941 bis 1944,* Hamburg 1999, S. 52-59.

[17] Nürnberger Dok. 126-EC (wie Anm. 12), S. 141-43.

[18] A.a.O., S. 142. Vgl. Rolf-Dieter Müller, »Das Scheitern der wirtschaftlichen Blitzkriegsstrategie«, in: DRZW 4 (wie Anm. 5), S. 959.

auch die Samen. Da in der südlichen Produktionszone ein Mangel an Traktoren und Treibstoff herrschen werde, sollten auch Pferde aus der Waldzone dorthin gebracht werden. Weiter wurde »für das gesamte Gebiet Großrußlands«[19] die Erfassung von Gebrauchsgegenständen und Rohstoffen wie Textilien, Schuhen, Kleineisenerzeugnissen, Holzerzeugnissen, Maschinen, Pelzen usw. befohlen. Sie müssten »restlos in die Hand des Reiches« überführt werden, damit sie »monopolwirtschaftlich in der Produktionszone zum Tausch gegen landwirtschaftliche Erzeugnisse« verwendet werden konnten. Ein weiteres Ziel war »die Eroberung der russischen Fischereiflotte«. Die »etwa 100 Fischdampfer in Murmansk, Kola usw.« sollten »auf Basis Norwegen für Deutschland nutzbar« gemacht werden. Dies sei besonders wichtig, da sie nicht mit Öl, sondern mit Kohle betrieben würden.[20]

Die Folgen, die all dies für die Bevölkerung der Waldzone haben musste, wurden klar benannt:

»Viele 10 Millionen von Menschen werden in diesem Gebiet überflüssig und werden sterben oder nach Sibirien auswandern müssen. *Versuche, die Bevölkerung dort vor dem Hungertode dadurch zu retten, daß man aus der Schwarzerdezone Überschüsse heranzieht, können nur auf Kosten der Versorgung Europas gehen. Sie unterbinden die Durchhaltemöglichkeit Deutschlands im Kriege, sie unterbinden die Blockadefestigkeit Deutschlands und Europas. Darüber muß absolute Klarheit herrschen.«*

Eine Lebensmittelrationierung komme nicht infrage, da sie einen Anspruch gegenüber der deutschen Verwaltung bedeute: »Dieser Anspruch wird von vornherein abgelehnt.«[21]

Für die Schwarzerdezone seien die Konsequenzen umgekehrt. Die wichtigste Aufgabe dort sei die Steigerung der Erzeugung. Die Aufgabe der deutschen Landwirtschaftsführer[22] sei es, »mit einer den Verhältnissen angepaßten Erzeugungsschlacht [zu] beginnen«. Die Großbetriebe – Sowchosen und Kolchosen – müssten beibehalten werden, da eine Reprivatisierung wie 1917/18 zu einem Zusammenbruch der Erzeugung führen würde. Die Beibehaltung sei auch notwendig, da »bei der Mentalität der Russen [...] eine Erzeugungssteigerung nur [...] durch Anordnung von oben« möglich sei. Wegen der Notwendigkeit, Überschüsse zu erzielen, müsse man den Kolchosbauern »lebenswürdige Zustände zubillig[en]«. Die bisherige Ver-

---

[19] Im Text werden, dem Sprachgebrauch der Zarenzeit und der »weißen« Emigranten folgend, die Begriffe »Großrußland« für den russischen Bereich und »Kleinrußland« für den ukrainischen Bereich verwendet.

[20] Nürnberger Dok. 126-EC (wie Anm. 12), S. 141-43.

[21] A.a.O., S. 145, Hervorhebung im Original.

[22] Es waren mehr als 10.000 solche »Landwirtschaftsführer« vorgesehen.

waltung der Kolchosen sei viel zu umfangreich. Diese »überflüssigen Esser« müsse man »praktischer Arbeit zu [...] führen«. Dazu müsse man die »Großrussen« in die Waldzone verdrängen und durch die übrigen »Kleinrussen« ersetzen.[23] Um »die brennende Frage der genügenden Versorgung mit Eiweißfuttermitteln in Deutschland zu lösen«, müsse man am Kaspischen Meer Fischmehlfabriken errichten und so die großen Fangmengen nutzen, die in etwa denen der deutschen Hochseefischerei entsprächen. Die Obst- und Gemüseanbaugebiete im Süden müssten zunächst die Wehrmacht versorgen. Haltbare Produkte müssten gelagert werden, um sie der deutschen Ernährung nutzbar zu machen.[24]

Als »Minimalziel« der Ausbeutungspolitik wurde die »Versorgung der Wehrmacht im dritten [1941] und evtl. [sic!] weiteren Kriegsjahr« genannt. Dabei müssten »etwas mehr« als zwei Drittel der Gesamtwehrmacht »restlos aus dem Ostraum versorgt werden«. Für den Bedarf an Brot, Nährmitteln und Bier müsse der Osten rund 1 Mio. t Getreide bereitstellen. Dazu kämen 1,2 bis 1,5 Mio. t Hafer, 475.000 t Fleisch (2,4 Mio. t Getreide entsprechend) und 100.000 t Fett. Nach der Deckung des Heeresbedarfs sollten Lieferungen für den deutschen Zivilbedarf beginnen, vorrangig mit der Lieferung von 1,5 Mio. t Ölsaaten, »um die Fettbilanz zu verbessern«. Erst danach sollte Getreide nach Deutschland transportiert werden, um nach der schlechten Ernte 1940 und einer voraussichtlich nur mittleren Ernte 1941 die Vorratslager aufzufüllen. Da die Fleischversorgung der schwächste Punkt der deutschen Ernährung sei, müsse der Osten auch die Fleischmengen liefern, die für eine Aufhebung der Rationierung vom Herbst 1940 notwendig seien.[25]

Ausbeutung der Nahrungsressourcen – Kernziel der gesamten deutschen Führung

All dies hatte, wie die Autoren der Richtlinien betonen, »die Billigung der höchsten Stellen«.[26] Da diese Stellen nicht näher definiert werden, sind in der Forschung Zweifel daran geäußert worden, dass der Plan die Zustimmung der Führungsspitze hatte.[27] Die Richtlinien wurden in der »Kreis-

---

[23] Nürnberger Dok. 126-EC (wie Anm. 12), S. 146f.

[24] A.a.O., S. 152, 148.

[25] A.a.O., S. 148-51.

[26] A.a.O., S. 140.

[27] Mit besonderem Nachdruck Rüdiger Overmans, in: *Rotarmisten in deutscher Hand. Dokumente zu Gefangenschaft, Repatriierung und Rehabilitierung sowjetischer*

landwirtschaftsführermappe« vom 1. Juni 1941 zusammengefasst, die die Aufgaben der mehr als 10.000 »Landwirtschaftsführer« definierte, die diese Politik umsetzen sollten. Allein diese Tatsache zeigt, dass die Richtlinien der zentral beschlossenen Politik entsprachen. Backe selbst formulierte für die Mappe »12 Gebote für Landwirtschaftsführer«, die auch deutlich seinen rassistischen Überlegenheitsdünkel ausdrücken. Unter anderem hieß es:

> »Seid bestimmt und wenn es sein muß, hart zu den Unterworfenen. [...] Legt keine deutschen Maßstäbe und Gewohnheiten an, vergeßt von Deutschland alles, außer Deutschland selbst. Werdet vor allem nicht weich und sentimental. [...] Armut, Hunger und Genügsamkeit erträgt der russische Mensch seit Jahrhunderten. Sein Magen ist dehnbar, daher kein falsches Mitleid.«[28]

Weitere Quellen belegen, dass diese Richtlinien die Zielvorstellungen der NS-Führung im Frühjahr 1941 wiedergaben und dass Backe mit Billigung Hitlers in der Konzeption eine entscheidende Rolle spielte. Hitler sagte General Thomas schon im Januar 1941, Backe habe ihm versichert, der Besitz der Ukraine werde Deutschland »von jeder wirtschaftlichen Not befreien«.[29] Wenn Hitler dies glaubte, dann muss Backe ihm schon damals ein überzeugendes Konzept vorgetragen haben. Backe wurde dann, wie General Thomas, Mitglied im Wirtschaftsführungsstab Ost, dem Göring als Beauftragter für den Vierjahresplan vorstand. Göring, damals auf dem Gipfel seiner Macht, machte die wirtschaftliche Ausbeutung zu seiner persönlichen Sache und war auch in der Folge immer wieder derjenige, der besonders rigoros die rücksichtsloseste Ausbeutung der Nahrungsressourcen forderte. Seine Äußerungen in den wichtigen Besprechungen zu Ernährungsfragen am 16.9.1941 und 6.8.1942 greifen Kerngedanken der »Richtlinien« auf.[30] Über die in den Richtlinien genannten Konsequenzen sprach

---

Soldaten des Zweiten Weltkrieges, hrsg. von R. Overmans/A. Hilger/P. Polian, Paderborn 2012, S. 30-32. Overmans schließt aus einer isolierten Äußerung Hitlers in der völlig veränderten Situation im Herbst 1941, deren Bedeutung er nicht im Kontext kritisch hinterfragt, dass Backe nie Hitlers Genehmigung für diese Planung erhalten haben könne. Backe sei zwar ein »versierter Technokrat«, aber eben »›nur‹ ein leitender Beamter« gewesen. Dies verzeichnet völlig die Rolle und die Bedeutung Backes. Vgl. dazu auch das Folgende.

[28] Gedruckt in Gerd R. Ueberschär/Wolfram Wette (Hrsg.), *Der deutsche Überfall auf die Sowjetunion.* »Unternehmen Barbarossa« *1941,* Frankfurt a.M. 1991, S. 326-228.

[29] Rolf-Dieter Müller, »Von der Wirtschaftsallianz zum kolonialen Ausbeutungskrieg«, in: *DRZW,* Bd. 4, S. 126.

[30] Vgl. Nürnberger Dok. 003-EC, *IMG* XXXVI, S. 105-109 und Nürnberger Dok. 170-USSR, *IMG* XXXIX, S. 384-412. – Als es am 7. November 1941 in einer Besprechung darum ging, wie die sowjetischen Kriegsgefangenen, deren Einsatz in der deut-

er mehrfach. Dem italienischen Außenminister Ciano sagte er im November 1941, binnen eines Jahres würden in Russland 20 bis 30 Millionen Menschen verhungern. Zur gleichen Zeit erklärte er im Wirtschaftsstab Ost, es werde in Russland »das größte Sterben seit dem dreißigjährigen Kriege« geben.[31] Auch Propagandaminister Goebbels hatte von den Plänen Kenntnis. Nach Gesprächen mit Backe über Ernährungsprobleme am 1. und 6. Mai 1941 notierte er: »Backe beherrscht sein Ressort meisterhaft. Bei ihm wird getan, was überhaupt nur möglich ist. [...] Und dann wollen wir uns ja im Osten gesundstoßen.«[32] Der Chefideologe der NSDAP, Alfred Rosenberg, damals designierter Minister für die besetzten Ostgebiete, wusste ebenfalls Bescheid. In einer Rede vor Mitarbeitern erklärte er am 20. Juni 1941, die Volksernährung stehe »an der Spitze der deutschen Forderungen im Osten«. Die deutsche Führung sehe »durchaus nicht die Verpflichtung«, aus den Überschüssen des Südens »das russische Volk mit zu ernähren«. Dies sei »eine harte Notwendigkeit [...], die außerhalb jeden Gefühls steht. Zweifellos wird eine sehr umfangreiche Evakuierung notwendig sein und dem Russentum werden sicher sehr schwere Jahre bevorstehen.«[33]

Der Hungerplan stand in Verbindung zum »Generalplan Ost«, der in verschiedenen, nur teilweise erhaltenen Versionen in Himmlers Planungsamt des Reichskommissars für die Festigung deutschen Volkstums und in Heydrichs Reichssicherheitshauptamt erarbeitet wurde. Geplant wurden gigantische »Umvolkungen«: 31 Millionen »Fremdvölkische«, die als »nicht eindeutschungsfähig« angesehen wurden, sollten nach Westsibirien »umgesiedelt« werden – 85% der Polen, 65% der Westukrainer, 75% der Weißruthenen. Darin sind die Planungen für den russischen Bereich nicht enthalten.[34]

---

schen Industrie wegen der veränderten Kriegslage unbedingt notwendig geworden war, so ernährt werden konnten, dass sie arbeitsfähig wurden, meinte Göring, dies sei »ohne schwerwiegenden Einbruch in unsere Ernährungsbilanz« möglich: »Schaffung eigener Kost (Katzen, Pferde usw.)«, Streit (wie Anm. 10), S. 145.

[31] Gerlach (wie Anm. 16), S. 55; Müller (wie Anm. 16), S. 1007.

[32] Zit. nach Wigbert Benz, *Der Hungerplan im »Unternehmen Barbarossa« 1941*, Berlin 2011, S. 34.

[33] Nürnberger Dok., 1058-PS, in: *IMG*, Bd. XXVI, S. 622.

[34] Vgl. Helmut Heiber, »Der Generalplan Ost«, in: Vierteljahreshefte für Zeitgeschichte 6 (1958), S. 281-325. – Zur schnellen Information: »Generalplan Ost, Juni 1942« mit Literaturhinweisen: www.1000dokumente.de/index.html?c=dokument_de&dokument=0138_gpo&l=de (Zugriff 14.5.2019). Die bei Heiber gedruckten Quellentexte sind für das Denken der Beteiligten noch aufschlussreicher als der in »1000 Dokumente« wiedergegebene Text des Generalplans Ost.

In der deutschen Führung gab es zu dieser Zeit keine Zweifel an der Möglichkeit, diese Pläne zu verwirklichen. Schon am 26. Februar 1941 hatte Göring General Thomas gesagt, der bolschewistische Staat werde so schnell zusammenbrechen, dass es nicht zur Zerstörung der Vorräte und der Eisenbahn kommen werde. Es »käme darauf an, zunächst schnell die bolschewistischen Führer zu erledigen«.[35] Bis zum Juni hatte die Siegesgewissheit noch zugenommen. Goebbels notierte in seinem Tagebuch mehrfach, es stehe »ein Siegeszug ohnegleichen« bevor: »der ganze Bolschewismus wird wie ein Kartenhaus zusammenbrechen«.[36] Alfred Rosenberg drückte das damals nicht nur in der NS-Führung herrschende Allmachtgefühl so aus: »Im Westen ist Deutschland ungefährdet und der Osten frei für alles und jedes, was der Führer einzusetzen wünscht.«[37] Hitler selbst erklärte in einer Besprechung der Führungsspitze am 16. Juli 1941, »[...] soweit unsere Macht reiche, könnten wir alles tun und was außerhalb unserer Macht liege, könnten wir ohnehin nicht tun«.[38]

Es war der deutschen Führung bewusst, dass diese Pläne verbrecherisch waren. Goebbels notierte am 16. Juni 1941 in seinem Tagebuch:

> »Der Führer sagt, ob recht oder unrecht, wir müssen siegen. Das ist der einzige Weg. [...] Und haben wir gesiegt, wer fragt uns nach der Methode. Wir haben sowieso so viel auf dem Kerbholz, daß wir siegen müssen, weil sonst unser Volk, wir an der Spitze mit allem, was uns lieb ist, ausradiert werden.«[39]

Ein eindeutiger Bruch des Völkerrechts

Es war völlig klar, dass diese Pläne in jeglicher Hinsicht das Völkerrecht brachen. Zwar hatte die Sowjetregierung die *Haager Landkriegsordnung* von 1907 (HLKO) nicht für verbindlich erklärt, aber das bedeutete nicht, dass das Deutsche Reich keinerlei völkerrechtlichen Bindungen unterlag.

---

[35] Zit. nach Christoph Dieckmann, »Das Scheitern des Hungerplans und die Praxis der selektiven Hungerpolitik im deutschen Krieg gegen die Sowjetunion«, in: Christoph Dieckmann/Babette Quinkert (Hrsg.), *Kriegführung und Hunger 1939-1945*, Göttingen 2015, S. 94.

[36] Hans-Heinrich Wilhelm, *Rassenpolitik und Kriegführung. Sicherheitspolizei und Wehrmacht in Polen und der Sowjetunion*, Passau 1991, S. 105-115.

[37] Nürnberger Dok., 1058-PS (wie Anm. 33), S. 625.

[38] Aktennotiz Martin Bormanns, Nürnberger Dok. 221-L, gedruckt in Ueberschär/Wette (wie Anm. 28), S. 276f.

[39] Elke Fröhlich, »Joseph Goebbels und sein Tagebuch«, in: *Vierteljahreshefte* für Zeitgeschichte, 35 (1987), S. 522.

Nach der Völkerrechtslehre, die sich in den Kulturstaaten seit dem 18. Jahrhundert entwickelt hatte, griffen in einem solchen Fall die Regeln des allgemeinen, universell verbindlichen Völkerrechts. Die HLKO, die das Deutsche Reich wie fast alle unabhängigen Staaten der Erde unterzeichnet hatte, entsprach weitgehend den Grundsätzen dieses allgemeinen Völkerrechts. Die 41 vertragschließenden Staaten – zu denen selbst wenig entwickelte Staaten wie Montenegro oder Haiti zählten – hatten bestimmt, dass in den Fällen, die in der HLKO nicht geregelt waren,

> »die Bevölkerung und die Kriegführenden unter dem Schutze und der Herrschaft der Grundsätze des Völkerrechts bleiben, *wie sie sich ergeben aus den unter gesitteten Völkern feststehenden Gebräuchen, aus den Gesetzen der Menschlichkeit und aus den Forderungen des öffentlichen Gewissens«*.[40]

Die HLKO selbst enthielt ohnehin ausreichende Bestimmungen. Nach Artikel 22 hatten Kriegführende »kein unbeschränktes Recht in der Wahl der Mittel zur Schädigung des Feindes«. Artikel 47 untersagte Plünderung »ausdrücklich«. Artikel 52 bestimmte, dass Naturalleistungen und Dienstleistungen [...] von Gemeinden oder Einwohnern nur für die Bedürfnisse des Besatzungsheers gefordert werden« durften. Sie mussten »im Verhältnisse zu den Hilfsquellen des Landes stehen«, den Einwohnern also ausreichend zum Leben lassen.[41] Die weitgehende Vernichtung der Lebensgrundlagen eines Feindstaates, wie sie der Backe-Plan vorsah, lag am Beginn des 20. Jahrhunderts außerhalb der Vorstellungen der Regierungen der Kulturstaaten der Welt. In keinem anderen Krieg der Neuzeit hatte einer der Kriegführenden mit einem solchen Ziel einen Krieg begonnen.

Der Plan kollidiert mit der Realität

In den ersten vier Wochen des Krieges schien es, als ob dieses Ziel erreicht werden könnte. Generalstabschef Halder schrieb am 3. Juli 1941 in sein Tagebuch: »Es ist [...] wohl nicht zu viel gesagt, wenn ich behaupte, daß der Feldzug gegen Rußland innerhalb 14 Tagen gewonnen wurde.« Der Chef

---

[40] Reichsgesetzblatt 1910, S. 109, meine Hervorhebung.

[41] A.a.O., S. 140, 148f. – Die Feststellung von Klaus Jochen Arnold, in: *Die Wehrmacht und die Besatzungspolitik in den besetzten Gebieten der Sowjetunion*, Berlin 2005, S. 168, Anm. 112, die deutsche Seite sei nach der HLKO nicht verpflichtet gewesen, »die Lebensgrundlagen der feindlichen Bevölkerung mit eigenen Mitteln zu [sic] wiederherzustellen«, ist völlig irreführend. Die HLKO erlaubte jedenfalls nicht Requisitionen, die die Bevölkerung zum Hunger verdammten.

des Reichssicherheitshauptamtes, SS-Gruppenführer Reinhard Heydrich, forderte am 4. Juli die Meldung des »erste[n] Vorauskommando[s] in Moskau [...] mit sämtlichen Namen« – er wollte für die Meldung der erfolgreichen Besetzung der Zentrale der KPdSU vorbereitet sein. Die SS-Einsatzgruppe A meldete am 18. Juli, die »voraussichtliche Befehlsstelle« bei der bevorstehenden Eroberung von Leningrad werde »in Petersburg, Sowjethaus« sein.[42]

Dass in der deutschen Führung die Realisierung des Backe-Plans ernsthaft angegangen wurde, zeigen die folgenden Quellen. Am 5. Juli 1941 forderte der Chef des OKW, Feldmarschall Keitel, vom Befehlshaber des Ersatzheers, General Fromm, Beutepanzer für die Besatzungstruppen und die deutsche Polizei im Hinterland. Auch wenn dieses Mal »sehr brutal durchgegriffen« werde, sei »infolge vorauszusehender Hungersnot in großen Teilen der eroberten Gebiete« mit »Verzweiflungstaten und Überfällen« zu rechnen.[43] Hitler selbst meinte,

> »wenn es notwendig sei, könnten selbst [Transportflugzeuge vom Typ Junkers] JU 52 bei Aufruhr Bomben schmeißen. Der Riesenraum müsse natürlich so rasch wie möglich befriedet werden; dies geschehe am besten dadurch, daß man Jeden, der nur schief schaue, totschieße.«[44]

Heydrich befahl in fast allen besetzten Städten zur »Sicherung« die Errichtung von »Wehrburgen« verschiedener Art, deren Ausstattung er ausführlich beschrieb – bis hin zu Kleidertrockenanlagen und Reitplätzen. »Noch vor Anbruch der Winterszeit« – 1941! – solle »eine Lebensmittelreserve für mindestens 2 Monate angelegt und das nötige Futter für Reit- und Zugpferde eingelagert« werden.[45]

Es ist argumentiert worden, der Hungerplan habe weder den Intentionen Hitlers noch denen der Wehrmacht entsprochen, weil Backe nie versucht habe, von der Wehrmachtführung oder von Himmler Verbände für die Abriegelung der Waldzone zu erhalten.[46] Dieser Einwand beruht nicht nur auf einer völlig unhaltbaren Einschätzung der Bedeutung Backes. Die

---

[42] Franz Halder, *Kriegstagebuch. Tägliche Aufzeichnungen des Chefs des Generalstabs des Heeres 1939-1942,* Bd. 3, Stuttgart 1964, S. 38. – *Deutsche Besatzungsherrschaft in der UdSSR 1941-45*: Dokumente der Einsatzgruppen in der Sowjetunion, Bd. 2. Hrsg. von Klaus M. Mallmann [u.a.], Darmstadt 2013, S. 51; Die »Ereignismeldungen UdSSR« 1941: Dokumente der Einsatzgruppen in der Sowjetunion, hrsg. v. Klaus M. Mallmann [u.a.], Darmstadt 2011, S. 139.

[43] OKW/WFSt/Abt. L, Nr. 441158/41 gKdos. Chefs., BA/MA RW 4/v. 578, Bl. 105f.

[44] Nürnberger Dok. 221-L, gedruckt in Ueberschär/Wette, *»Unternehmen Barbarossa«* (wie Anm. 28), S. 331.

[45] *Deutsche Besatzungsherrschaft* (wie Anm. 42), S. 83.

[46] Overmans (wie Anm. 27), S. 31.

Interpretation übersieht geflissentlich, dass die Wehrmachtführung mit General Thomas und dem Wirtschaftsstab Ost wie auch der Generalquartiermeister des Heeres von Anbeginn an der Konzeption des Plans beteiligt waren. Die Wehrmacht war in höchstem Maße daran interessiert, da ihre absolute Vorrangstellung bei der rücksichtslosen Nutzung der Nahrungsressourcen, wie sie im Plan zum Ausdruck kommt, schon aus logistischen Gründen für die Durchführung des Angriffsplans von entscheidender Bedeutung war. Zudem ignoriert diese Interpretation die geographischen Bedingungen. Von der Schwarzerdezone hätten Hunderttausende Tonnen von Getreide über Hunderte von Kilometern in die Waldzone transportiert werden müssen. Da die erforderlichen Massentransportmittel – Eisenbahn, Flussschifffahrt und LKWs – ebenso in deutscher Hand waren wie die Verkehrswege und die Mittel zur Erfassung der Ernte, war jede weitere Abriegelung überflüssig.

Wenn der Plan dann nicht wie vorgesehen verwirklicht wurde – was heute den Eindruck fördern kann, dass er nicht der eigentlichen Politik entsprach –, so hatte das andere Ursachen. Der deutsche Angriff kam schon in der zweiten Julihälfte 1941 ins Stocken. Die erwartete schnelle Zerschlagung der Roten Armee und des Sowjetsystems – und damit die entscheidende Voraussetzung für das Geplante – gelang nicht. Der Vormarsch blieb immer mehr hinter dem Zeitplan zurück. Die deutschen Armeen konnten nicht schnell die Waldzone und die Schwarzerdezone durchqueren und damit die Voraussetzungen für die Ausbeutung schaffen, sondern blieben in diesen Gebieten bis zum Rückzug mehr als zwei Jahre später. Man stellte sehr bald fest, dass es notwendig war, zumindest einen Teil der Stadtbevölkerung ausreichend zu ernähren, weil Truppen und Besatzungsbehörden die Beschäftigten der Infrastrukturbetriebe und der Verwaltung, Handwerker und Eisenbahnpersonal brauchten. Zudem musste man vermeiden, dass sich in einer hungernden Bevölkerung Seuchen entwickelten. Schon am 12. Juli 1941 setzte die Militärverwaltung für die litauischen Städte Kaunas und Vilnius Rationssätze für die Zivilbevölkerung fest, was nach dem Hungerplan absolut vermieden werden sollte, ähnliche Entscheidungen gab es auch in Weißrussland.[47] Die Truppenführer wollten angesichts des stockenden Angriffs in ihren rückwärtigen Gebieten keine Hungerunruhen, die Truppen gebunden hätten, die für den Angriff gebraucht wurden.

[47] Dieckmann (wie Anm. 35), S. 103; Gerlach (wie Anm. 16), S. 267f.

Der Hungerplan wird Realitäten angepasst – nicht aufgegeben

Damit ergab sich die Notwendigkeit zu entscheiden, welchen Anteil an den Nahrungsressourcen man der Zivilbevölkerung und den Kriegsgefangenen zugestehen *musste.* Göring erklärte am 28. Juli 1941, es sollten nur »die ernährt werden, die für Deutschland wichtige Arbeit leisten«.[48] Backe und Riecke standen noch Ende Juli 1941 auf dem Standpunkt, für die Ernährung in Weißrussland könne »nichts eingesetzt werden«, d.h. auch die Stadtbevölkerung müsse verhungern. Auf Drängen des Chefs der Hauptgruppe gewerbliche Wirtschaft im Wirtschaftsstab Ost, Gustav Schlotterer, sahen sie sich aber dann gezwungen, Nahrungsmittel für die städtischen Arbeitskräfte zu genehmigen, wobei Riecke von vornherein nur eine Verpflegung in Gemeinschaftsküchen mit »allerkleinste[n] Rationen« erlauben wollte.[49]

Die Wehrmacht war inzwischen schon dabei, in den eroberten Gebieten Fakten zu schaffen, die für die Zivilbevölkerung gravierendste Konsequenzen haben mussten. In den von Deutschland beherrschten Gebieten erhielten die deutschen Soldaten die höchsten Rationen. Die Fleischration betrug täglich 215 g, in der Woche 1,5 kg. In der Heeresgruppe Mitte waren das Anfang August 1941 120 Tonnen Fleisch oder 1200 Rinder täglich. Da die Nahrungsbasis kleiner war als erwartet, führte dies schon im September 1941 dazu, dass die Viehbestände in Weißrussland auf bis zu 50% abgesunken waren.[50] Noch im Dezember 1942 berichtete ein Vertreter der I.G. Farbenindustrie AG von der Ostfront: »Wenn man aus der deutschen Zivilverpflegung plötzlich in die militärische Ostverpflegung kommt, so hat man ständig das Gefühl, die Mengen an Fett (40-50 g täglich) und Fleisch (1200-1600 g wöchentlich) können doch kaum für eine Person bestimmt sein.«[51]

Die Armeen waren zudem bestrebt, von den erbeuteten Lebensmitteln und Materialien Vorräte anzulegen. Ein Wirtschaftsoffizier der Heeresgruppe Mitte, der mit der »eigentlichen« Ausbeutung für den Wirtschaftsstab Ost beschäftigt war, berichtete am 21. Juli 1941, durch das Gebiet zögen vier Armeen (die Panzergruppen 3 und 4, die 2. und die 9. Armee). Sie »saugen sich [...] mit allem voll, was sie noch irgendwie brauchen können. Was dann in dieser völlig verarmten Gegend übrig bleibt [...] ist nur noch das, was die Truppe beim besten Willen nicht verbrauchen oder mitschlep-

[48] Dieckmann (wie Anm. 35), S. 105

[49] Gerlach (wie Anm. 16), S. 271f.

[50] Ebd., S. 259.

[51] Ebd., S. 51, Anm. 83.

pen konnte«.[52] Das entsprach dem, was der Generalquartiermeister des Heeres, General Eduard Wagner, am 6. Juli angeordnet hatte: »Der Grundsatz muss sein: Nährung der Operationen unter rücksichtsloser Ausnutzung des Landes, Schonung der Landesbestände nur, soweit möglich und nötig.«[53] Im Wirtschaftsstab Ost bemerkte man schnell, dass dies die eigenen Ziele infrage stellte. Mitte Juli hieß es in einem Bericht: »Größter Feind unserer Arbeit ist [...] die eigene Truppe.« General Thomas erfuhr Ende Juli, »›jeder noch so scharfe Befehl‹ erscheine zwecklos, die geringe Beute werde ›meist gleich von der Truppe verbraucht‹«.[54] Dieses »großzügige« Verwerten von Beute kritisierte auch ein Vertreter des WiStab Ost bei der HGr Süd. Die 17. Armee befahl am 17. September: »Gemachte Beute ist nicht mehr als *zusätzliche* Verpflegung zu betrachten, sondern als die vorgeschriebene und auch als solche auszugeben.«[55] Nur drei Wochen später erklärte der Wirtschaftsoffizier der Armee, man müsse sich darüber klar sein, »dass das Gros der Bevölkerung hungern, wenn nicht z.T. verhungern wird, da in erster Linie der deutsche Soldat sein Brotgetreide haben muß«.[56]

Weitere Faktoren trugen dazu bei, das noch zu verschlimmern. Neben den offiziellen Requisitionen plünderten einzelne Einheiten und Soldaten eigenmächtig Nahrungsmittel und Materialien. Wie mehrere andere Armeebefehlshaber wandte sich der Oberbefehlshaber der Panzergruppe 3, Generaloberst Hoth, mit einem scharfen Befehl gegen diese Praxis. Einzelne Einheiten seien dazu übergegangen, »ganze Dörfer auszurauben und Eier, Hühner, Enten, Gänse, Schweine, Kühe (sogar tragende und auch Milchkühe) ohne Bezahlung mitzunehmen«. Die Tatsache, dass derartige Befehle in allen drei Heeresgruppen mehrfach wiederholt wurden, zeigt, dass dies ein fortdauerndes Problem war.[57] Dazu trug auch die widersprüchliche Befehlsgebung bei, die immer wieder betonte, wie wichtig es auch im Interesse der deutschen Bevölkerung sei, die Nahrungsressourcen im Osten rücksichtslos zu nutzen.

Auch privat konnten die deutschen Soldaten ganz legal Beute machen. Der bewusst auf Ausbeutung angelegte offizielle Umtauschkurs des Ru-

---

52 Hamburger Institut für Sozialforschung (Hrsg.), *Verbrechen der Wehrmacht,* Hamburg 2002, S. 294.

53 BA/MA, AOK 17/14311/2.

54 Dieckmann (wie Anm. 35), S. 101.

55 Streit [wie Anm. 10), S. 153, Hervorhebung im Original.

56 Dieter Pohl, *Die Herrschaft der Wehrmacht,* München 2008, S. 186.

57 Johannes Hürter, *Hitlers Heerführer. Die deutschen Oberbefehlshaber im Krieg gegen die Sowjetunion 1941/42,* München 2006, S. 450ff. Drastische Beispiele für den Bereich der HGr Mitte bei Gerlach (wie Anm. 16), S. 260-65.

bel erhöhte die Kaufkraft der Reichsmark auf das Fünffache. Damit hatten die Soldaten auf jedem offiziellen oder schwarzen Markt eine privilegierte Stellung. Ihre Beute – oder auch einen Teil ihrer reichlichen Rationen – konnten sie in Feldpostpäckchen kostenlos nach Hause schicken. Selbst aus dem Gebiet der 18. Armee vor Leningrad, wo die Bevölkerung hungerte, gingen allein von Januar bis März 1943 drei Millionen Feldpostpäckchen ins Reich. Wenn Soldaten Heimaturlaub bekamen, konnten sie – nach einem von Göring veranlassten und vom Chef des OKW, Feldmarschall Keitel, am 16.8.1942 unterzeichneten »Schlepperlass« – Lebens- oder Genussmittel und Tabak in beliebiger Menge zollfrei mitbringen, »soweit sie es selbst tragen« konnten. Hitler und Göring sahen in den so ins Reichsgebiet gebrachten Lebensmitteln einen wichtigen Zuschuss zu den Rationen der Angehörigen der Soldaten daheim. Die Soldaten sollten das Gefühl haben, dass sich der Krieg auch für sie lohne.[58]

Für die Masse der Zivilbevölkerung, besonders in den Städten, bedeutete diese Politik von Anfang an Hunger. Im Bereich der Heeresgruppe Mitte, besonders im weitgehend zerstörten Minsk, hungerten Teile der Bevölkerung schon in der zweiten Juliwoche. Die 16. Armee, am Südflügel des Angriffs auf Leningrad, meldete am 21. Juli, der Bevölkerung drohe »das Gespenst des Hungers«.[59]

Im Verlauf des Spätsommers 1941 wurde der deutschen Führung klar, dass die illusionären Erwartungen des Frühjahrs nicht in Erfüllung gehen würden: Es würde nicht möglich sein, die Nahrungsmengen ins Reich zu bringen, mit denen man gerechnet hatte, und im Reich drohten damit weitere Rationskürzungen notwendig zu werden; der Krieg im Osten würde sich mindestens bis in den Winter ziehen; die Armeen würden das meiste aufbrauchen, was in den bisher eroberten Gebieten vorhanden war; man würde auch für die feindliche Zivilbevölkerung wesentlich mehr aufwenden müssen als geplant, und man würde sowjetische Kriegsgefangene und Zivilisten teilweise in der deutschen Kriegswirtschaft als Arbeitskräfte benötigen und entsprechend ernähren müssen. Göring, Backe und der WiStabOst waren freilich nicht bereit, deswegen ihr Ziel aufzugeben, aus den besetzten Gebieten in großem Umfang auch Nahrungsmittel für den Transport nach Deutschland herauszuholen. Bei einer Besprechung mit Backe, Riecke und den mit der Versorgung befassten Ressorts der Wehrmacht am 16.

[58] Belege für diesen Absatz: Götz Aly, *Hitlers Volksstaat. Raub, Rassenkrieg und nationaler Sozialismus*, Frankfurt a.M. 2005, S. 121-126. – Ein Vorläufer des »Schlepperlasses« hatte verfügt, dass der Soldat nur so viel tragen durfte, dass er noch »eine Ehrenbezeugung machen«, also militärisch grüßen konnte.

[59] Dieter Pohl (wie Anm. 56), S. 184.

September machte Göring die Prioritäten der NS-Führung klar: »Der Herr Reichsmarschall befiehlt, daß unter gar keinen Umständen in der Heimat die Rationen irgendwie gekürzt werden können [sic].« Es sei klar, dass in der Ernährung eine Abstufung notwendig sei:

> »Zunächst kommt die *kämpfende* Truppe, dann die übrigen Truppen in *Feindesland* und dann die *Heimattruppe.* [...] Dann wird die *deutsche* nichtmilitärische Bevölkerung versorgt. Erst dann kommt die *Bevölkerung in den besetzten Gebieten.* Grundsätzlich sollen in den besetzten Gebieten nur diejenigen in der entsprechenden Ernährung gesichert werden, die für uns arbeiten. Selbst wenn man die sämtlichen übrigen Einwohner ernähren *wollte* [!], *so könnte* man es im neubesetzten Ostgebiet *nicht.*«

Göring wandte sich auch gegen die wilden Requisitionen der Truppe und forderte mehr Disziplin, zeigte aber Verständnis dafür, soweit es die Fronttruppen betraf. Um die Aufbringung von Lebensmitteln zu steigern, werde er bei Hitler den Einsatz zusätzlicher Sicherungsdivisionen beantragen, »denn sonst wird alles von der herumzigeunernden Bevölkerung aufgefressen werden«.[60]

Der WiStab Ost legte am 4. November 1941 Rationssätze für die städtische Bevölkerung fest. Danach sollten Arbeitende täglich 214 g Brot, 571 g Kartoffeln, 14 g Fleischwaren und 14 g Fett (1200 Kalorien) erhalten. Für Nichtarbeitende waren 214 g Brot, 286 g Kartoffeln und 10 g Fett, aber keinerlei Fleischwaren vorgesehen (850 Kalorien), Kinder und Juden sollten davon die Hälfte (420 Kalorien) erhalten. Dies waren Höchstsätze, die nur ausgegeben werden durften, *»soweit es ohne Beeinträchtigung der deutschen Belange* möglich ist«.[61] Die Verteilung der völlig unzureichenden Rationen wurde immer der einheimischen Zivilverwaltung überlassen, um sie als verantwortlich erscheinen zu lassen.

Das grundlegende Ziel des Hungerplans vom Frühjahr – rücksichtslose Ausbeutung der Nahrungsressourcen der besetzten Gebiete zugunsten der deutschen Volksernährung – war damit in keiner Weise aufgegeben. Anstelle der *regionalen Selektion* – die im Übrigen auch für die Bevölkerung der Überschussgebiete keine Überlebensgarantie geboten hätte – wurde

---

[60] Das erste und das letzte Zitat aus den Aufzeichnungen von Görings Referenten Görnnert, BA R 26 IV/v. 51, das lange Zitat Nürnberger Dok. 003-EC (wie Anm. 30), S. 107, Hervorhebung im Original. – Görings Forderung nach einer besseren Organisation von Viehtransporten ins Reich und nach Maßnahmen zur Haltbarmachung der Fleischvorräte zeigen einmal mehr, dass er den Hungerplan gut kannte und dass dieser keineswegs aufgegeben war.

[61] Zit. nach Gerlach (wie Anm. 16), S. 276f. Hervorhebung im Original.

nun mit derselben Rücksichtslosigkeit die *Selektion nach Arbeitsfähigkeit* gesetzt. Die Arbeitsfähigkeit als Kriterium blieb bis zum Kriegsende bestimmend, auch bei der Selektion der Juden für die Ermordung. Dies war der Übergang von einer »utopischen zu einer realistischen, durchführbaren Hungerpolitik«.[62] Das dabei geltende Prinzip wurde vom Befehlshaber des Rückwärtigen Heeresgebiets Süd, General Erich Friderici, geradezu mustergültig ausgedrückt:

> »Wer für uns arbeiten soll aus Industrie und Handel, darf nicht absolut verhungern. Es handelt sich hier nicht um eine humanitäre Angelegenheit, sondern um eine reine Zweckmäßigkeit im deutschen Interesse.«[63]

Betroffen waren nun in erster Linie die Menschen, die in Lagern oder Ghettos lebten – also Kriegsgefangene und Juden –, da sie, vom regulären Markt und dem Schwarzmarkt abgeschnitten, völlig von dem abhängig waren, was ihnen zugestanden wurde. Die Entscheidung traf in besonderem Maße die sowjetischen Kriegsgefangenen. Der Befehl von Generalquartiermeister Wagner am 21. Oktober 1941, die Rationen für die nichtarbeitenden Gefangenen drastisch zu reduzieren, verurteilte einen großen Teil der vom Hunger geschwächten Gefangenen zum Tode, und Wagner machte diese Konsequenz den Führern der Armeen am 13. November 1941 in Orša auch deutlich.[64]

Im Herbst 1941 verschärften Transportprobleme die Versorgungslage auch für die deutschen Truppen. Den Armeen wurde freigestellt, ihre Räume völlig auszuplündern, sodass Städte kaum mehr mit Lebensmitteln beliefert wurden. Am schwersten betroffen waren das Hinterland von Leningrad (16. und 18. Armee), das Donezbecken (17. Armee), die Nordostukraine und Charkov (6. Armee) und die Krim (11. Armee).[65] Ähnliches galt besonders in der Winterkrise vor Moskau für den Bereich der Heeresgruppe Mitte. Dort befahl z.B. der OB der 9. Armee, Generaloberst Strauß, am 27. Dezember, die Truppe solle sich »unter rücksichtsloser Verwendung dessen, was das Land und die Zivilbevölkerung besitzt«, gegen Hunger und Kälte schützen.[66] Entlang der ganzen Front waren bald in einem breiten Gürtel praktisch alle Nahrungsmittel – Getreide, Vieh, in weitem Maße auch Saat-

---

[62] A.a.O., S. 273.

[63] Müller (wie Anm. 18), S. 1006.

[64] Streit (wie Anm. 10), S. 157f. – Vgl. dazu auch den folgenden Beitrag »Die sowjetischen Kriegsgefangenen – Hunger, Ausbeutung, Massensterben« in diesem Band.

[65] Pohl (wie Anm. 56), S. 188.

[66] Hürter (wie Anm. 57), S. 491f. – Es sei daran erinnert, dass nur ein kleiner Teil der Truppe Winterkleidung besaß, da die Heeresführung vom schnellen Sieg so überzeugt gewesen war, dass Winterkleidung nicht bereitgestellt wurde.

getreide – aufgezehrt. Der Chef der Gruppe Landwirtschaft im WiStabOst, Riecke, berichtete am 26. Januar 1942, im Bereich der Heeresgruppe Süd habe sich »hinter der Front [...] in einer sich über etwa 150 km erstreckenden Breite ein Gebiet [gebildet], in dem völliger ›Kahlfraß‹ eingetreten ist«. Im Mai berichtete er, das »kahlgefressene Gebiet« habe sich »auf rd. 300 km erweitert«. Im Dezember 1942 bestand nach Feststellung der Agrarverwaltung in Südrussland und der Ukraine – das waren die Überschussgebiete! – eine »Kahlfraßzone von 800 bis 1000 km Tiefe«.[67] »Kahlfraßzone« bedeutete nach der Definition des Chefs der Wirtschaftsinspektion Mitte, General Weigandt, »die völlige Entblößung des Landes von jeglichen Nahrungsmitteln sowohl an Getreide, Futter und Vieh. Auch die letzte Kuh wird in solchen Bezirken der Bevölkerung fortgenommen.«[68] Die letzte Kuh – das war die »Stalin-Kuh«, die alle Kolchosbauern seit 1933 als Privatbesitz haben durften und die für sie eine ganz wichtige Nahrungsquelle war.

Diese Beschreibung der Entwicklung der »Kahlfraßzone« im Bereich der Heeresgruppe Süd, also in der Ukraine, deutet bereits an, dass die im Backe-Plan vorgesehenen »lebenswürdigen Zustände« für die Ukrainer schon in den ersten Monaten illusorisch geworden waren. Der Reichskommissar Ukraine, Erich Koch, Gauleiter von Ostpreußen und einer der brutalsten Satrapen Hitlers, vertrat die Ansicht, »daß der geringste deutsche Arbeiter rassisch und biologisch tausendmal wertvoller« sei als die Ukrainer; die Ukraine sah er als auszubeutendes Kolonialland an. Seine Landwirtschaftsabteilung überlegte schon im April 1942, wie man durch »unerbittliche Maßnahmen« und »ohne Rücksicht auf die auf Hungerration zu stellende Bevölkerung« ein Höchstmaß an Nahrungsüberschüssen aus dem Land pressen könne.[69] Die Ukraine musste in der Folge den größten Teil der nach Deutschland gebrachten Nahrungsmittel liefern.

In den Kriegsgefangenenlagern schnellte im Oktober 1941 die Sterblichkeit hoch. Auch in der Zivilbevölkerung begann der Hunger zu grassieren. Ein Symbol für die Hungerpolitik ist Leningrad, wo während der Belagerung bis zur Befreiung im Januar 1944 »mindestens 632.000, vermutlich sogar über eine Million« Menschen starben.[70] Dass die deutsche Führung auf die Eroberung der Stadt verzichtete, hatte allein ernährungspolitische Gründe; man wollte nicht 3½ Millionen Einwohner ernähren. Weniger

---

[67] *Verbrechen der Wehrmacht* (wie Anm. 52), S. 297f.; Gerlach (wie Anm. 16), S. 258.

[68] *Verbrechen der Wehrmacht* (wie Anm. 52), S. 297.

[69] Alexander Dallin, *Deutsche Herrschaft in Rußland 1941-1945. Eine Studie über Besatzungspolitik*, Königstein 1981, S. 167 Anm. 1; Gerlach (wie Anm. 16), S. 711.

[70] Hürter (wie Anm. 57), S. 497-507, vgl. zum Folgenden S. 497-507, dort auch die Zitate.

bekannt ist, welches Ausmaß das Hungersterben der Zivilbevölkerung im Bereich vor allem der 18. Armee vor Leningrad annahm. Die Führung der Armee erkannte sehr schnell, dass die Nahrungsbasis so schmal war, dass selbst die eigene Truppe trotz intensiver Ausbeutung auf Nachschub aus dem Reich angewiesen war. Die Prioritäten waren dabei klar: »Jeder Verpfl[egungs]-Zug aus der Heimat verknappt dort die Lebensmittel. Besser ist, unsere Angehörigen haben etwas, und die Russen hungern.« Manche Soldaten der Korps und Divisionen, die täglich mit hungernden Zivilisten konfrontiert waren, wollten sie wenigstens notdürftig mit minderwertigen Lebensmitteln versorgen, aber die Armee lehnte strikt ab. Soldaten überließen den Hungernden eigenmächtig Essensreste und Pferdekadaver, was von der Armee bald verboten wurde. Wie schlimm die Hungersnot im Armeegebiet war, zeigt ein Bericht der Einsatzgruppe A von Anfang Februar 1942: »Im Zuge der sicherheitspolizeilichen Befriedung« hätten in der Woche davor 88 Personen zum größeren Teil erschossen, zum geringeren Teil auch erhängt werden« müssen. »Zur drastischen Art des Erhängens mußte gegriffen werden, um dem immer rücksichtsloser um sich greifenden Kannibalismus wirksam entgegenzutreten.«[71]

Der Oberbefehlshaber, Generaloberst von Küchler, forderte in Befehlen »eine scharfe Trennung zwischen Truppe und Zivilbevölkerung«. Diese gehöre »einer uns rassefremden, feindlich gesinnten Art« an, »Rücksichtnahme und Weichheit« ihr gegenüber sei »fehl am Platz«. Um diese Trennung zu erreichen, wurden bis Mai 1942 75.000 hungernde Zivilisten in trostlose Wald- und Sumpfgebiete im Rückwärtigen Heeresgebiet Nord abgeschoben, die als »Hungergebiete« galten. Aus Gefangenenlagern der Armee wurden im Februar 1942 1800 schwerverwundete Gefangene – »fast verhungert, lebenden Skeletten ähnlich und zum Teil mit eiternden, stinkenden Wunden behaftet« – auf Schlitten in solche Hungergebiete gebracht, weitere im April und Mai.[72]

Wie viele Menschen in den Gebieten vor Leningrad verhungerten, lässt sich nicht feststellen. Wenn aber schon in einer kleineren Stadt wie Pavlovsk, knapp südlich von Leningrad, 6000 Hungertote verzeichnet wurden[73], muss man darauf schließen, dass im Bereich der HGr Nord mehrere zehntausend Menschen verhungerten.

---

[71] EM Nr. 169 v. 16.2.1942 in: *Deutsche Berichte aus dem Osten 1942-1943. Dokumente der Einsatzgruppen in der Sowjetunion III*, hrsg. v. Klaus-Michael Mallmann u.a., Darmstadt 2014, S. 154.

[72] Hürter (wie Anm. 57), S. 504f.; Streit (wie Anm. 10), S. 184f.

[73] Jeff Rutherford, »The Radicalization of German Occupation Policies. The Wirtschaftsstab Ost and the 121st Infantry Division in Pavlovsk, 1941«, in: Alex J. Kay

Von den Städten, die von der Wehrmacht besetzt wurden, war Charkov, damals die viertgrößte Stadt der UdSSR, am schlimmsten vom Hunger betroffen.[74] In der Stadt lebten bei der Eroberung am 24. Oktober 1941 trotz umfangreicher Evakuierungen durch die Sowjets noch 450.000 Menschen. Die Lebensmittelvorräte waren durch die sowjetischen Behörden weitgehend abtransportiert worden. Die 6. Armee des Feldmarschalls von Reichenau erreichte unter Androhung von Repressalien eine hundertprozentige Deckung ihres Bedarfs an Getreide und Fleisch. Dennoch wurde die Versorgung der Stadtbevölkerung noch weiter reduziert als in anderen Städten. Nur 24.000 Einwohner erhielten überhaupt eine Zuteilung. Schon knapp drei Wochen nach der Eroberung wurden die ersten Hungertoten gemeldet. Die Armeeführung drängte gleich nach der Besetzung der Stadt auf die Ermordung der Juden, um ein angebliches Sicherheitsproblem und »unnötige Esser« zu beseitigen. An der Jahreswende 1941/42 wurden etwa 15.000 Männer, Frauen und Kinder vom Sonderkommando 4a und dem Polizeibataillon 314 ermordet.[75]Am Ende der mehr als einjährigen Besatzung waren offiziell 14.000 Hungertote registriert, realistische Schätzungen gehen von 30.000 aus. Die Säuglingssterblichkeit lag bei 50%.[76] Für die deutschen Soldaten hatte es zu keiner Zeit Not gegeben. Das in der Stadt stationierte LI. Armeekorps erhöhte im März 1942 die Rationen für die Soldaten, weil die gespeicherten Lebensmittel zu verderben drohten.[77]

Leningrad und Charkov sind besonders augenfällige Beispiele, aber das gesamte besetzte sowjetische Gebiet wurde von einer Hungerkatastrophe erfasst, die vor allem im ersten Halbjahr 1942 grassierte, als nach und nach die Vorräte aus der Ernte 1941 verbraucht waren. Dies traf vor allem die Menschen in den größeren Städten. Für die Ukraine meldete die Wirtschaftsinspektion Süd im Februar eine »katastrophale Ernährungslage der Bevölkerung«, entsprechende Meldungen der Wirtschaftsinspektion Nord und des Befehlshabers im Rückwärtigen Heeresgebiet Mitte folgten im Ap-

---

u.a. (Hrsg.), *Nazi Policy on the Eastern Front, 1941,* Rochester, NY, 2012, S. 142.

[74] Vgl. zum Folgenden Norbert Kunz, »Das Beispiel Charkow: Eine Stadtbevölkerung als Opfer der deutschen Hungerstrategie 1941/42«, in: Christian Hartmann u.a. (Hrsg.), *Verbrechen der Wehrmacht. Bilanz einer Debatte,* München 2003, S. 136-146.

[75] Hürter (wie Anm. 57), S. 585-587.

[76] Pohl (wie Anm. 56), S. 185. – Eine sowjetische Untersuchungskommission bezifferte die Opfer von »Hunger und Auszehrung« auf 120.000: Karel C. Berkhoff, »›Wir sollen verhungern, damit Platz für die Deutschen geschaffen wird‹«, in: Babette Quinkert/Jörg Morré (Hrsg.), *Deutsche Besatzung in der Sowjetunion 1941-1944,* Paderborn 2014, S. 67; für den Hinweis auf diesen Band danke ich Tanja Penter.

[77] Kunz (wie Anm. 74), S. 139.

ril und Mai.[78] Wie im Vorfeld von Leningrad waren auch in Weißrussland, in der Nordostukraine und im Donezbecken die Städte, die sich in der Nähe der Front befanden, besonders hart betroffen, ebenso die Bevölkerung der Krim.[79] Dort forderte das zuständige Wirtschaftskommando wegen der angespannten Ernährungslage die »sofortige Lösung der Judenfrage«. Die 11. Armee des Feldmarschalls von Manstein drängte die Einsatzgruppe D, die für März 1942 geplante Ermordung der Juden vorzuziehen. Im Dezember 1941 wurden in Simferopol, Kerč und Džanskoj mehr als 16.000 Juden, 1500 Krimtschaken und 800 Roma erschossen.[80]

Für die Truppe kam es bis auf wenige Ausnahmefälle – etwa während der chaotischen Rückzüge in der Winterkrise vor Moskau – nicht zu bedeutenden Einschränkungen. Drastische Beispiele verdeutlichen das Ernährungsgefälle zwischen Truppe und Zivilbevölkerung. Der Quartiermeister des Rückwärtigen Heeresgebiets Mitte erhöhte auf dem Höhepunkt der Hungersnot der weißrussischen Bevölkerung im Mai 1942 die *tägliche* Butterration der Truppe auf *80 Gramm,* da aus dem Umland mehr Butter angeliefert wurde, als gelagert werden konnte. Die Zivilbevölkerung erhielt nichts davon. In Brest erhielt der bezugsberechtigte Teil der Zivilbevölkerung nur 40% der Brotration, maximal 150 g am Tag. Zur gleichen Zeit wurde an die Truppenpferde Roggen und Weizen verfüttert.[81]

Die Quellen geben Hinweise darauf, dass, wie schon für das Vorfeld von Leningrad erwähnt, einzelne Einheiten und Soldaten den Hungernden Lebensmittel zusteckten. Deutliche Belege dafür sind nicht zuletzt die Befehle von Armeebefehlshabern, die dies scharf zu unterbinden suchten. Feldmarschall von Reichenau etwa bezeichnete in seinem berüchtigten Befehl vom 10. Oktober 1941, in dem er von den Soldaten auch »volles Verständnis« für die »Notwendigkeit der harten, aber gerechten Sühne am jüdischen Untermenschentum« forderte, die Verteilung von Lebensmitteln durch Soldaten als eine »mißverstandene Menschlichkeit«. Der Soldat habe nicht das, »was die Heimat unter großer Entsagung entbehrt, [...] an den Feind zu verschenken, auch nicht, wenn es aus Beute stammt«. Der Befehl wurde auch in anderen Armeen verbreitet, die OBs der 17. Armee, Hoth,

---

[78] Hürter (wie Anm. 57), S. 496f. Vgl., auch zum Folgenden, Gerlach (wie Anm. 16), S. 289ff.

[79] Vgl. Pohl (wie Anm. 56), S. 190-194. – In Kiev verhungerten nach einer realistischen Schätzung etwa 10.000 Menschen: Berkhoff (wie Anm. 76), S. 67.

[80] Hürter (wie Anm, 57), S. 591f.; vgl. Helmut Krausnick, Hans-Heinrich Wilhelm, *Die Truppe des Weltanschauungskrieges,* Stuttgart 1981, S. 271-273; Martin Holler, »Extending the Genocidal Program«, in: *Nazi Policy* (wie Anm. 73), S. 271.

[81] Gerlach (wie Anm. 16), S. 303f.

und der 11. Armee, von Manstein, erließen ähnliche Befehle.[82] Die Frontzeitungen forderten nach Richtlinien der Wehrmachtpropagandaabteilung die Soldaten auf, »angesichts hungernder Frauen und Kinder hart [zu] bleiben«. Der Soldat müsse »sich sagen: Jedes Gramm Brot [...], das ich aus Gutmütigkeit der Bevölkerung in den besetzten Gebieten gebe, entziehe ich dem deutschen Volk und damit meiner Familie!«[83]

Hermann Göring – Hauptantreiber in der Hungerpolitik

Im April 1942 wurde die wöchentliche Brotration für deutsche Normalverbraucher, die seit Juli 1940 gegolten hatte, von 2250 g auf 2000 g gekürzt, die Fleischration von 400 g (seit Juni 1941) auf 300 g.[84] Im Mai wurde klar, dass wegen des strengen Winters die Ernte an Wintergetreide schlecht werden würde. Am 30. Juni waren die staatlichen Getreidereserven, die ein Jahr zuvor noch zwei Millionen Tonnen betragen hatten, auf 670.000 Tonnen gesunken,[85] und die Frage, ob weitere Rationierungen notwendig werden würden, war bis August das wichtigste innenpolitische Problem. Göring berief am 6. August eine Sitzung der Reichskommissare und der Wehrmachtbefehlshaber der besetzten Gebiete ein, um neue Ablieferungsquoten festzulegen. Das stenographische Protokoll der Sitzung[86] gibt einen guten Eindruck davon, wie Göring gegenüber den Reichskommissaren – Reichskommissar Ostland war der Gauleiter von Schleswig-Holstein, Hinrich Lohse, Reichskommissar Ukraine der ostpreußische Gauleiter, Erich Koch – und Generalen mit einer Mischung aus Brutalität und Jovialität auftrat, um seinen Forderungen Nachdruck zu verleihen. Am Tag zuvor hätten sich die Gauleiter bei ihm beklagt, dass das deutsche Volk zu wenig zu essen habe. Es erfülle ihn mit maßlosem Zorn, dass das deutsche Volk »wirklich fast auf die elenden Sätze des ersten Weltkrieges abgesunken ist«. Er sehe in jedem der besetzten Gebiete »die Leute vollgefressen, und im eigenen Volk herrscht der Hunger«. Dabei hatte das Bild vom »vollgefressenen« Ostmenschen ebenso wenig mit der Realität zu tun wie das vom hungernden Deutschen. Selbst die im April gesenkten Rationen lagen erheblich über den Rationen des Jahres 1916, ganz zu schweigen von denen im Kohlrübenwinter 1916/17.

---

[82] Die Texte der Befehle gedruckt in Ueberschär/Wette (wie Anm. 28), S. 285-290.
[83] Streit (wie Anm. 10), S. 162.
[84] BA R 43 II/614, Bl. 145f.
[85] Aly (wie Anm. 58), S. 96.
[86] Nürnberger Dok. 170-USSR (wie Anm. 30), S. 385-407, danach auch das Folgende.

Die bestehenden Lieferzusagen tat Göring als »gar nichts« ab. Es sei ihm gleichgültig, »ob Sie sagen, daß Ihre Leute wegen Hungers umfallen. Mögen sie das tun, solange nur ein Deutscher nicht wegen Hungers umfällt.« Die Lieferquoten, die er festsetzen werde, seien zu erfüllen, »und wenn Sie das nicht können, dann werde ich Organe wecken, die unter allen Umständen das bei Ihnen herausholen werden, ob Ihnen das paßt oder nicht paßt«. Ihn interessierten »in den besetzten Gebieten überhaupt nur die Menschen, die für die Rüstung und die Ernährung arbeiten. Sie müssen so viel kriegen, daß sie gerade noch ihre Arbeit tun können.«[87] In seiner Rede vor den Gauleitern am Tag zuvor hatte Göring wesentlich drastischer erklärt, »die Leute in den besetzten Ländern möchten ruhig Kosakensättel fressen«, bevor ein Deutscher hungere.[88]

Göring wollte unter allen Umständen mit einer Verschärfung der Zwangsmaßnahmen die ursprünglichen Ziele erreichen. Dass er dabei immer noch die »Richtlinien« vom Mai 1941 im Kopf hatte, zeigt sich auch daran, dass er wieder über die Notwendigkeit sprach, Fleisch in Dosen zu konservieren, und dass er hoffte, bald »den unerhörten Fischreichtum des Asowschen und Kaspischen Meeres« nutzen zu können.

Als Göring seine Forderungen aufstellte, herrschte in vielen Städten im Osten Hunger, meistens schon seit dem Beginn der Besatzung. Im August 1942 berichteten selbst Sicherheitspolizei und Sicherheitsdienst (SD) über eine »äußerst schlechte Ernährungslage« im Bereich der Heeresgruppe Mitte, die in verschiedenen Gegenden bereits zu Hungerödemen geführt habe.[89] Anfang Oktober war im Reichskommissariat Ukraine die Lebensmittelversorgung so schlecht, dass z.B. die Bevölkerung von Žitomir ein Hungerjahr wie 1932/33 befürchtete. Anfang November erwarteten in Weißrussland »maßgebliche Kreise der Verwaltung« für den Winter »eine katastrophale Ernährungslage«.[90] In der Tat gab es dann auch im Winter 1942/43 in vielen Städten wieder ein Hungersterben, wenn auch in geringeren Dimensionen als im Jahr zuvor.[91]

Die Ernährungssituation wurde jedoch durch neue Faktoren problematischer und verschlimmerte sich im folgenden Jahr noch erheblich. Die Parti-

[87] A.a.O., S. 387, meine Hervorhebung.

[88] Friedrich Frhr. Hiller von Gaertringen (Hrsg.), *Die Hassell-Tagebücher 1938-1944*, Berlin 1988, S. 328.

[89] Meldungen aus den besetzten Ostgebieten [MbO] Nr. 16 v. 14.8.1942 in: *Deutsche Berichte* (wie Anm. 71), S. 410. – Vgl. dazu ausführlicher Gerlach (wie Anm. 16), S. 195ff.

[90] MbO Nr. 24 v. 9.10.1942; MbO Nr. 29 v. 13.11.1942, in: *Deutsche Berichte* (wie Anm. 71), S. 469 und 531.

[91] Pohl (wie Anm. 56), S. 197.

sanenbewegung, die sich im Herbst 1941 vor allem aus versprengten Truppenteilen und entflohenen Kriegsgefangenen gebildet hatte, entwickelte sich 1942 rasant zu einer Bedrohung der deutschen Herrschaft in den besetzten Gebieten, besonders in Weißrussland. Schon im April 1942 machten Partisanen die landwirtschaftliche Nutzung weiter Gebiete im Bereich der HGr Mitte unmöglich. Im Dezember 1942 waren dort von 800 Staatsgütern nur noch knapp ein Drittel fest in deutscher Hand, »trotz der z.T. örtlich äußerst erfolgreichen Aktionen der SS und Polizei gegen das Bandenunwesen«.[92] Um die Partisanen zu vernichten, wurden zwischen 1942 und 1944 von Wehrmacht, SS und Polizei mehr als 40 »Großunternehmen« durchgeführt, die Christian Gerlach mit guten Gründen als »Raub-, Mord- und Verschleppungsfeldzüge« charakterisiert hat.[93] Dabei wurden in Weißrussland mehr als 600 Dörfer niedergebrannt und etwa 345.000 Männer, Frauen und Kinder umgebracht. Nicht mehr als 10% waren tatsächlich Partisanen. Weitere Zehntausende wurden als Zwangsarbeiter verschleppt. Die Beute war beträchtlich: Selbst nach den unvollständigen Beutemeldungen wurden mehr als 180.000 Stück Vieh, 5500 t Getreide und 14.000 t Kartoffeln erfasst.[94] Die ungeheure Brutalität des Vorgehens schwächte die Partisanenbewegung in keiner Weise, große Teile der Dorfbevölkerung flüchteten vielmehr zu den Partisanen in die Wälder und versuchten, mit Wurzeln, Beeren und dem, was sie aus naheliegenden Dörfern erbetteln konnten, zu überleben. Wie viele Menschen so verhungerten, wird sich nie feststellen lassen.[95]

Entwicklung der Hungerpolitik während der Rückzüge 1943/44

Die katastrophale Entwicklung in Stalingrad ließ die realistisch Denkenden in der militärischen Führung die Notwendigkeit erkennen, die Kollaborationsbereitschaft der Bevölkerung zu fördern. Selbst Generalquartiermeister Wagner, bis dahin ein überzeugter Vertreter der Hungerpolitik, einigte sich nun mit dem Wirtschaftsstab Ost auf Rationserhöhungen. Als diese im

[92] Bericht der Einsatzgruppe B in MbO Nr. 38 v. 22.1.1943, in: *Deutsche Berichte* (wie Anm. 71), S. 633; zu April 1942 vgl. EM 194 v. 21.4.1942, a.a.O., S. 311f.

[93] Vgl. zum Partisanenkrieg die ausführliche Darstellung von Christian Gerlach (wie Anm. 16), S. 859-1054.

[94] A.a.O., S. 899-904; 955-958.

[95] Einen Eindruck von den Leiden der weißrussischen Dorfbevölkerung geben die Briefe von Überlebenden, die als Kinder Opfer des Krieges gegen die Partisanen geworden waren: http://kontakte-kontakty.de/briefe-der-ueberlebenden-verbrannter-doerfer-in-belarus/.

März 1943 eingeführt wurden, lehnte die Heeresgruppe Mitte strikt ab, da man die Versorgung der eigenen Truppe gefährdet sah. Die bisherigen Rationen seien »unter Berücksichtigung der Entbehrungsfähigkeit der Russen [...] gerade noch ausreichend«.[96] Auch weiterhin war man aber bestrebt, möglichst geringe Mengen an Lebensmitteln an die Bevölkerung abzugeben. Im Mai 1943 hieß es, zur »Einsparung von Lebensmitteln« solle durch scharfe Überprüfung eine »30%ige Verminderung der Zahl der Lebensmittelbezugsberechtigten« erreicht werden.[97] Zwei Monate später stellte die Wirtschaftsinspektion Mitte fest, die Zahl der Empfänger sei um 316.000 reduziert worden. Dies traf vor allem Leicht- und Normalarbeiter sowie Angehörige und Kinder. Das Ziel der Reduzierung der Zahl der Versorgungsberechtigten blieb auch weiterhin bestimmend. Im Mai 1944 meldete die Heeresgruppe Mitte, man habe binnen drei Monaten die Zahl der Versorgungsempfänger »von 1,4 Millionen auf 800.000 heruntergeschraubt«.[98]

Die Zeit der Rückzüge bedeutete für die Bevölkerung der besetzten Gebiete eine abermalige Verschlechterung ihrer Situation. Aus den zu räumenden Gebieten sollten neben allem, was wirtschaftlich wertvoll war, auch sämtliche Lebensmittelvorräte und alles Vieh abtransportiert werden. Es wurden nicht nur alle Dörfer niedergebrannt, soweit irgend möglich wurde auch die gesamte Infrastruktur zerstört – Brücken, Bahnanlagen, Elektrizitäts- und Wasserwerke, selbst Mühlen. Soweit die Zeit reichte, wurde auch die Ernte auf den Feldern zerstört. Zum Beispiel forderte der Kommandeur der 296. Infanteriedivision im Raum Orël: »Bis zum 9.8.1943 abends will ich kein stehendes Getreide- oder Kartoffelfeld [...] mehr sehen.« Das XXIII. Armeekorps befahl am 16.9.1943, »sämtliches Vieh, soweit es nicht mitgeführt oder verbraucht werden kann, [...] zu erschießen«.[99] Der arbeitsfähige Teil der Bevölkerung wurde unter Zwang evakuiert. Das bedeutete oft Marschwege von mehreren hundert Kilometern ohne ausreichende Unterkunft oder Verpflegung. Ein Teil wurde als Zwangsarbeiter ins Reichsgebiet gebracht, die meisten mussten unter schlimmsten Bedingungen Befestigungsanlagen bauen. Die nicht arbeitsfähigen – Alte, Kranke und Frauen mit kleinen Kindern – wurden in den verwüsteten Gebieten zurückgelassen. Die Rote Armee sollte keine Unterkunftsmöglichkeiten finden und zudem das Problem haben, für diese Menschen Nahrung herbeizuschaffen.

---

[96] Gerlach (wie Anm. 16), S. 311f.

[97] A.a.O., S. 315. Danach auch das Folgende.

[98] A.a.O., S. 317.

[99] Bernd Wegner, »Die Aporie des Krieges«, in: Karl-Heinz Frieser (Hrsg.), *Die Ostfront 1943/44. (= DRZW* Bd. 8), München 2007, S. 258; Christoph Rass, »*Menschenmaterial«: Deutsche Soldaten an der Ostfront,* Paderborn 2003, S. 381f.

Die Politik der »verbrannten Erde« zielte aber weit darüber hinausgehend darauf ab, die Lebensgrundlagen in den geräumten Gebieten so gründlich wie möglich zu vernichten.

Konsequenz dieser Politik war schon beim ersten größeren Rückzug aus dem Raum Ržev im März 1943 der Hungertod von 15-20.000 Menschen gewesen.[100] Im März 1944 führte sie zu einem der schlimmsten Kriegsverbrechen im Osten. Bei der Vorbereitung des Rückzugs aus dem Gebiet um Bobrujsk entschied die Führung der 9. Armee, sich der nicht Arbeitsfähigen zu entledigen. Das zugrunde liegende Kalkül drückte der Oberbefehlshaber, General Harpe, so aus: »Der Roten Armee eine große Menge Mäuler hinterlassen (Frauen mit kleinen Kindern, Kinder und Alte)! Nicht die eigene Armee und das rückwärtige Gebiet mit unnötigen Mäulern belasten!«[101] Aus dem Armeegebiet – mit einer Größe von rund 5000 km^2 – wurden bis zum 16. März 1944 etwa 45.000 Menschen in drei »Lager« in einem Sumpfgebiet nahe Osariči gebracht, in denen es nur eine Stacheldrahtumzäunung, aber weder Unterkünfte und sanitäre Anlagen noch Nahrung gab. Als sowjetische Truppen drei Tage später die Lager entdeckten, fanden sie 33.000 Überlebende und 9000 Tote.

Die Wehrmacht setzte die Hungerpolitik ohne Einschränkungen um. Wehrmachtführung und Truppenbefehlshaber gingen scharf gegen Soldaten vor, die individuell versuchten, das Elend der Zivilbevölkerung zu lindern. Selbst Henning von Tresckow, dessen zentrale Rolle im Widerstand gegen Hitler außer Zweifel steht, vertrat diese Politik konsequent. Beim Rückzug der 2. Armee unterzeichnete er als Stabschef am 27. März 1944 einen Befehl, in dem es hieß, »nutzlose Esser« seien dem Feind zu hinterlassen. Die Ernährung des »Bodensatzes« von nicht arbeitsfähigen »Restfamilien« bedeute nur eine Belastung der abnehmenden Vorräte. [102] Die Entscheidungsträger der Wehrmacht und große Teile der Truppe waren der Auffassung, dass es das gute Recht der Deutschen sei, der sowjetischen Bevölkerung alle

---

[100] Nicholas Terry, »›Do not burden one's own army and its hinterland with unneeded mouths!‹«, in: *Kriegführung und Hunger* (wie Anm. 35), S. 188. – Bereits Anfang Februar hatte der SD gemeldet, dass unter den Flüchtlingen und Evakuierten »jede Erkrankung infolge der allgemeinen Entkräftung einen prozentual hohen tödlichen Verlauf nimmt und dass reine Hungererkrankungen und -todesfälle noch ständig zunehmen«: MbO Nr. 42 v. 19.2.1943 in: *Deutsche Berichte* (wie Anm. 71), S. 688. Anfang März waren in Bobrujsk 50.000 Flüchtlinge, es wurden Hungertote gemeldet: MbO Nr. 49 v. 9.3.1943, a.a.O., S. 778f.

[101] Terry (wie Anm. 100), S. 197, Rückübersetzung aus dem Englischen. – Die gründlichste Darstellung dieses Verbrechens bei Rass, »Menschenmaterial« (wie Anm. 99), S. 386-402, danach auch das Folgende.

[102] Gerlach, Morde (wie Anm. 16), S. 499.

Lebensmittel zu nehmen, auch wenn der Hungertod die Folge war. Dabei wurde oft eine militärische Notwendigkeit geltend gemacht. Die eigentliche Basis war aber die rassistische Überzeugung von einer Minderwertigkeit der Menschen im Osten, denn im Westen wäre eine solche Behandlung der Feindbevölkerung undenkbar gewesen.

Wie viele Tote die Hungerpolitik forderte, lässt sich nicht annähernd genau feststellen. Die Opfer im belagerten Leningrad und in den anderen Städten im deutschen Machtbereich, unter den sowjetischen Kriegsgefangenen und während der Rückzüge addieren sich mit Sicherheit auf weit über vier Millionen.[103] Wenn nicht noch mehr Menschen verhungerten, dann lag das einerseits an der, wie man in der Heeresgruppe Mitte zynisch formulierte, »Entbehrungsfähigkeit« der sowjetischen Menschen. Ein vermutlich wichtigerer Grund war, dass schon Ende 1942 die Zahl der Konsumenten in ungeheurer Weise dezimiert worden war. Bis dahin waren weit mehr als zweieinhalb Millionen sowjetische Kriegsgefangene tot,[104] und es waren bereits viereinhalb Millionen Juden ermordet worden oder in den Ghettos verhungert, davon allein zwischen Mai und Dezember 1943 etwa drei Millionen.[105]

Die Hungerpolitik – Faktor in der Entwicklung des Völkermords an den Juden

Die Juden waren von Anfang an neben den sowjetischen Kriegsgefangenen und den Patienten psychiatrischer Anstalten die bevorzugten Opfer der selektiven Hungerpolitik, und zwar auf doppelte Weise. Auf der einen Seite wurden – nicht aufgrund einer Weisung der Zentrale, sondern in lokaler Initiative – Rationen noch weit unterhalb denen der sowjetischen Bevölkerung festgelegt, z.B. in Litauen schon Mitte Juli 1941.[106] Auf der anderen Seite kam, ebenfalls auf lokaler Ebene, schon bald der Gedanke auf, die Juden als »unnütze Esser« direkt zu beseitigen. Auf die Initiativen der 6. Armee (Charkov) und der 11. Armee (die Städte auf der Krim) im Dezember

[103] Die Gesamtzahl der sowjetischen zivilen Verluste, die auch die nichtbesetzten Gebiete der UdSSR einbezieht, wird in neueren russischen Forschungen auf 16,9 bis 24 Millionen geschätzt: Richard Overy, *Russlands Krieg 1941-1945*, Hamburg 2003, S. 436.

[104] Bis Anfang 1942 waren 2 Millionen umgekommen. Nach sehr lückenhaften Daten starben bis Ende 1942 mindestens weitere 300.000, dabei fehlen aber Daten für den OKH-Bereich für Sept. bis Dez. und für den OKW-Bereich für April bis Dez. 1942, vgl. Streit (wie Anm. 10), S. 133-136; 244-247.

[105] Christian Gerlach, *Der Mord an den europäischen Juden*, München 2017, S. 107f.

[106] Dieckmann (wie Anm. 35), S. 103.

1941 ist bereits verwiesen worden. Eine Schlüsselentscheidung war schon Ende August 1941 in Kamenec-Podol'skij gefallen. Dort hatten Einheiten des Höheren SS- und Polizeiführers Russland-Süd, Friedrich Jeckeln, innerhalb von drei Tagen 23.600 Juden erschossen. Dieses Massaker ist wegen seiner Größenordnung, weil Frauen und Kinder einbezogen wurden, und wegen der vorbehaltlosen Zustimmung der beteiligten Wehrmachtstellen zu Recht als »qualitativer Sprung« in der Entwicklung des Holocaust bezeichnet worden.[107] In den Verhandlungen, an denen auch der Generalquartiermeister beteiligt war, spielte die Einsparung von Lebensmitteln eine wesentliche Rolle.

Die Bedeutung der Ernährungsfrage ging allerdings über diese Einzelereignisse wesentlich hinaus. Noch im Februar 1942 gingen Himmler und Heydrich von einem relativ langsamen Vernichtungsprozess aus. Die Juden sollten unter anderem in den noch zu erobernden sowjetischen Straflagern am Eismeer zugrunde gehen.[108] Binnen weniger Monate kam es aber zu einer ungeheuerlichen Beschleunigung.[109] Im besetzten Polen wurden, vor allem in den neu gebauten Vernichtungslagern Bełżec, Sobibór und Treblinka, von Mai bis Juni *pro Monat* 50.000, zwischen August und Oktober aber 300.000 Juden ermordet. Christian Gerlach hat überzeugend nachgewiesen, dass bei den zugrunde liegenden Entscheidungen die Ernährungsfrage ein wesentlicher Faktor war. Die Beseitigung der weniger arbeitsfähigen Juden sollte das geforderte höhere Ablieferungssoll an das Reich ermöglichen.[110]

Görings Drohungen in der Besprechung am 6. August 1942 führten zum gewollten Ergebnis. Am 14. September 1942 konnte das Deutsche Nachrichtenbüro verkünden, dass ab 19. Oktober die Brotrationen wieder auf den Stand vom Juli 1940 gesetzt und auch die Fleischrationen erhöht würden. Die durch den »*Opfermut unserer Soldaten* [...] eroberten fruchtbaren Ostgebiete« ermöglichten es nun, »auch der deutschen Heimat Nahrungsmittelüberschüsse zu liefern«.[111] Backe konnte bis zum Sommer 1943 die Reichsgetreidereserve auf 1,2 Millionen und bis Mitte 1944 auf 1,7 Millionen Tonnen erhöhen.[112]

---

[107] Klaus-Michael Mallmann, »Der qualitative Sprung im Vernichtungsprozeß«, in: *Jahrbuch für Antisemitismusstudien*, 10 (2001), S. 239-264.

[108] Hans Mommsen, *Das NS-Regime und die Auslöschung des Judentums in Europa*, Göttingen, 2. Aufl. 2014, S. 163.

[109] Gerlach, *Der Mord an den europäischen Juden* (wie Anm. 103), S. 107, danach auch das Folgende.

[110] Christian Gerlach, *Krieg, Ernährung, Völkermord*, Hamburg 1998, S. 167-257.

[111] BA R 43 II/614, Bl. 145f., Hervorhebung im Original.

[112] Aly, *Volksstaat* (wie Anm. 58), S. 196.

Hunger in der UdSSR nach 1945

Dieser Ausbeutungspolitik war es zu verdanken, dass die deutsche Bevölkerung bis Kriegsende nicht hungern musste. Das Rationierungssystem funktionierte gut und wurde allgemein als gerecht empfunden.[113] Durch Verteilungsprobleme infolge der zunehmenden Zerstörung der Verkehrswege verschlechterte sich die Ernährungslage gegen Kriegsende, ausgesprochenen Hunger gab es für die Bevölkerung in Deutschland aber erst nach dem Krieg. Das traf nicht bloß Deutschland – in allen vom Krieg betroffenen europäischen Ländern hungerte die Bevölkerung. Besonders schlecht blieb die Lage in der Sowjetunion, und den Hunger der Bevölkerung mussten die deutschen Kriegsgefangenen teilen. Im Westen führte man das auf die Unfähigkeit des kommunistischen Systems zurück, für eine ausreichende Ernährung der Bevölkerung zu sorgen. In erster Linie war dies aber ohne Zweifel auf die Kriegsfolgen zurückzuführen. Die Kämpfe und die Politik der verbrannten Erde hatten ungeheure Zerstörungen hinterlassen. In der Ukraine, dem wichtigsten Überschussgebiet der UdSSR, und in Weißrussland war nur noch die Hälfte der Landmaschinen und Traktoren vorhanden, meist in schlechtem Zustand, auch die Zahl der Zugtiere war dezimiert. Die Getreideernte 1945 war um 45% geringer als die von 1940.[114] Die Infrastruktur war weitgehend zerstört – nicht nur Eisenbahn, Brücken und Schleusen, auch Elektrizitäts- und Wasserwerke und Mühlen. Etwa 30 Millionen Tote und unzählige Kriegsversehrte bedeuteten einen ungeheuren Mangel an Arbeitskräften. 1946 wurden die Probleme durch eine katastrophale Missernte infolge außerordentlicher Dürre weiter verschlimmert. Die Zeit, in der der Hunger unter der sowjetischen Bevölkerung und den deutschen Kriegsgefangenen Todesopfer forderte, dauerte bis ins Jahr 1949.[115] Manche Kriegsgefangene erlebten, dass sie mit ihren Hungerrationen immer noch besser gesichert waren als die sowjetischen Bürger, mit denen sie zusammenarbeiteten.[116]

---

[113] A.a.O., S. 196f.

[114] Vgl. Erich Maschke, »Die Verpflegung der deutschen Kriegsgefangenen in der Sowjetunion im Rahmen der sowjetischen Ernährungslage«, in: Hedwig Fleischhacker, *Die deutschen Kriegsgefangenen in der Sowjetunion. Der Faktor Hunger,* = *Zur Geschichte der deutschen Kriegsgefangenen des Zweiten Weltkrieges,* Band 3, München 1965, S. IX-XXI.

[115] A.a.O., S. XXII.

[116] Vgl. die Zusammenstellung entsprechender Aussagen von Heimkehrern in: *Der Faktor Hunger* (wie Anm. 114), S. 525-532.

Christian Streit

Die sowjetischen Kriegsgefangenen in deutscher Hand

Hunger, Ausbeutung, Massensterben

Die sowjetischen Kriegsgefangenen waren neben den Juden diejenige Opfergruppe, die unter dem nationalsozialistischen Deutschland das schlimmste Schicksal erlitt.[1] Etwa 5,7 Millionen Rotarmisten gerieten in die Gewalt der Wehrmacht. Über drei Millionen, mehr als die Hälfte der Gefangenen, kamen um. Die Ungeheuerlichkeit dieser Zahl wird noch deutlicher, wenn man weiß, dass von den 232.000 englischen und amerikanischen Soldaten in deutschen Gefangenenlagern 8348 oder 3,5% starben. 8348 Tote: Im Dezember 1941 kamen *an jedem einzelnen Tag* mehr als 13.000 sowjetische Gefangene um.[2]

---

[1] Zum Folgenden vgl. Christian Streit, *Die Wehrmacht und die sowjetischen Kriegsgefangenen 1941-1945*, Bonn, 4. Aufl. 1997. – Zum Schicksal der sowjetischen Kriegsgefangenen im Reichsgebiet 1941/42 jetzt auf breiterer Quellenbasis und die neuere Forschung zusammenfassend Rolf Keller, *Sowjetische Kriegsgefangene im Deutschen Reich 1941/42. Behandlung und Arbeitseinsatz zwischen Vernichtungspolitik und kriegswirtschaftlichen Zwängen*, Göttingen 2011. Keller konnte Wehrmachtakten, v.a. die Karteibestände von Gefangenenlagern der Wehrmacht, in russischen Archiven benutzen und war an deren Erschließung für die Forschung führend beteiligt. – Der von Rüdiger Overmans, Andreas Hilger und Pavel Polian herausgegebene Band *Rotarmisten in deutscher Hand. Dokumente zu Gefangenschaft, Repatriierung und Rehabilitierung sowjetischer Soldaten des Zweiten Weltkrieges*, Paderborn 2012, bietet auf fast 1000 Seiten eine ausgezeichnete Sammlung von Dokumenten zu allen Aspekten des Schicksals der sowjetischen Kriegsgefangenen, auch der Überlebenden nach ihrer Rückführung in die UdSSR. Problematisch sind leider Teile der Einleitung. Hitler habe, so heißt es dort mit Bezug auf eine vereinzelte Quelle, die ausreichende Ernährung der arbeitenden Kriegsgefangenen gefordert. Der gesamte Aktenzusammenhang zeigt eindeutig, dass Hitler dies stets davon abhängig machte, dass die Ernährung der deutschen Bevölkerung dadurch nicht beeinträchtigt wurde. Die Richtlinien vom 23. Mai 1941 werden bagatellisiert, sie hätten nicht den Intentionen Hitlers und der Wehrmacht entsprochen. Vgl. dazu aber Streit in diesem Buch über »Die Politik des Hungers«, besonders S. 143ff.

[2] Die Gesamtzahl der in deutscher Gefangenschaft umgekommenen Rotarmisten lässt sich wegen der sehr lückenhaften Unterlagen nicht mit absoluter Sicherheit feststellen. Einigkeit herrscht in der neueren Forschung darüber, dass rund die Hälfte der Gefangenen umkamen. Ich selbst gehe davon aus, dass die Opferzahl bei etwa 3,3 Millionen von insgesamt 5,7 Millionen liegt, vgl. meine Berechnung (wie Anm. 1), S. 244-246. – Dieter Pohl, *Die Herrschaft der Wehrmacht. Deutsche Militärbesatzung und einheimische Bevölkerung 1941-1945*, München 2008, S. 201, 240 errechnet 2,8 bis 3,0 Millionen

Die nach dem Krieg in den Nürnberger Kriegsverbrecherprozessen angeklagten Militärs führten das Massensterben auf einen unvermeidbaren Notstand zurück. Die Wehrmacht habe die Versorgung und Betreuung der Gefangenen gut vorbereitet, es sei aber unmöglich gewesen, die Gefangenenmassen, die bereits halb verhungert in Gefangenschaft geraten seien, zu versorgen. Diese apologetische Darstellung ist längst als unhaltbar erwiesen. Da dieses Argument aber immer wieder vorgebracht wird, ist es notwendig, kurz auf den Komplex der deutschen Planung vor dem Angriff auf die Sowjetunion einzugehen.

Hitler und die Führungsspitzen der Wehrmacht waren sich einig, dass der Krieg außerhalb aller völkerrechtlichen Bindungen geführt werden sollte. Die Union der Sozialistischen Sowjetrepubliken (UdSSR) hatte weder das Genfer Kriegsgefangenenabkommen von 1929 ratifiziert noch die Haager Landkriegsordnung von 1907 als verbindlich anerkannt. Man nutzte dies zur Behauptung, es gebe im Krieg mit der Sowjetunion *keinerlei* völkerrechtliche Bindungen.[3] Nach der Völkerrechtslehre blieben aber auch in einem solchen Fall beide Seiten an die Grundsätze des *allgemeinen* Kriegsvölkerrechts gebunden. Das bedeutete, dass das Leben der Kriegsgefangenen geschützt war, dass sie menschlich behandelt und etwa nach dem gleichen Standard ernährt und untergebracht werden mussten wie die eigenen Ersatztruppen. Die Sowjetunion hatte überdies – wie Deutschland – die Genfer *Verwundeten*konvention von 1929 ratifiziert. Hier bestand eine eindeutige Bindung, die aber von der deutschen Führung ganz bewusst ignoriert wurde.

Auch die Entscheidungen, die im Frühjahr 1941 über die Ausbeutung der Nahrungsressourcen im Osten fielen, mussten für die erwarteten Kriegsgefangenen gravierende Folgen haben. Es wäre jedoch verfehlt, die Planung der Ausbeutung[4] von der militärischen Gesamtplanung des Feldzugs zu trennen. Man muss sich dabei klarmachen, dass der Kriegsverlauf, den die deutsche Führung im Frühjahr 1941 erwartete, mit dem, den wir kennen, keinerlei Ähnlichkeit hatte. Die Führungsstäbe der Wehrmacht, des Heeres und der Truppe gingen ebenso wie die NS-Führung mit unbegreiflicher

Tote von insgesamt 5,7 Millionen Gefangenen. Rüdiger Overmans, »Die Kriegsgefangenenpolitik des Deutschen Reiches 1939 bis 1945. In: Jörg Echternkamp (Hrsg.), *Die deutsche Kriegsgesellschaft 1939 bis 1945 (= Das Deutsche Reich und der Zweite Weltkrieg*, Band 9/2), S. 820 beziffert die Zahl der Toten auf 2,5 bis 3,0 von mehr als 5,3 Millionen. Zur Sterblichkeit 1941/42 jetzt Keller (wie Anm. 1), S. 258-323. Zu den für die angloamerikanischen Gefangenen genannten Zahlen vgl. Streit (wie Anm. 1), S. 293.

[3] Zur völkerrechtlichen Lage vgl. a.a.O., S. 224ff.

[4] Vgl. dazu »Die Politik des Hungers«, in diesem Buch, S. 147ff.

Siegesgewissheit davon aus, dass die Wehrmacht die Rote Armee in sechs bis zehn Wochen entscheidend schlagen und dann den Raum bis weit östlich von Moskau beherrschen werde. Als Voraussetzung dafür galt, dass *alle* Ressourcen *mit größter Rücksichtslosigkeit* allein auf die militärischen Operationen konzentriert wurden. Planspiele des Generalquartiermeisters des Heeres General Eduard Wagner ergaben, dass wegen der enormen Belastung der Nachschubkapazitäten die mehr als drei Millionen Soldaten des Ostheeres vollständig »aus dem Lande« ernährt werden mussten.[5] Die völkerrechtlich vorgeschriebene ausreichende Ernährung von Gefangenen und Zivilbevölkerung wurde damit ausgeschlossen, noch bevor in der deutschen Führung viel radikalere Ausbeutungspläne diskutiert wurden.

In einem grundlegenden Befehl zur Versorgung des Ostheeres, den der Chef des Generalstabs des Heeres General Franz Halder fast drei Monate vor dem Angriff unterzeichnete, hieß es, »williger Arbeitsdienst« der Gefangenen für das Heer – der völkerrechtlich verboten war – sei »durch ausreichende Verpflegung ... zu belohnen«. *Ausreichende* Nahrung sollte also nicht die Regel sein, sondern als Disziplinierungsmittel eingesetzt werden. Dementsprechend sollten die Gefangenen bei der 17. Armee »nur die notwendigste Verpflegung erhalten«; die 11. Armee gestand den Gefangenen »bei voller Arbeit« knapp 1300 Kalorien zu, etwas mehr als die Hälfte des Existenzminimums.[6] Das Hungern und Verhungern von Gefangenen war also von vornherein absehbar.

Diese Entscheidungen der Heeresführung trafen sich mit wesentlich weitergehenden Plänen zur Ausbeutung der besetzten Gebiete seitens der politischen Führung.[7] Auch an diesen Planungen waren aber Vertreter der Militärs beteiligt. Schon im Februar 1941 war der Chef des Wehrwirtschafts- und Rüstungsamtes im Oberkommando der Wehrmacht (OKW) General Georg Thomas in einer Studie für Göring zum Ergebnis gekommen, dass in den eroberten Gebieten trotz einer nur 70%igen Ernte und trotz der möglichen Zerstörung von Vorräten durch eine »*kleine* Senkung« des Verbrauchs »erhebliche Getreidemengen« freigemacht werden könnten, da »der Russe gewöhnt ist, seinen Verbrauch schlechten Ernten anzupassen«[8] – im Klartext: zu hungern.

Die Konsequenzen wurden durchaus gesehen. Staatssekretäre verschiedener Ministerien und Vertreter der militärischen Führung kamen am 2. Mai

---

[5] Christian Gerlach, *Kalkulierte Morde. Die deutsche Wirtschafts- und Vernichtungspolitik in Weißrussland 1941 bis 1944*, Hamburg 1999, S. 782f.

[6] Streit (wie Anm. 1), S. 78f.

[7] Vgl. dazu ausführlicher »Die Politik des Hungers« in diesem Buch, S. 148-150.

[8] Streit (wie Anm. 1), S. 62-65, auch zum Folgenden.

zu der Erkenntnis, es würden »zweifellos zig Millionen Menschen verhungern«, wenn das Ostheer aus den besetzten sowjetischen Gebieten ernährt würde.[9] Dass über die Versorgung der Wehrmacht hinaus große Nahrungsmengen ins Reich gebracht werden sollten, stieß in der Generalität keineswegs auf Ablehnung. Die Aufrechterhaltung einer »friedensmäßigen« Ernährung um jeden Preis galt auch den Generalen als entscheidend für die Sicherung der »Kriegsmoral«. Die traumatische Erfahrung der Hungerrevolten von 1917/18 war übermächtig.

All dies ist kein Beleg dafür, dass die militärische Führung die *Vernichtung* der sowjetischen Gefangenen *geplant* hätte. Es ist aber schwer vorstellbar, dass den beteiligten Generalstäblern in gar keiner Weise bewusst gewesen sein sollte, welche Konsequenzen es haben musste, wenn man den Millionen von Gefangenen, die bei einem schnellen Zusammenbruch der Roten Armee zu erwarten waren, längere Zeit nur die Hälfte des Existenzminimums zugestand. Sicher ist jedenfalls, dass im OKW mit einer Sterblichkeit gerechnet wurde, die erheblich über ein normales Maß hinausging. Nach einem Befehl der Abt. Kriegsgefangene im OKW vom 26. Juni 1941 sollte in den Lagern im Heeresbereich »keinerlei namentliche Erfassung« der Gefangenen erfolgen, »Aufnahme- und Weiterleitungslisten« waren nicht zu führen. Die Registrierung der Gefangenen solle »nur in den Kriegsgefangenenlagern im Reichsgebiet« erfolgen.[10] Potenzielle Belege für ein Massensterben sollten von vornherein aus den Akten ferngehalten werden. Bezeichnenderweise wurde der Befehl im September 1941 wiederholt, als die Sterblichkeit sprunghaft anstieg.

Die kriegsvölkerrechtlichen Schranken wurden in den Monaten vor dem Angriff bedenkenlos beseitigt. In einem Grundsatzbefehl des OKW vom 16. Juni 1941 hieß es, das Genfer Kriegsgefangenenabkommen von 1929 bilde die Grundlage für die Behandlung der sowjetischen Gefangenen, obwohl die UdSSR dem Abkommen nicht beigetreten sei.[11] Dies war aber lediglich ein Propagandamanöver zur Beschwichtigung eventueller Bedenken deutscher Soldaten, denn selbst vom wichtigsten Grundsatz des älteren Kriegsvölkerrechts – Gefangene sind menschlich zu behandeln – war nichts übrig geblieben. Wie wirksam dieses Täuschungsmanöver aber war, zeigt sich

[9] Vgl. dazu auch Gerlach (wie Anm. 5), S. 46-59, und Alex J. Kay, »Verhungernlassen als Massenmordstrategie«. In: *Zeitschrift für Weltgeschichte*, Band 11 (2010), S. 81-105.

[10] Oberkommando der Wehrmacht/ [Abt. Kriegsgefangene] Nr. 2144/41 g[eheim] v. 26.6.1941, Bundesarchiv/Militärarchiv RW 19/5705.

[11] Streit (wie Anm. 1), S. 73-75.

nicht zuletzt darin, dass auch heute Historiker noch schreiben, die Genfer Konvention habe die Grundlage der Behandlung gebildet.[12]

Der Bruch des Internationalen Rechts ist unzweideutig gegeben in dem berüchtigten Befehl, die Truppenkommissare der Roten Armee – Kontrollorgane der Kommunistischen Partei der Sowjetunion (KPdSU) in der Armee – zu erschießen.[13] Diese Kommissare zählten völkerrechtlich eindeutig zu den Soldaten. Dass hohe Truppenführer gegen den Befehl protestiert hätten, ist längst als Legende erwiesen worden. Wie sehr auch konservative Militärs die Meinung teilten, die Kommissare seien todeswürdige Verbrecher und mit ihrer Beseitigung werde der Widerstand der Roten Armee zusammenbrechen, zeigte sich am deutlichsten darin, dass mindestens fünf der elf Armeeoberbefehlshaber im Osten von ihren Generalen die Erschießung der Kommissare forderten, *noch bevor* der formelle Befehl des Oberkommandos der Wehrmacht erging. Felix Römer hat in einer sehr gründlichen Arbeit nachgewiesen, dass der Befehl 1942 in mehr als 90% der Divisionen durchgeführt wurde, also in weit höherem Maße, als bisher angenommen.[14] Die Bedeutung dieses Befehls lag nicht in der Zahl der Erschossenen – sie betrug weniger als ein Prozent der Gesamtzahl der umgekommenen Kriegsgefangenen. Die Bedeutung lag darin, dass der Befehl eindeutig völkerrechtswidrig war, da hier eine genau definierte Gruppe von Kriegsgefangenen wegen ihrer Stellung in der feindlichen Armee ermordet wurde. Ebenso wichtig war, dass mit der Ermordung der Kommissare in der Truppe »Verständnis« für weit darüber hinausführende Mordaktionen geschaffen wurde.

Mitte Juli 1941 trafen das Reichssicherheitshauptamt (RSHA) und das OKW – verantwortlich war der für das Kriegsgefangenenwesen zuständige General Hermann Reinecke, einer der fanatischsten Nazis im OKW[15] – ein Abkommen, das eine Fortschreibung des Kommissarbefehls war. Einsatz-

[12] Overmans, »Kriegsgefangenenpolitik« (wie Anm. 2), S. 805. Overmans schreibt, das OKW habe mit Befehl vom 16.6.1941 festgelegt, dass das Genfer Kriegsgefangenenabkommen »die Grundlage für die Behandlung« bilde, obwohl die UdSSR dem Abkommen nicht beigetreten sei. Er zählt dann zwar die verfügten Einschränkungen auf, sagt aber nicht deutlich, dass mit diesen Einschränkungen und mit den weiteren Befehlen zur Behandlung der sowjetischen Gefangenen vom Grundgedanken des Abkommens, dass »Kriegsgefangene [...] jederzeit mit Menschlichkeit behandelt und insbesondere gegen Gewalttätigkeiten [...] geschützt werden« müssen (Art. 2 des GKA), nichts übrig blieb.

[13] Vgl. Streit (wie Anm. 1), S. 44-49, 83-87.

[14] Felix Römer, *Der Kommissarbefehl. Wehrmacht und NS-Verbrechen an der Ostfront 1941/42,* Paderborn 2008.

[15] Zu Reinecke vgl. Christian Streit, »General der Infanterie Hermann Reinecke«. In: Gerd. R. Ueberschär (Hrsg.), *Hitlers militärische Elite,* Bd. 1, Darmstadt 1998, S. 203-209.

kommandos der Gestapo sollten in den Lagern im Hinterland, die dem OKW unterstanden, alle »politisch untragbaren« Gefangenen zur Exekution selektieren.[16] Dazu zählten u.a. alle kommunistischen Funktionäre, alle »Intelligenzler«, alle »fanatischen Kommunisten« und – »alle Juden«. Ein entsprechender Befehl von Generalquartiermeister Eduard Wagner für das Operationsgebiet des Heeres unterschied sich in wichtigen Punkten: Er schloss die Beteiligung von SS-Kommandos ausdrücklich aus; »politisch untragbare und verdächtige Elemente, Kommissare und Hetzer« sollten von der Truppe selbst erschossen, die Juden dagegen im Operationsgebiet zur Zwangsarbeit eingesetzt werden. Initiativen von unten trugen hier, wie in anderen Bereichen, zur Radikalisierung bei. Das Verbot Wagners wurde in der Truppe vielfach missachtet. Dies und der Druck vonseiten der SS-Einsatzgruppen führten dazu, dass das Oberkommando des Heeres (OKH) im Oktober 1941 auch die Lager im Frontbereich für die Mordkommandos der SS öffnete.

Dieses Abkommen zwischen RSHA und Wehrmachtsspitze vom Juli 1941 muss als ein ganz wichtiger Schritt in der Entscheidung zum Völkermord an den Juden angesehen werden, denn damit wurden *alle männlichen Juden*, die als Gefangene in die Gewalt der Wehrmacht gerieten, zur Ermordung bestimmt – noch bevor die SS-Einsatzgruppen unterschiedslos alle männlichen Juden umbrachten.

Die Aussonderungen wurden im Frühjahr 1942 eingeschränkt, als der SS-Reichsführer und Chef der deutschen Polizei Himmler erkannt hatte, dass man, wie er sagte, »die Masse Mensch [...] als Rohstoff, als Arbeitskraft« werten müsse.[17] Weiterhin wurden *alle* jüdischen Gefangenen ermordet, ein Großteil der anderen Ausgesonderten wurde aber von nun an zur Zwangsarbeit in die Konzentrationslager gebracht. Insgesamt fielen diesen Mordaktionen nach plausiblen Schätzungen erheblich mehr als 140.000 Gefangene zum Opfer. Der weitaus überwiegende Teil dieser Gefangenen wurde in den Frontgebieten und in den Reichskommissariaten Ostland und Ukraine von SS-Einsatzkommandos erschossen, nachdem sie von der Wehrmacht ausgeliefert worden waren. Im Reichsgebiet waren es mindestens 38.000, im besetzten Polen bis zum Frühjahr 1942 17.000. In der Regel wurden sie zur Exekution ins nächstgelegene KZ gebracht. Allein im KZ Sachsenhausen wurden 1941/42 mindestens 12.000 Gefangene

[16] Vgl. Streit (wie Anm. 1), S. 87-105. – Zu den Mordaktionen im Reichsgebiet vgl. die ausführliche Darstellung von Reinhard Otto, *Wehrmacht, Gestapo und sowjetische Kriegsgefangene im deutschen Reichsgebiet 1941/42*, München 1998.

[17] Streit (wie Anm. 1), S. 105.

ermordet, von denen etwa ein Drittel in den »Russenlagern« in der Lüneburger Heide »ausgesondert« worden waren.[18]

Entgegen den Erwartungen brach die Rote Armee im Sommer 1941 nicht zusammen, aber sie stand kurz davor. Gewaltige Kesselschlachten brachten der Wehrmacht riesige Gefangenenmassen ein: im Juli 323.000 bei Minsk, im August 100.000 bei Uman, 348.000 bei Smolensk; im September 665.000 bei Kiev, im Oktober 662.000 bei Vjaz'ma, bis Jahresende insgesamt 3,3 Millionen. Es ist klar, dass diese Gefangenenmassen die Wehrmacht vor enorme Probleme stellen mussten. Nun wirkte sich auf vielfache Weise aus, dass OKW, OKH und Truppenführung das Gefangenenwesen und die Versorgung der gefangenen Sowjetsoldaten mit der in Befehlen immer wieder beschworenen Rücksichtslosigkeit an das Ende aller Prioritätenlisten gesetzt hatten.

Die meisten Gefangenen des Jahres 1941 wurden in wochenlangen Elendsmärschen über Hunderte von Kilometern nach Westen geführt.[19] Obwohl ausreichend Beute zur Verfügung stand, blieben die Gefangenen schon im Juli 1941 ohne ausreichende Nahrung. Die Quellen nennen Tagesrationen wie »20 g Hirse und 100 g Brot« oder »höchstens zwei Kartoffeln«. Marschblöcke von Zehntausenden wurden dabei von wenigen Hundert deutschen Soldaten bewacht, die fast zwangsläufig zu brutalster Gewalt greifen mussten, um die entkräfteten Gefangenen zum nächsten kümmerlich improvisierten Rastplatz zu treiben. Tausende erschöpfter Gefangener wurden kurzerhand erschossen, auch inmitten großer Städte wie Minsk oder Smolensk.[20] Die 8. Infanteriedivision meldete im November 1941, von 9000 Gefangenen eines Transports seien »nach vorsichtigen Schätzungen 3-4000« erschossen worden. Für Eisenbahntransporte durften bis in den Winter hinein nur offene Güterwagen verwendet werden, was enorme Opfer verursachte. Nach einem Bericht von Anfang Dezember 1941 starben bei solchen Transporten »zwischen 25 und 70% der Gefangenen«, unter anderem, weil sie manchmal tagelang ohne Verpflegung blieben.[21]

---

[18] Otto (wie Anm. 16), S. 265f. Vgl. Keller (wie Anm. 1), S. 110-42. Die Kommandos der Gestapo, die im Reich die »Aussonderungen« vornahmen, waren mit Beamten der Kripo und der Gestapo besetzt und gingen unterschiedlich radikal vor. Während in den Heidelagern um 5% der Gefangenen zur Ermordung bestimmt wurden (Keller, wie Anm. 1, S. 134-37), waren es z. B. im Bereich der Stapostellen Nürnberg/Fürth und Regensburg im Herbst 1941 15-17% (Streit, wie Anm. 1, S. 96).

[19] Zum Folgenden vgl. Streit (wie Anm. 1), S. 130ff.

[20] A.a.O., S. 168f. – Zum Folgenden: Pohl (wie Anm. 2), S. 208f.

[21] Streit (wie Anm. 1), S. 166.

Kamen die Gefangenen dann in einem elenden Zustand in den Lagern an, in denen sie dauerhaft untergebracht werden sollten, fanden sie sich in der Regel auf einem mit Stacheldraht umzäunten Gelände, auf dem es keinerlei Unterkünfte gab.[22] Diese mussten die Gefangenen selbst bauen, hatten dazu aber kaum Material zur Verfügung. Selbst im Reichsgebiet vegetierten sie in Lagern wie Senne-Stukenbrock bei Bielefeld, Bergen-Belsen in der Lüneburger Heide oder Lamsdorf in Oberschlesien bis in den Winter hinein in Gräben oder Erdhütten. Im besetzten Polen lagen am 1. November 1941 noch mehr als 80.000 Gefangene in »Sommerlagern« unter freiem Himmel. Zur gleichen Zeit existierten in den besetzten sowjetischen Gebieten, wo seit dem 10. Oktober Dauerfrost herrschte, für den größten Teil der Gefangenen keine festen, geschweige denn heizbare Unterkünfte.

Dem Unterkunftsbau war nirgendwo im deutschen Machtbereich die Priorität eingeräumt worden, die der Schutz des Lebens der Gefangenen erfordert hätte. Die Stäbe der Gefangenenlager waren für ihre Aufgabe weder personell noch materiell ausreichend ausgestattet. Ob die allerschlimmsten Missstände beseitigt wurden, hing entscheidend von dem Willen, der Energie und dem Organisationstalent der – in der Regel dem Rentenalter nahen – Lagerkommandanten ab. Noch wichtiger war freilich, in welchem Maße die zuständigen Korps oder Armeen zur Unterstützung bereit waren.

Im OKH wusste man im Oktober 1941, dass bereits 600.000 Gefangene gestorben waren.[23] Dennoch befahl Generalquartiermeister Wagner – der dann 1944 unter den Verschwörern des 20. Juli eine wichtige Rolle spielte – am 21. Oktober für die Gefangenen im Heeresbereich eine drastische *Senkung* der Rationen. Betroffen waren vor allem die bereits Arbeitsunfähigen.[24] Wagner hatte sich das Ziel, den Ernährungsstandard der deutschen Bevölkerung um jeden Preis zu sichern, völlig zu eigen gemacht. In einem Privatbrief an seine Frau schrieb er zu der Entscheidung, die Bevölkerung von Leningrad verhungern zu lassen: »...was sollen wir mit einer 3 ½ Mio. Stadt, die sich nur auf unser Verpflegungsportemonnaie legt. Sentimentalitäten gibts dabei nicht.« Sentimentalitäten kannte Wagner auch bei der Versorgung der Gefangenen nicht. Als er im November 1941 bei einer Besprechung mit den Stabschefs der Armeen im Osten in Orša darauf angesprochen wurde, dass die Armeen die verhungernden sowjetischen Gefangenen als Arbeitskräfte brauchten, stellte er lapidar fest:

[22] Vgl. zum Folgenden a.a.O., S. 171ff. – Zur Situation im Reichsgebiet 1941/42 jetzt ausführlicher Keller (wie Anm. 1).

[23] Pohl (wie Anm. 2), S. 229.

[24] Vgl. Streit (wie Anm. 1), S. 142ff.

»Nichtarbeitende Kriegsgefangene [...] haben zu verhungern. Arbeitende Kriegsgefangene können im Einzelfalle auch aus Heeresbeständen ernährt werden.«[25]

Es ist klar, dass diese Reduzierung der Rationen das Massensterben beschleunigen musste. Die Ansicht aber, sie sei die Hauptursache gewesen, ist ebenso wenig haltbar wie die These, dass die Transportkrise eine entscheidende Bedeutung hatte.[26] Als Wagner am 21. Oktober 1941 seinen Befehl unterschrieb, war das epidemische Massensterben bereits in vollem Gange. Zwei Tage vorher hatte das OKW aus dem besetzten Polen erfahren, dass »das Massensterben unter den Kgf. nicht aufzuhalten ist, da diese mit ihren Kräften am Ende sind«.[27] Dort starben allein in den folgenden zehn Tagen *an jedem Tag* mehr als 4500 Gefangene; im April 1942 waren von den ursprünglich 361.000 Gefangenen im Generalgouvernement mehr als 85% gestorben. Weder dort, noch im Reichsgebiet, wo z.B. allein in drei Lagern in der Lüneburger Heide mehr als 40.000 Tote verzeichnet wurden, spielten Transportprobleme eine Rolle. Alle Gefangenen waren vor den großen Schlachten im September/Oktober in deutsche Hand geraten, sie waren nach den Grundsätzen behandelt und ernährt worden, die das OKW und das OKH *im Frühjahr 1941* festgelegt hatten.

Es ist meiner Ansicht nach falsch, von einer *planmäßigen Ermordung* der Gefangenen durch die Wehrmacht zu sprechen, auch wenn einzelne Militärs dem Sterben nichts in den Weg setzten oder es gar vorantrieben. So beschied der Quartiermeister des XXIX. Armeekorps einer Division, die um die Lieferung von Brot bat, um den Zehntausenden von Gefangenen, die sie nach der Schlacht von Kiew abtransportieren musste, wenigstens einmal am Tag Nahrung bieten zu können: »... wenn es nicht mit der Verpflegung zu schaffen sei, solle man eben die Hälfte verhungern lassen«.[28] Die 6. Armee des Feldmarschalls Walter von Reichenau, der dieses Korps unterstand, hatte den Befehl gegeben, »alle schlappmachenden Gefangenen zu erschießen«. In mindestens einem Lager herrschte im Dezember 1941 »ganz all-

---

[25] Das Zitat aus der Besprechung in Orša: a.a.O., S. 157f.; das Zitat aus dem Brief Wagners: Johannes Hürter, *Hitlers Heerführer. Die deutschen Oberbefehlshaber im Krieg gegen die Sowjetunion 1941/42*, München 2006, S. 498.

[26] Dies die These von Klaus Jochen Arnold, *Die Wehrmacht und die Besatzungspolitik in den besetzten Gebieten der Sowjetunion. Kriegführung und Radikalisierung im »Unternehmen Barbarossa«*, Berlin 2005.

[27] Streit (wie Anm. 1), S.136; zum Folgenden: ebd.

[28] Arnold (wie Anm. 26), S. 366.

gemein die Ansicht [...], dass es ganz gut wäre, wenn die Gefg. verschwänden; sei es durch Erschießen, sei es durch Sterbenlassen«.[29]

Es steht außer Frage, dass eine solche Einstellung durch den Komplex der verbrecherischen Befehle der Wehrmachtführung gefördert wurde, der den Soldaten deutlich machte, dass dem Leben sowjetischer Menschen kein Wert beizumessen sei. Dies gilt besonders für einen Grundsatzbefehl von General Reinecke zur Gefangenenbehandlung, in dem es hieß, der Waffengebrauch gegenüber sowjetischen Gefangenen gelte in der Regel als rechtmäßig, was von vielen Soldaten als Freibrief zum Töten aufgefasst wurde.[30] Öffentliche Reden Hitlers, in denen er die sowjetischen Soldaten als »eine Art Sumpfmensch[en]«, als »Tiere« und »Bestien« bezeichnete, und die Darstellung der Rotarmisten auch in der Wehrmachtpropaganda als »Untermenschen« taten ein Übriges. Selbst höhere Offiziere waren der Ansicht, es bestehe ein Führerbefehl, »so wenig russische Gefangene wie möglich am Leben [zu] lassen«.[31] Auch wenn viele Offiziere den extremen nazistischen Rassenhass nicht teilten, reichten ein radikaler Antibolschewismus und ein aus älterer Wurzel stammender Antislawismus aus, um die Gefangenen in einer Art und Weise zu behandeln, die diese Offiziere für Gefangene westeuropäischer Feindnationen niemals akzeptiert hätten. Feldmarschall Gerd von Rundstedt, oft als konservativer Nur-Soldat angesehen, sah die Vorzüge des Arbeitseinsatzes des sowjetischen Gefangenen so: »Wenn er nicht pariert, kann er einfach erschossen werden.«[32]

Das beherrschende Motiv der Truppenbefehlshaber war aber meiner Überzeugung nach nicht das Ziel, die Gefangenen zu dezimieren, sondern das Ziel, die militärischen Operationen ohne jede Rücksichtnahme voranzutreiben, auch wenn dies mörderische Konsequenzen für die sowjetischen Kriegsgefangenen haben musste. Wenn sich z.B. der Oberbefehlshaber der Heeresgruppe Mitte, Feldmarschall von Bock, mit einem empörten Befehl gegen die Erschießung von Gefangenen beim Abtransport wandte,[33] so hatte dies reinen Alibicharakter, denn von Bock dachte überhaupt nicht daran,

---

[29] Vgl. Streit (wie Anm. 1), S. 171; 370f.

[30] A.a.O., S. 181f. Der Text des Befehls Reineckes vom 8.9.1941 in Gerd R. Ueberschär/Wolfram Wette (Hrsg.), *Der deutsche Überfall auf die Sowjetunion. »Unternehmen Barbarossa« 1941,* Frankfurt a.M. 1991, S. 297-300. – Dieses Fischer-Taschenbuch (Neuauflage 2011) enthält neben Aufsätzen zum Thema eine 100-seitige Dokumentation der wichtigsten militärischen Quellen zum Krieg gegen die Sowjetunion.

[31] So ein General in einem abgehörten Gespräch in englischer Gefangenschaft: Sönke Neitzel, *Abgehört. Deutsche Generäle in britischer Kriegsgefangenschaft 1942-1945,* Berlin 2007, S. 249.

[32] Hürter (wie Anm. 25), S. 384.

[33] Streit (wie Anm. 1), S. 168.

dem Angriff, der ihn zum Eroberer von Moskau machen sollte, irgendwelche Energien zu entziehen, um das Elend der Gefangenen zu lindern.

Den wichtigsten Versuch, eine grundlegende Änderung der Behandlung der sowjetischen Kriegsgefangenen zu erreichen, unternahm Helmuth James Graf von Moltke, einer der eindrucksvollsten Köpfe des deutschen Widerstandes. Auf sein Drängen forderte der Chef der deutschen Abwehr Admiral Wilhelm Canaris den Chef des Oberkommandos der Wehrmacht Feldmarschall Wilhelm Keitel auf, den Völkerrechtsbruch zu beenden, den erwähnten Befehl Reineckes aufzuheben und die Aussonderungsaktionen zu beenden. Keitels Antwort war eindeutig:

> »Die Bedenken entsprechen den soldatischen Auffassungen vom ritterlichen Krieg! Hier handelt es sich um die Vernichtung einer Weltanschauung! Deswegen billige ich die Maßnahmen und decke sie.«[34]

Auch auf unterer Ebene gab es Bemühungen um eine menschlichere Behandlung der Gefangenen, was oft nur indirekt aus gegenteiligen Befehlen zu erschließen ist. Schon im Juli 1941 rügte der Oberbefehlshaber des Heeres Feldmarschall Walther von Brauchitsch, dass gegenüber Kriegsgefangenen »nicht an allen Stellen mit der erforderlichen Härte durchgegriffen« werde.[35] Generalquartiermeister Wagner klagte mehrfach darüber, dass die Truppe beim Requirieren von Lebensmitteln »zu schonend« vorgehe, und forderte in Befehlen mehrfach Verständnis für die Hungerpolitik. Wenn die Armeebefehlshaber Walter von Reichenau und Erich von Manstein in ihren berüchtigten Befehlen vom Oktober/November 1941 es als eine »missverstandene Menschlichkeit« rügten, dass Kriegsgefangene, die nicht für die Wehrmacht arbeiteten, von der Truppe verpflegt wurden, so zeigt dies, dass es Widerstände gegen die Hungerpolitik gab. Die Propagandaanweisungen des OKH für die Frontzeitungen verwendeten ein besonders perfides Argument: Der Soldat müsse sich klarmachen, dass er »jedes Gramm Brot oder anderer Lebensmittel«, das er weitergebe, »dem deutschen Volk und damit [seiner] Familie« entziehe.[36]

Trotz der grauenhaften Ausmaße des Massensterbens muss man festhalten, dass es unter den Dimensionen blieb, die im Frühjahr 1941 das Denken der NS-Führung bestimmt hatten. Während in anderen Bereichen, z.B. der Judenpolitik, eine ständige Radikalisierung feststellbar ist, besser-

---

[34] A.a.O., S. 231f. – Text der Denkschrift von Moltke/Canaris in Ueberschär/Wette (wie Anm. 30), S. 301f.

[35] Streit (wie Anm. 1), S. 106f.

[36] Text der Befehle Reichenaus und Mansteins bei Ueberschär/Wette (wie Anm. 30), S. 284-290. Vgl. Streit (wie Anm. 1), S. 161f. Dort auch das Zitat aus der Propagandaanweisung des OKH.

ten sich vom Frühjahr 1942 an für die sowjetischen Gefangenen die Überlebenschancen. Ursache war das Scheitern des Blitzkriegsplans, nicht etwa ein Umdenken der deutschen Führung.[37] Man hatte geplant, den katastrophalen Arbeitskräftemangel in der Kriegswirtschaft im Herbst 1941 mit der Auflösung von 50 Divisionen zu beheben. Im Oktober musste man sich eingestehen, dass dies unmöglich war, dass vielmehr wegen der immensen Verluste an der Ostfront weitere Hunderttausende eingezogen werden mussten. Hitler, der bis dahin jeden Einsatz sowjetischer Gefangener und Zivilisten in der Industrie kategorisch abgelehnt hatte, sah sich gezwungen, diesem Einsatz zuzustimmen. Durch die präventive Beseitigung aller »untragbaren Elemente« schienen die Gefahren des Einsatzes von »gefährlichen Bolschewiken« minimiert.

Die Führung sah sich nun einem ständig wachsenden Dilemma ausgesetzt: Auf der einen Seite stand die Notwendigkeit, die sowjetischen Gefangenen und Zivilisten, auf deren Arbeitskraft man angewiesen war, ausreichend zu ernähren; auf der anderen Seite befürchtete man, dass die »Kriegsmoral« der deutschen Bevölkerung durch Rationskürzungen gefährdet werden könnte. Man versuchte, das Problem dadurch zu lösen, dass die Gefangenenrationen auf dem niedrigst möglichen Niveau angesetzt wurden, wobei man soweit irgend möglich minderwertige Lebensmittel verwendete – Schlachtabfälle, Kohlrüben und das sogenannte Russenbrot, das zur Hälfte aus Füllstoffen wie Strohmehl bestand.[38] Das epidemische Massensterben wurde so im Frühjahr 1942 eingedämmt, die Sterblichkeit blieb jedoch weiterhin extrem hoch und stieg ab Ende 1943 wieder erheblich an, da nun viele Gefangene Opfer von chronischer Unterernährung und Mangelkrankheiten wie Tbc wurden.[39]

Zu der hohen Sterblichkeit trug auch eine forcierte Ausbeutung in der Kriegswirtschaft bei. Ich kann das Thema »Arbeitseinsatz« hier nur kurz skizzieren. Einige Industriebetriebe hatten schon im Juni 1941 sowjetische Gefangene angefordert, da man im Ersten Weltkrieg mit russischen Gefangenen gute Erfahrungen gemacht hatte. Dies war aber keineswegs eine einheitliche Meinung. Ein prominenter Industrieller – sein Name ist nicht

---

[37] Zum Folgenden vgl. Streit (wie Anm. 1), S. 191ff.; Keller (wie Anm. 1), S. 150ff.

[38] Vgl. Streit (wie Anm. 1), S. 145f. Weil dies zunehmend zu Magenerkrankungen und Arbeitsunfähigkeit führte, erhielten die Gefangenen von Oktober 1942 an Roggenbrot: a.a.O., S. 363 Anm. 114.

[39] Zur Entwicklung der Sterblichkeit 1942-1945 vgl. a.a.O., S. 244-249.

bekannt – erklärte bei einem Industriellentreffen, »die Gefangenenmorde seien ganz richtig, denn so würde man diese unbrauchbare Rasse los«.[40]

Dem Arbeitseinsatz sowjetischer Kriegsgefangener standen jedoch praktische Hindernisse entgegen. Es konnten keineswegs so viele Gefangene eingesetzt werden, wie man vorausgesetzt hatte.[41] Das Massensterben hatte ihre Zahl zu sehr dezimiert, und um die Überlebenden konkurrierten neben der Kriegswirtschaft die Wehrmacht und die Verwaltungen der besetzten Gebiete. Die Anzahl der in der Wirtschaft des Reichs eingesetzten Sowjetgefangenen stieg nur sehr langsam und erreichte trotz ständig wiederholter »Aktionen« zur Beschaffung neuer Kräfte nie mehr als 631.000 (August 1944), ganze 11% der Gesamtzahl. Anfangs hatte das Baugewerbe den größten Anteil, mit 69.000 Gefangenen im Februar 1942. Bald aber schob sich der Kohlenbergbau an die erste Stelle, mit maximal 168.000 im Mai 1944. Der Anteil der Metallindustrie stieg von etwa 5000 im Februar 1942 auf fast 138.000 im August 1944. Der hohe Anteil der Landwirtschaft – 31.000 im Februar 1942, mehr als 138.000 im August 1944 – erklärt sich nicht zuletzt daraus, dass entkräftete Kriegsgefangene zur »Aufpäppelung« in die Landwirtschaft geschickt wurden.

Bei der Behandlung dieser Gefangenen gab es, grob gesprochen, zwei Tendenzen: Die eine, vor allem in der NS-Führung, aber vielfach auch in Industrieunternehmen vertreten, setzte allein auf brutalen Zwang. Der Generalbevollmächtigte für den Arbeitseinsatz, Gauleiter Fritz Sauckel, proklamierte als »oberste[n] Grundsatz [...], aus den Kriegsgefangenen der Ostvölker so viel Arbeitsleistung herauszuholen, als nur irgend möglich«.[42] Einige Industrielle entdeckten bald, dass man bessere Arbeitsleistungen durch eine ausreichende Ernährung erreichen konnte. In großen Konzernen gab es nicht unbedingt eine einheitliche Linie. Bei Krupp und Flick etwa kann man Beispiele für beide Haltungen finden, wobei es scheint, dass Forderungen nach einer besseren Ernährung eher von der unteren Ebene kamen, wo erkannt wurde, dass die Gefangenen für die geforderte Arbeit einfach zu schwach waren. Ein Meister des Krupp-Werkes Maschinenbau 8 klagte im März 1942, das Essen der Russen sei so schlecht, dass sie nicht genügend Kraft hätten, einen Drehstahl festzuziehen. Etwa

---

[40] Vgl a.a.O., S. 198-200. Das Zitat: Die Hassell-Tagebücher 1938-1945. Ulrich von Hassell: Aufzeichnungen vom Andern Deutschland, hrsg. von Friedrich Frhr. Hiller von Gaertringen, Berlin 1988, S. 281.

[41] Zur Entwicklung des Arbeitseinsatzes der sowjetischen Gefangenen 1942-1945 vgl. Streit (wie Anm. 1), S.238-288; zum Arbeitseinsatz 1941/42 jetzt auf breiterer Quellenbasis Keller (wie Anm. 1), S. 150-257; 324-423.

[42] Streit (wie Anm. 1), S. 253.

zur gleichen Zeit wurde in Klagen aus weiteren Krupp-Werken, der Panzerwerkstatt und dem Kesselbau das den Gefangenen verabreichte Essen beschrieben: »Die dünnste einer ohnehin wässrigen Suppe; es war buchstäblich Wasser mit einer Handvoll Rüben und es sah aus wie Spülwasser« und: »[...] eine wässrige Suppe mit Kohlblättern und wenigen Rübenstücken«. Als sich der Bürovorsteher der Kruppschen Lokomotivfabrik für eine bessere Ernährung einsetzte, warf ihm ein Funktionär der Deutschen Arbeitsfront vor, er setze sich »zu sehr für die Bolschewisten« ein. Auf den Einwand, man habe die Gefangenen »als Arbeitskräfte [zugewiesen] erhalten und nicht als Bolschewisten«, erklärte der Funktionär, »die Bolschewisten seien seelenlose Menschen, wenn Hunderttausende eingingen, kämen weitere Hunderttausende dran«.[43]

Es kann kein Zweifel daran bestehen, dass insgesamt die Linie der NS-Führung bis zum Ende bestimmend blieb. Dies führte dazu, dass andauernd Gefangene arbeitsunfähig wurden oder starben. So meldete der Kohlenbergbau im ersten Halbjahr 1944 32.236 »Abgänge« infolge Tod oder Krankheit; das waren 1495 mehr, als im gleichen Zeitraum neu zugewiesen worden waren. Die wichtigste Ursache hierfür war fortdauernde Unterernährung. Dieser Faktor wurde noch dadurch verschärft, dass, ausgehend vom Kohlenbergbau, die Ration des einzelnen Gefangenen von seiner Arbeitsleistung abhängig gemacht wurde.[44] Das bedeutete, dass insbesondere bereits geschwächte Gefangene einem Prozess zunehmender Entkräftung ausgesetzt wurden. Besonders schlimm war dies im oberschlesischen Bergbau, da dort die Zulagen für gut arbeitende Gefangene dadurch gewonnen wurden, dass man den »schlecht arbeitenden« die ohnehin unzureichenden Rationen kürzte. Dies war einer der Gründe, die dazu führten, dass im Stalag Lamsdorf im Juli 1944 »wöchentlich ca. 500 bis 600 [Tbc-kranke Gefangene] durch Tod abgingen«.[45] Die Reichsvereinigung Kohle hatte zu diesem Zeitpunkt übrigens längst erreicht, dass die Unternehmen für sowjetische Gefangene pro Schicht maximal nur 3,85 RM an den Staat abführen mussten. Das war nicht nur sehr viel weniger, als an deutsche Bergleute gezahlt werden musste, der Betrag lag auch noch unter dem, was Industriebetriebe für KZ-Häftlinge bezahlen mussten.[46]

Das Verhältnis der deutschen Arbeiter zu den sowjetischen Gefangenen ist noch nicht eingehend untersucht worden. Die Befürchtung, sow-

---

[43] A.a.O., S.149 mit S. 365, Anm. 136 und 137.

[44] Zu den Bemühungen zur Steigerung der Arbeitsleistung vgl. a.a.O., S. 260-267, zum Arbeitseinsatz der sowjetischen Gefangenen im Bergbau S. 268-285.

[45] A.a.O., S. 248f.

[46] A.a.O., S. 285.

jetische Gefangene könnten die Arbeiterschaft kommunistisch agitieren, war einer der Gründe, weshalb Hitler – wie auch die Wehrmachtführung – einen Arbeitseinsatz in der Industrie vehement abgelehnt hatte und weshalb die Beseitigung der »politisch Untragbaren« mit solcher Radikalität betrieben wurde. »Keine Berührung mit deutscher Bevölkerung, vor allem keine ›Solidarität‹. Deutscher Arbeiter ist grundsätzlich Vorgesetzter der Russen«, hatte Göring gefordert, als die Grundsätze des Arbeitseinsatzes Anfang November 1941 festgelegt wurden.[47] Die Kontakte mit deutschen Arbeitern wurden auf das am Arbeitsplatz unbedingt Notwendige beschränkt. Gespräche mit Gefangenen galten als strafbarer »verbotener Umgang mit Kriegsgefangenen«, das Zustecken von Lebensmitteln konnte im schlimmsten Fall als Feindbegünstigung gewertet werden, was mit einer Mindeststrafe von zwei Jahren Zuchthaus geahndet werden konnte. Dabei fanden sich immer verhetzte Volksgenossen, die derartiges denunzierten.

Das Schicksal der deutschen Kriegsgefangenen in der Sowjetunion und das der sowjetischen Kriegsgefangenen in deutschem Gewahrsam erscheinen auf den ersten Blick identisch: Beide hungerten und verhungerten, beide wurden gnadenlos ausgebeutet, beide litten in einem Willkürsystem. Bei genauerem Zusehen ergeben sich aber sehr deutliche Unterschiede. Ich will hier nur den entscheidenden Unterschied hervorheben: die Ernährung. Die deutschen Kriegsgefangenen hungerten mit der sowjetischen Bevölkerung,[48] während ein Hungern der deutschen Bevölkerung unter anderem auf Kosten der sowjetischen Kriegsgefangenen vermieden wurde. Die NS-Führung war immer bestrebt gewesen, eine zu starke Reduzierung der Lebensmittelzuteilungen an die deutsche Bevölkerung zu vermeiden. Dies gelang auch bis in die letzten Kriegsmonate. Möglich war dies aber nur dadurch, dass die Rationen der sowjetischen Kriegsgefangenen, neben denen der KZ-Häftlinge und denen für die Bevölkerung in den besetzten Ostgebieten, auf Hungerniveau gehalten wurden. Zwar wurden die Rationen der sowjetischen Gefangenen Ende Oktober 1944, als die Lage schon ganz verzweifelt war, im Interesse der Arbeitsproduktivität formell denen der deutschen Zivilbevölkerung angeglichen.[49] Aber selbst dann blieb es dabei, dass sie im günstigsten Fall die gleichen Mengen erhielten, keinesfalls aber die gleiche Qualität.[50] Soweit die Quellen erkennen lassen, blieb eine

---

[47] Ueberschär/Wette (wie Anm. 30), S. 329.

[48] Vgl. »Politik des Hungers«, in diesem Buch, S. 170.

[49] Zur Entwicklung der Ernährung 1942-1945 vgl. Streit (wie Anm. 1), S. 249-253.

[50] Soweit möglich verwendete man, wie auch bis dahin schon, minderwertige oder überlagerte Lebensmittel oder Lebensmittel, die die deutsche Bevölkerung damals als minderwertig ansah, wie z.B. Hirse oder Buchweizen. Das Hauptnahrungsmittel blieb

oft beschriebene wässrige Kohlrübensuppe bis Kriegsende die Hauptnahrung. Während so ein Hungern der deutschen Bevölkerung unter anderem auf Kosten der sowjetischen Kriegsgefangenen vermieden wurde, hungerten die deutschen Kriegsgefangenen mit der sowjetischen Bevölkerung.

die Kohlrübe, die weitgehend auch Kartoffeln ersetzen sollte. Die Fleischration der sowjetischen Kriegsgefangenen sollte grundsätzlich in Form von Pferdefleisch oder Freibankfleisch gegeben werden. Die deutsche Bevölkerung erhielt Freibankfleisch – d.h. Fleisch, das vom Fleischbeschauer als minderwertig eingestuft worden war – stets in der doppelten Menge des Kartenabschnitts. Für die Gefangenen war Pferde- oder Freibankfleisch aber »in Vierteln mit eingewachsenen Knochen« zu verwenden und dabei das Knochengewicht auf die Ration »voll anzurechnen«: Overmans u.a., Rotarmisten (wie Anm. 1), S. 514.

Neuankunft sowjetischer Kriegsgefangener am Appellplatz, Konzentrationslager Gusen (I), Oberösterreich, Oktober 1941 (Quelle: Bundesarchiv, Bild 192-100)

SS-Lagerpersonal und sowjetische Kriegsgefangene auf dem Appellplatz, KonzentrationslagerMauthausen, Oberösterreich, Oktober 1941 (Quelle: Bundesarchiv, Bild 192-049)

Stalag 310, Wietzendorf, 1941: Erdhütten der Gefangenen

Stalag 310, Wietzendorf: Massengrab, Dezember 1941

Stalag 321, Oerbke, 1941: Beschriftung im Original »Todeskandidat«

Stalag 321, Oerbke, 1941: Erdhütten der Gefangenen

Stalag 321, Oerbke, 1941: Beerdigung toter Gefangener

Stalag 311, Bergen-Belsen: Gefangene ziehen den Wagen mit toten Gefangenen zum Friedhof

Zu den Fotos S. 187:
Im Oktober 1941 wurden der SS 26.000 sowjetische Kriegsgefangene für »SS-Kriegsgefangenen-Arbeitslager« innerhalb des KZ-Systems übergeben. Anders als die zur Ermordung in die KZs verbrachten »Ausgesonderten« sollten sie als Arbeitssklaven dienen. Ihre Behandlung führte dazu, dass bis zum Frühjahr 1942 nur ein Bruchteil überlebte. In das KZ Mauthausen kamen am 20.10.1941 2000, in das Nebenlager Gusen 1996 Gefangene. Im April 1942 lebten in Mauthausen noch 230, in Gusen 170 von ihnen.

Zu den Fotos S. 188-190:
Auf den Truppenübungsplätzen Münster und Bergen in der Lüneburger Heide wurden drei »Russenlager« eingerichtet: Stalag 310 Wietzendorf, Stalag 311 Bergen-Belsen und Stalag 321 Oerbke. Die im Sommer und Herbst 1941 dorthin gebrachten sowjetischen Gefangenen mussten selbst primitivste Unterkünfte wie Erdhütten schaffen. Hunger und die völlig unzureichenden Unterkunftsbedingungen führten dazu, dass bis zum Sommer 1942 mindestens 40.000 Gefangene starben.

Quellen: Fotos S. 188 oben und unten rechts sowie S. 189-190:
Stiftung niedersächsische Gedenkstätten/Dokumentationsstelle Celle
Foto S. 186 unten links: Bundesarchiv (BArch) RH 49/81

Anhang: Ausgewählte Dokumente

Dokument 1: Denkschrift Hitlers über die Aufgaben eines Vierjahresplanes

[August 1936, Auszüge][1]

[...]

Politik ist die Führung und der Ablauf des geschichtlichen Lebenskampfes der Völker. Das Ziel dieser Kämpfe ist die Behauptung des Daseins. [...] Seit dem Ausbruch der Französischen Revolution treibt die Welt in immer schärferem Tempo in eine neue Auseinandersetzung, deren extremste Lösung Bolschewismus heißt, deren Inhalt und Ziel aber nur die Beseitigung und Ersetzung der bislang führenden Gesellschaftsschichten der Menschheit durch das international verbreitete Judentum ist.

Kein Staat wird sich dieser geschichtlichen Auseinandersetzung entziehen oder auch nur fernhalten können. *Seit sich der Marxismus durch seinen Sieg in Russland eines der größten Reiche der Welt als Ausgangsbasis für seine weiteren Operationen geschaffen hat, ist diese Frage zu einer bedrohlichen geworden.*

[...]

Unsere politische Lage ergibt sich aus folgendem:

Europa hat zur Zeit nur zwei dem Bolschewismus gegenüber als standfest anzusehende Staaten: Deutschland und Italien. Die anderen Länder sind entweder durch ihre demokratische Lebensform zersetzt, marxistisch infiziert und damit in absehbarer Zeit selbst dem Zusammenbruch verfallen oder von autoritären Regierungen beherrscht, deren einzige Stärke die militärischen Machtmittel sind, d.h. aber: sie sind infolge der Notwendigkeit, die Existenz ihrer Führung den eigenen Völkern gegenüber durch die Brachialmittel der Exekutive zu sichern, unfähig, diese Brachialgewalt zur Erhaltung der Staaten nach außen anzusetzen. Alle diese Länder wären unfähig, jemals einen aussichtsvollen Krieg gegen Sowjetrussland zu führen.

Wie denn überhaupt außer Deutschland und Italien nur noch Japan als eine der Weltgefahr gegenüber standhaltende Macht angesehen werden kann.

[...]

---

[1] Hitler bekräftigte mit dieser Intervention nicht allein die Ausrichtung auf den zu führenden Vernichtungskrieg für Lebensraum im Osten. Er trat zugleich skeptischen Auffassungen in Teilen des traditionellen Regierungsapparates und in Unternehmerkreisen entgegen, die dem (rüstungs-)wirtschaftlichen Aufbau mehr Zeit einräumen wollten, was einen späteren Kriegsbeginn bedeutet hätte.

Gegenüber der Notwendigkeit der Abwehr dieser Gefahr haben alle anderen Erwägungen als gänzlich belanglos in den Hintergrund zu treten! […]

Die Abwehrfähigkeit Deutschlands basiert auf einigen Faktoren. An die Spitze möchte ich stellen zunächst den inneren Wert des deutschen Volkes an sich. Das deutsche Volk, politisch einwandfrei geführt, weltanschaulich gefestigt und militärisch durchorganisiert, stellt sicherlich den hochwertigsten Widerstandsfaktor dar, den die Welt heute überhaupt besitzt. […]

Die militärische Auswertung soll durch die neue Armee erfolgen. *Das Ausmaß und das Tempo der militärischen Auswertung unserer Kräfte können nicht groß und nicht schnell genug gewählt werden!* Es ist ein Kapitalirrtum zu glauben, dass über diese Punkte irgend ein Verhandeln oder ein Abwägen stattfinden könnte mit anderen Lebensnotwendigkeiten. […] *Wenn es uns nicht gelingt, in kürzester Frist die deutsche Wehrmacht in der Ausbildung, in der Aufstellung der Formationen, in der Ausrüstung und vor allem auch in der geistigen Erziehung zur ersten Armee der Welt zu entwickeln, wird Deutschland verloren sein!*

[…]

Denn diese Aufgabe ist das Leben und die Lebenserhaltung […].

Die endgültige Lösung liegt in einer Erweiterung des Lebensraumes bzw. der Rohstoff- und Ernährungsbasis unseres Volkes. Es ist die Aufgabe der politischen Führung, diese Frage dereinst zu lösen.

[…] *es ist notwendig, der Friedensernährung und vor allem der Kriegsführung die Mittel zu sichern, die durch menschliche Energie und durch Tatkraft gesichert werden können.* Und ich stelle daher zu einer endgültigen Lösung unserer Lebensnot folgendes Programm auf:

I. Ähnlich der militärischen und politischen Aufrüstung bzw. Mobilmachung unseres Volkes hat auch eine wirtschaftliche zu erfolgen und zwar im selben Tempo, mit der gleichen Entschlossenheit und wenn nötig auch mit der gleichen Rücksichtslosigkeit. […]

II. […]

Es sind jetzt fast 4 kostbare Jahre vergangen. […] Es ist jetzt notwendig, auszuführen das, was wir können.

Ich stelle damit folgende Aufgabe:

I. Die deutsche Armee muss in 4 Jahren einsatzfähig sein.
II. Die deutsche Wirtschaft muss in 4 Jahren kriegsfähig sein.

Quelle: Vierteljahreshefte für Zeitgeschichte, 3. Jg. (1955), Heft 2, S. 204–210.

Dokument 2:
Auszug aus Hitlers Ausführungen vom 30.3.1941 vor den Befehlshabern und Stabschefs der für den Ostkrieg vorgesehenen Wehrmachtverbände

(nach den Aufzeichnungen von Generaloberst Halder)[2]

30.3.1941 (Sonntag)

[...]

11.00 Uhr Generals-Versammlung beim *Führer:* Fast 2½ stündige Ansprache: Lage nach dem 30.6.1940. Fehler Englands, die Möglichkeit eines Friedens auszuschlagen. Schilderung der weiteren Ereignisse. Scharfe Kritik an italienischer Kriegführung und Politik. Vorteile für Englands Lage aus den Misserfolgen Italiens.

England setzt seine Hoffnung auf Amerika und Russland. Höchstleistung erst in 4 Jahren; Transportproblem.

Russlands Rolle und Möglichkeiten. Begründung der Notwendigkeit, die russische Lage zu bereinigen. Nur so werden wir in der Lage sein, in zwei Jahren materiell und personell unsere Aufgaben in der Luft und auf den Weltmeeren zu meistern, wenn wir die Landfragen endgültig und gründlich lösen.

Unsere Aufgaben gegenüber Russland: Wehrmacht zerschlagen, Staat auflösen. [...]

Frage des russischen *Ausweichens:* Nicht wahrscheinlich, da Bindung an Ostsee und Ukraine. Wenn der Russe sich absetzen sollte, müsste er es sehr frühzeitig tun, sonst kommt er nicht mehr in Ordnung *weg.*

Nach Lösung der Aufgaben im Osten werden 50-60 Divisionen (Panzer) genügen.

Kampf zweier Weltanschauungen gegeneinander. Vernichtendes Urteil über Bolschewismus, ist gleich asoziales Verbrechertum. Kommunismus ungeheure Gefahr für die Zukunft. Wir müssen von dem Standpunkt des soldatischen Kameradentums abrücken. Der Kommunist ist vorher kein Kamerad und nachher kein Kamerad. Es handelt sich um einen Vernichtungskampf. Wenn wir es nicht so auffassen, dann werden wir zwar den Feind schlagen, aber in 30 Jahren wird uns wieder der kommunistische Feind gegenüberstehen. Wir führen nicht Krieg, um den Feind zu konservieren.

Künftiges Staatenbild: Nordrussland gehört zu Finnland. Protektorate Ostseeländer, Ukraine, Weißrussland.

Kampf gegen Russland: Vernichtung der bolschewistischen Kommissare und der kommunistischen Intelligenz.

Die neuen Staaten müssen sozialistische Staaten sein, aber ohne eigene Intelligenz. Es muss verhindert werden, dass eine neue Intelligenz sich bildet. Hier genügt eine primitive sozialistische Intelligenz. Der Kampf muss geführt wer-

---

[2] Von Hitlers Ansprache existiert kein Wortprotokoll. Überliefert sind Notizen und Aufzeichnungen mehrerer Teilnehmer, darunter die von Franz Halder.

den gegen das Gift der Zersetzung. Das ist keine Frage der Kriegsgerichte. Die Führer der Truppe müssen wissen, worum es geht. Sie müssen in dem Kampf führen. Die Truppe muss sich mit den Mitteln verteidigen, mit denen sie angegriffen wird. Kommissare und GPU-Leute sind Verbrecher und müssen als solche behandelt werden.

[...] Der Kampf wird sich sehr unterscheiden vom Kampf im Westen. [...] Die Führer müssen von sich das Opfer verlangen, ihre Bedenken zu überwinden.

Quelle: Franz Halder: Kriegstagebuch [KTB], Bd. II, S. 335ff. Dieses Dokument und alle weiteren bis einschließlich Dokument 19 sind – teilweise in Auszügen – abgedruckt in: Gerd R. Ueberschär/Wolfram Wette (Hrsg.): Der deutsche Überfall auf die Sowjetunion. »Unternehmen Barbarossa« 1941, 2. Aufl., Frankfurt/Main 2011, S. 248ff. Hervorhebungen im Original erscheinen hier in Kursivschrift.

Dokument 3:
Aktennotiz über eine Besprechung der Staatssekretäre vom 2.5.1941

2.5.41

Aktennotiz
über Ergebnis der heutigen Besprechung mit den Staatssekretären
über Barbarossa.

1. Der Krieg ist nur weiter zu führen, wenn die gesamte Wehrmacht im 3. Kriegsjahr aus Russland ernährt wird.
2. Hierbei werden zweifellos zig Millionen Menschen verhungern, wenn von uns das für uns Notwendige aus dem Lande herausgeholt wird.
3. Am wichtigsten ist die Bergung und [der] Abtransport von Ölsaaten, Ölkuchen, dann erst Getreide. Das vorhandene Fett und Fleisch wird voraussichtlich die Truppe verbrauchen.
4. Die Beschäftigung der Industrie darf nur auf Mangelgebieten wieder aufgenommen werden, z.B.
   die Werke für Verkehrsmittel,
   die Werke für allgemeine Versorgungsanlagen (Eisen),
   die Werke für Textilien,
   von Rüstungsbetrieben nur solche, bei denen in Deutschland Engpässe bestehen.
   Aufmachung von Reparaturwerkstätten für die Truppe natürlich in erhöhtem Ausmaß.
5. Für die Sicherung der weiten Gebiete zwischen den Rollbahnen müssen besondere Truppen bereitgestellt werden [...].

Dokument 4: **Allgemeine wirtschaftspolitische Richtlinien für die Wirtschaftsorganisation Ost, Gruppe Landwirtschaft, vom 23.5.1941**

Das ernährungspolitische Ziel dieses Feldzuges ist:
1. die Versorgung der deutschen Wehrmacht sowie der deutschen Zivilbevölkerung auf Jahre hinaus sicherzustellen,
2. die Ernährungswirtschaft Russlands auf die Dauer in den europäischen Rahmen einzubeziehen. Russland hat sich unter dem bolschewistischen System aus reinen Machtgründen aus Europa zurückgezogen und so das europäische arbeitsteilige Gleichgewicht gestört. Diese Zerstörung der Nahrungsautarkie Europas hat bereits dazu geführt, dass heute West- und Nordeuropa hungern und auf Nahrungsmittelzuschüsse Deutschlands angewiesen sind, obwohl Deutschland nächst England die höchsten Einfuhren an Nahrungsmitteln benötigt.

Russland war vor dem Weltkriege das größte Agrarüberschussland der Welt. Es lieferte jährlich etwa 11 Millionen to Getreide, rund 900.000 to Ölsaat und Ölkuchen, 266.000 to Zucker u.a. auf den Weltmarkt. Diese Agrarausfuhr ist heute fast verschwunden. Russland liefert nur Getreide, jährlich höchstens 2 Millionen to, obwohl nach der russischen Statistik sowohl die Anbauflächen als auch die Ernten recht erheblich gestiegen sind. Dieses scheinbare Missverhältnis erklärt sich im wesentlichen daraus, dass die heutigen Ernteschätzungen zu hoch sind, dass sie »Schätzungen auf dem Halme« sind. Im übrigen ist aber infolge des Anwachsens der russischen Gesamtbevölkerung, der zunehmenden Verstädterung und der Steigerung der Viehzahl eine Zunahme des Eigenverbrauchs zu verzeichnen. Damit ist bereits der wesentlichste Punkt des Problems, die Überschüsse der russischen Landwirtschaft für Europa freizumachen, gekennzeichnet. Die Überschüsse Russlands an Getreide werden entscheidend nicht durch die Höhe der Ernten, sondern durch die Höhe des Selbstverbrauchs bestimmt. Diese Tatsache ist der Schlüsselpunkt, an dem unsere wirtschaftspolitischen Maßnahmen anzusetzen sind. Der russische Eigenbedarf muss, zumindest am Anfang unserer Maßnahmen, so herabgedrückt werden, dass die notwendigen Ausfuhrüberschüsse entstehen. [...]

Dieses Herabdrücken des Eigenverbrauchs ist im Gegensatz zu den bisherigen besetzten Gebieten leichter durchführbar, weil in Russland das Hauptüberschussgebiet vom Zuschussgebiet räumlich scharf getrennt ist. Die Überschussgebiete liegen im Schwarzerdegebiet (also im Süden und Südosten) und im Kaukasus; die Zuschussgebiete liegen im wesentlichen in der Waldzone des Nordens (Podsolböden).

Daraus folgt: eine Abriegelung der Schwarzerdegebiete gegenüber der Waldzone muss unter allen Umständen Überschüsse für uns freimachen. Diese Abriegelung hat zur Folge die Nichtbelieferung der gesamten Waldzone einschließlich der wesentlichen Industriezentren Moskau und Petersburg mit

Nahrungsmitteln. Diese Industrien im Zuschussgebiet einschließlich der Industrie im Ural werden deshalb aufgegeben werden müssen. […]

Diese Lage, die die Billigung der höchsten Stellen erfahren hat, da sie auch im Einklang mit den politischen Tendenzen steht, führt für die beiden Hauptgebiete (Zuschuss- und Überschussgebiet) zu folgenden Konsequenzen:

I. Zuschussgebiet (Waldzone).
Infolge der ausbleibenden Nahrungsmittelzufuhren aus dem Süden wird sich die landwirtschaftliche Erzeugung in der Waldzone naturalisieren, d.h. die Landwirtschaft wird zur geschlossenen Hauswirtschaft übergehen und bisher für den Markt gebaute Erzeugnisse, insbesondere Faserpflanzen, nicht mehr anbauen, da die hierfür bisher benötigte Fläche mit Früchten für die eigene Versorgung (Getreide, Kartoffeln) bestellt werden muss. Infolge Ausfalls von Futtermittelzufuhren muss auch die Viehhaltung in diesen Gebieten zusammenbrechen.

Außer für die Versorgung der dort stehenden deutschen Truppen besteht kein deutsches Interesse an der Erhaltung der Erzeugungskraft dieser Gebiete. Die Bevölkerung der Waldzone wird, insbesondere in den Städten, größte Hungersnot leiden müssen, selbst wenn durch eine intensivere Bewirtschaftung im Sinne einer Ausdehnung der Kartoffelanbaufläche die Ernten dieses Gebietes steigen sollten. Die Hungersnot ist auch dadurch nicht zu bannen. […] Hierüber muss absolute Klarheit herrschen. […]

II. Überschussgebiet (Schwarzerdezone).
Im Schwarzerdegebiet, dem wichtigsten Überschussgebiet für Getreide und Ölfrüchte, ist im Gegensatz zur Waldzone unsere erste und wichtigste Aufgabe: Erhaltung und Steigerung der Erzeugung. Es wird darauf ankommen, dass die deutschen Landwirtschaftsführer sich möglichst bald in den besonderen Erzeugungsbedingungen dieser kontinentalen Gebiete zurechtfinden und hier mit einer den Verhältnissen angepassten Erzeugungsschlacht beginnen. Voraussetzung für eine solche Erzeugungsschlacht und gleichzeitig für eine ausreichende Erfassung der Überschüsse ist die Beibehaltung der Großbetriebe (Kolchose und Sowchose). Eine Aufteilung in einige Millionen Bauernwirtschaften macht eine deutsche Beeinflussung der Erzeugung zur Utopie. Jeder Versuch, die Großbetriebe aufzulösen, ist daher, wenn nötig, mit härtesten Mitteln zu bekämpfen.

Die Notwendigkeit, in diesen Gebieten Überschüsse zu erzeugen, setzt eine ausreichende Versorgung der landwirtschaftlichen Arbeitskräfte voraus. […] Es kommt nur auf einige wenige grundsätzliche Probleme an, und zwar:

die Erzielung von Getreideüberschüssen,

die Erzielung von Überschüssen an Ölfrüchten, insbesondere Sonnenblumen,

die Gewährleistung der Verpflegung der gesamten Armee im Osten aus dem Lande.

Das Minimalziel, die Versorgung der Wehrmacht aus Russland im dritten und in eventuell weiteren Kriegsjahren, muss unter allen Umständen erreicht werden. Dadurch wird bereits indirekt ohne Belastung des Verkehrs eine erhebliche Verbesserung der Ernährungslage in der Heimat herbeigeführt werden können. Die Sicherung der Heeresverpflegung ist daher die erste und wichtigste Aufgabe. Sie hat sowohl in den Überschuss- als auch in den Bedarfsgebieten zu geschehen. Ein Transport von Nahrungsmitteln aus den Überschussgebieten in die Bedarfsgebiete für Zwecke der Heeresverpflegung wird nicht möglich sein. Erst nach Deckung dieses Heeresbedarfs können Lieferungen nach Deutschland zur Deckung des Zivilbedarfs einsetzen. [...]

Weiterhin kommt es entscheidend darauf an, die ohnehin der Abschlachtung verfallenen Viehmengen in der Waldzone für das Reich zur Verfügung zu stellen, damit die Kürzung der Fleischration im Herbst [1941] wieder aufgehoben werden kann. Die Erfassung dieser Fleischmengen muss dem natürlichen Wunsch der Russen, sie selbst zu verbrauchen, rechtzeitig zuvorkommen. [...]

Abschließend sei nochmals auf das Grundsätzliche hingewiesen. Russland hat sich unter dem bolschewistischen System aus reinen Machtgründen aus Europa zurückgezogen und so das Gleichgewicht der europäischen Arbeitsteilung gestört. Unsere Aufgabe, Russland wieder in diese europäische Arbeitsteilung einzubeziehen, bedingt zwangsläufig die Zerreißung des jetzigen wirtschaftlichen Gleichgewichtes innerhalb der UdSSR. Es kommt also unter keinen Umständen auf eine Erhaltung des bisherigen Zustandes an, sondern auf eine bewusste Abkehr vom Gewordenen und auf Einbeziehung der Ernährungswirtschaft Russlands in den europäischen Rahmen. Daraus folgt zwangsläufig ein Absterben der Industrie sowie die Abwanderung eines großen Teils der Menschen aus den bisherigen Zuschussgebieten nach Osten.

Dokument 5
Befehl des Oberbefehlshabers des Heeres (ObdH) Feldmarschall von Brauchitsch über die Zusammenarbeit mit der Sicherheitspolizei und dem SD für den vorgesehenen Ostkrieg vom 28.4.1941

[Geheim]

Oberkommando des Heeres H. Qu. OKH., den 28.4.1941
Gen. St. d. H./Gen. Qu.
Az. Abt. Kriegsverwaltung
Nr. II/ 2101/41 geh.

Betr.: Regelung des Einsatzes der Sicherheitspolizei und des SD im Verbande des Heeres.

Die Durchführung besonderer sicherheitspolizeilicher Aufgaben *außerhalb* der Truppe macht den Einsatz von Sonderkommandos der Sicherheitspolizei (SD) im Operationsgebiet erforderlich.

Mit Zustimmung des Chefs der Sicherheitspolizei und des SD wird der Einsatz der Sicherheitspolizei und des SD im Operationsgebiet wie folgt geregelt:

1. *Aufgaben:*

a) *im rückw. Armeegebiet:*
Sicherstellung vor Beginn von Operationen festgelegter Objekte (Material, Archive, Karteien von reichs- und staatsfeindlichen Organisationen, Verbänden, Gruppen usw.), sowie besonders wichtiger Einzelpersonen (führende Emigranten, Saboteure, Terroristen usw.). Der Oberbefehlshaber der Armee kann den Einsatz der Sonderkommandos in Teilen des Armeegebiets ausschließen, in denen durch den Einsatz Störungen der Organisationen eintreten können.

b) *Im rückw. Heeresgebiet:*
Erforschung und Bekämpfung der staats- und reichsfeindlichen Bestrebungen, soweit sie nicht der feindlichen Wehrmacht eingegliedert sind, sowie allgemeine Unterrichtung der Befehlshaber der rückwärtigen Heeresgebiete über die politische Lage.
Für die Zusammenarbeit mit den Abwehroffizieren bzw. Abwehrstellen gelten sinngemäß die mit der Abwehrabteilung RWM [Reichswirtschaftsministerium] am 1.1.1937 gemeinsam aufgestellten »Grundsätze für die Zusammenarbeit zwischen der Geheimen Staatspolizei und den Abwehrstellen der Wehrmacht«.

2. *Zusammenarbeit zwischen den Sonderkommandos und den militärischen Kommandobehörden im rückwärtigen Armeegebiet (zu 1. a):*
Die Sonderkommandos der Sicherheitspolizei und des SD führen ihre Aufgaben in eigener Verantwortlichkeit durch. Sie sind den Armeen hinsichtlich

Marsch, Versorgung und Unterbringung unterstellt. Disziplinäre und gerichtliche Unterstellung unter den Chef der Sicherheitspolizei und des SD werden hierdurch nicht berührt. Sie erhalten ihre fachlichen Weisungen vom Chef der Sicherheitspolizei und des SD und sind hinsichtlich ihrer Tätigkeit gegebenenfalls einschränkenden Anordnungen der Armee (s. Ziffer 1. a) unterworfen.
Für die zentrale Steuerung dieser Kommandos wird im Bereich jeder Armee ein Beauftragter des Chefs der Sicherheitspolizei und des SD eingesetzt. Dieser ist verpflichtet, die ihm vom Chef der Sicherheitspolizei und des SD zugegangenen Weisungen dem Oberbefehlshaber der Armee rechtzeitig zur Kenntnis zu bringen. Der militärische Befehlshaber ist berechtigt, an den Beauftragten Weisungen zu geben, die zur Vermeidung von Störungen der Operationen erforderlich sind; sie gehen allen übrigen Weisungen vor.
Die Beauftragten sind auf ständige enge Zusammenarbeit mit dem Ic angewiesen; Abstellung eines Verbindungsbeamten des Beauftragten zum Ic kann von den Kommandobehörden gefordert werden. Der Ic hat die Aufgaben der Sonderkommandos mit der militärischen Abwehr, der Tätigkeit der Geheimen Feldpolizei und den Notwendigkeiten der Operationen in Einklang zu bringen.
Die Sonderkommandos sind berechtigt, im Rahmen ihres Auftrages in eigener Verantwortung gegenüber der Zivilbevölkerung Exekutivmaßnahmen zu treffen. Sie sind hierbei zu engster Zusammenarbeit mit der Abwehr verpflichtet. Maßnahmen, die sich auf die Operationen auswirken können, bedürfen der Genehmigung des Oberbefehlshabers der Armee.

3. *Zusammenarbeit zwischen den Einsatzgruppen bzw. -kommandos der Sicherheitspolizei und des SD und dem Befehlshaber im rückwärtigen Heeresgebiet (zu 1. b):*
In rückw. Heeresgebiet werden Einsatzgruppen und Einsatzkommandos der SP (SD) eingesetzt. Sie unterstehen dem Beauftragten des Chefs der SP [Sicherheitspolizei] und des SD beim Befehlshaber des rückw. Heeresgebietes und sind letzterem hinsichtlich Marsch, Unterkunft und Versorgung unterstellt.
[...]
Der Beauftragte und gegebenenfalls die Kommandoführer der Einsatzkommandos bei den Sicherungsdivisionen sind verpflichtet, die ihnen zugegangenen Weisungen den militärischen Befehlshabern rechtzeitig zur Kenntnis zu bringen. Bei Gefahr im Verzuge ist der Befehlshaber im rückw. Heeresgebiet berechtigt, einschränkende Weisungen zu erteilen, die allen übrigen Weisungen vorgehen.
Die Einsatzgruppen bzw. -Kommandos sind berechtigt, im Rahmen ihres Auftrages in eigener Verantwortung Exekutivmaßnahmen gegenüber der Zivilbevölkerung zu treffen.
Sie sind zu engster Zusammenarbeit mit der Abwehr verpflichtet.

4. *Abgrenzung der Befugnisse zwischen Sonderkommandos, Einsatzkdos. und Einsatzgruppen und G.F.P.* [Geheime Feldpolizei]
   Die abwehrpolizeilichen Aufgaben innerhalb der Truppe und der unmittelbare Schutz der Truppe bleiben alleinige Aufgabe der GFP. [...] Im übrigen gilt auch hierfür das Abkommen vom 1.1.1937 (s. Ziff. 1).

(Unterschrift) von Brauchitsch

Dokument 6
Erlass über die Ausübung der Kriegsgerichtsbarkeit im Gebiet »Barbarossa« und über besondere Maßnahmen der Truppe vom 13.5.1941

Oberkommando der Wehrmacht
WFSt/ Abt. L (IV Qu.)
Nr. 44718/41 g, Kdos. Chefs.
Chefsache!
Nur durch Offizier!

F. H. Qu., den 14.5.1941
Geheime Kommandosache

23 Ausfertigungen
7. Ausfertigung

Betr.: Ausübung der Kriegsgerichtsbarkeit im Gebiet »Barbarossa« und besondere Maßnahmen der Truppe.

Anliegend wird ein Führererlass über die Ausübung der Kriegsgerichtsbarkeit im Gebiet »Barbarossa« und über besondere Maßnahmen der Truppe übersandt.

Eine *Weitergabe hat möglichst nicht vor dem 1.6.41* zu erfolgen.

Der Chef des Oberkommandos
der Wehrmacht
i. A.
(Unterschrift) von Tippelskirch

Verteiler: [...]

Der Führer
und Oberste Befehlshaber
der Wehrmacht

Führerhauptquartier, d. 13. Mai 1941

Erlass
über die Ausübung der Kriegsgerichtsbarkeit im Gebiet »Barbarossa« und über besondere Maßnahmen der Truppe.

Die Wehrmachtsgerichtsbarkeit dient in erster Linie der *Erhaltung der Manneszucht.*

Die weite Ausdehnung der Operationsräume im Osten, die Form der dadurch gebotenen Kampfesführung und die Besonderheit des Gegners stellen die

Wehrmachtsgerichte vor Aufgaben, die sie während des Verlaufs der Kampfhandlungen und bis zur ersten Befriedung des eroberten Gebiets bei ihrem geringen Personalbestand nur zu lösen vermögen, wenn sich die Gerichtsbarkeit zunächst auf ihre Hauptaufgabe beschränkt.

Das ist nur möglich, wenn *die Truppe selbst* sich gegen jede Bedrohung durch die feindliche Zivilbevölkerung schonungslos zu Wehr setzt. Demgemäß wird für den Raum »Barbarossa« (Operationsgebiet, rückwärtiges Heeresgebiet und Gebiet der politischen Verwaltung) folgendes bestimmt:

I.

Behandlung von Straftaten feindlicher Zivilpersonen.

1. *Straftaten feindlicher Zivilpersonen* sind der Zuständigkeit der Kriegsgerichte und der Standgerichte bis auf weiteres entzogen.
2. *Freischärler* sind durch die Truppe im Kampf oder auf der Flucht schonungslos zu erledigen.
3. Auch *alle anderen Angriffe feindlicher Zivilpersonen gegen die Wehrmacht,* ihre Angehörigen und das Gefolge sind von der Truppe auf der Stelle mit den äußersten Mitteln bis zur Vernichtung des Angreifers niederzukämpfen.
4. Wo Maßnahmen dieser Art versäumt wurden oder zunächst nicht möglich waren, werden *tatverdächtige Elemente sogleich einem Offizier vorgeführt. Dieser entscheidet, ob sie zu erschießen sind.*
   Gegen *Ortschaften,* aus denen die Wehrmacht hinterhältig oder heimtückisch angegriffen wurde, werden unverzüglich auf Anordnung eines Offiziers in der Dienststellung mindestens eines Bataillons- usw. Kommandeurs *kollektive Gewaltmaßnahmen* durchgeführt, wenn die Umstände eine rasche Feststellung einzelner Täter nicht gestatten.
5. Es wird *ausdrücklich verboten,* verdächtige Täter zu *verwahren,* um sie bei Wiedereinführung der Gerichtsbarkeit über Landeseinwohner an die Gerichte abzugeben.
6. Die Oberbefehlshaber der Heeresgruppen können im Einvernehmen mit den zuständigen Befehlshabern der Luftwaffe und der Kriegsmarine die *Wehrmachtsgerichtsbarkeit über Zivilpersonen* dort *wieder einführen,* wo das Gebiet ausreichend befriedet ist.
   Für das *Gebiet der politischen Verwaltung* ergeht diese Anordnung durch den Chef des Oberkommandos der Wehrmacht.

II.

Behandlung der Straftaten von Angehörigen der Wehrmacht und des Gefolges gegen Landeseinwohner.

1. Für *Handlungen, die Angehörige der Wehrmacht* und des Gefolges gegen *feindliche Zivilpersonen* begehen, besteht *kein Verfolgungszwang,* auch dann nicht, wenn die Tat zugleich ein militärisches Verbrechen oder Vergehen ist.

2. Bei der *Beurteilung solcher Taten* ist in jeder Verfahrenslage zu berücksichtigen, dass der Zusammenbruch im Jahre 1918, die spätere Leidenszeit des deutschen Volkes und der Kampf gegen den Nationalsozialismus mit den zahllosen Blutopfern der Bewegung entscheidend auf bolschewistischen Einfluss zurückzuführen war und dass kein Deutscher dies vergessen hat.
3. Der Gerichtsherr prüft daher, ob in solchen Fällen eine *disziplinare Ahndung* angezeigt oder ob ein *gerichtliches Einschreiten* notwendig ist. Der Gerichtsherr ordnet die Verfolgung von Taten gegen Landeseinwohner *im kriegsgerichtlichen Verfahren nur dann* an, wenn es die *Aufrechterhaltung der Manneszucht oder die Sicherung der Truppe* erfordert. Das gilt z.B. für schwere Taten, die auf geschlechtlicher Hemmungslosigkeit beruhen, einer verbrecherischen Veranlagung entspringen oder ein Anzeichen dafür sind, dass die Truppe zu verwildern droht. Nicht milder sind in der Regel zu beurteilen Straftaten, durch die sinnlos Unterkünfte sowie Vorräte oder anderes Beutegut zum Nachteil der eigenen Truppe vernichtet werden. Die *Anordnung des Ermittlungsverfahrens* bedarf in jedem einzelnen Fall der Unterschrift des Gerichtsherrn.
4. Bei der Beurteilung der Glaubwürdigkeit von Aussagen feindlicher Zivilpersonen ist *äußerste Vorsicht* geboten.

III.

Verantwortung der Truppenbefehlshaber.

Die Truppenbefehlshaber sind im Rahmen ihrer Zuständigkeit *persönlich* dafür verantwortlich,

[...]

3. dass nur solche Urteile bestätigt werden, die den politischen Absichten der Führung entsprechen.

IV.

[...]

Im Auftrage
Der Chef des Oberkommandos der Wehrmacht
gez. Keitel[3]

[3] Feldmarschall Wilhelm Keitel [vgl. auch Dokumente 9 und 16 in diesem Band, d. Hrsg.] war von 1938 bis 1945 Chef der Oberkommandos der Wehrmacht (OKW) im Ministerrang und damit die rechte Hand Hitlers in der Wehrmachtführung. Er wurde im Nürnberger Hauptkriegsverbrecherprozess in den Anklagepunkten Verschwörung zur Planung eines Angriffskrieges, Verbrechen gegen den Frieden, Kriegsverbrechen und Verbrechen gegen die Menschlichkeit schuldig gesprochen und am 16. Oktober 1946 hingerichtet.

Dokument 7
Besondere Anordnungen Nr. 1 zur Weisung Nr. 21 (Fall »Barbarossa«) vom 19.5.1941 mit [...] Anlage 3: Richtlinien für das Verhalten der Truppe in Russland

Anlage 3 zu OKW/WFSt/Abt. L IV/Qu
Nr. 44560/41 g. K. Chefs[ache] 19. Ausf.

Richtlinien für das Verhalten der Truppe in Russland.

I.

1. *Der Bolschewismus ist der Todfeind des nationalsozialistischen deutschen Volkes. Dieser zersetzenden Weltanschauung und ihren Trägern gilt Deutschlands Kampf.*
2. Dieser Kampf verlangt rücksichtsloses und energisches Durchgreifen gegen *bolschewistische Hetzer, Freischärler, Saboteure, Juden* und restlose Beseitigung jedes aktiven oder passiven Widerstandes.

II.

3. Gegenüber allen Angehörigen der *Roten Armee* – auch den Gefangenen – ist äußerste Zurückhaltung und schärfste Achtsamkeit geboten, da mit heimtückischer Kampfesweise zu rechnen ist. Besonders die *asiatischen Soldaten* der Roten Armee sind undurchsichtig, unberechenbar, hinterhältig und gefühllos.
4. Bei der Gefangennahme von Truppeneinheiten sind die *Führer sofort* von den Mannschaften *abzusondern.*

III.

5. Der deutsche Soldat sieht sich in der Union der Sozialistischen Sowjetrepubliken (U.d.S.S.R.) *nicht* einer *einheitlichen Bevölkerung* gegenüber. Die U.d.S.S.R. ist ein Staatengebilde, das eine *Vielzahl von slawischen, kaukasischen und asiatischen Völkern* in sich vereinigt und das zusammengehalten wird durch die *Gewalt der bolschewistischen Machthaber.* Das *Judentum* ist in der U.d.S.S.R. stark vertreten.
6. Ein großer Teil der russischen Bevölkerung, besonders die durch das bolschewistische System *verarmte Landbevölkerung*, steht dem Bolschewismus innerlich ablehnend gegenüber. Im nichtbolschewistischen russischen Menschen ist das *Nationalbewusstsein* mit tiefem *religiösen Gefühl* verbunden. Freude und Dankbarkeit über die Befreiung vom Bolschewismus werden ihren Ausdruck häufig in kirchlicher Form finden. *Dankgottesdienste und Prozessionen sind nicht zu verhindern oder zu stören.*
7. In *Gesprächen mit der Bevölkerung* und im Verhalten gegenüber Frauen ist größte Vorsicht geboten. Viele Russen *verstehen* deutsch, ohne es selbst sprechen zu können.
   Der *feindliche Nachrichtendienst* wird gerade im besetzten Gebiet besonders am Werk sein, um Nachrichten über militärisch wichtige Einrichtun-

gen und Maßnahmen zu erhalten. Jede Leichtfertigkeit, Wichtigtuerei und Vertrauensseligkeit kann deshalb schwerste Folgen haben.

IV.

8. *Wirtschaftsgüter aller Art und militärische Beute,* insbesondere Lebens- und Futtermittel, Betriebsstoff und Bekleidungsgegenstände sind zu schonen und sicherzustellen. Jede Vergeudung und Verschwendung schädigt die Truppe. *Plünderungen* werden nach den Militärstrafgesetzen mit den schwersten Strafen geahndet.
9. *Vorsicht beim Genuss von erbeuteten Lebensmitteln!* Wasser darf nur in gekochtem Zustand genossen werden (Typhus, Cholera). Jede Berührung mit der Bevölkerung birgt gesundheitliche Gefahren. Schutz der eigenen Gesundheit ist soldatische Pflicht.
10. *Für Reichskreditkassenscheine und -münzen* sowie für *deutsche Scheidemünzen* im Wert von 1 und 2 Pfennig sowie 1, 2, 5 und 10 Reichspfennig oder Rentenpfennig *besteht Annahmezwang. Anderes deutsches Geld darf nicht verausgabt werden.*

OKW/WFSt.

Dokument 8
Richtlinien für die Behandlung politischer Kommissare vom 6.6.1941 mit Ergänzungen des ObdH vom 8.6.1941 [»Kommissarbefehl«]

Geheime Kommandosache

Der Oberbefehlshaber des Heeres
Az. Gen z b V b Ob d H (Gr. R Wes)
Nr. 91/41 g. Kdos. Chefs.
– Nach anliegendem Verteiler –

Hauptquartier OKH, den 8.6.1941
Chef-Sache!
Nur durch Offizier!
30 Ausfertigungen.
19. Ausfertigung

Betr.: Behandlung politischer Kommissare.

Nachstehender Erlass des OKW vom 6.6.41 – WFSt/Abt. L (IV/Qu) Nr. 44822/41 g. Kdos. Chefs. – wird bekanntgegeben.

Zusätze:

Zu I Ziffer 1:
Das Vorgehen gegen einen politischen Kommissar muss zur Voraussetzung haben, dass der Betreffende durch eine *besonders erkennbare Handlung oder Haltung* sich gegen die deutsche Wehrmacht stellt oder stellen will.

Zu I Ziffer 2:
Die Erledigung der politischen Kommissare bei der Truppe hat nach ihrer Absonderung *außerhalb der eigentlichen Kampfzone* unauffällig *auf Befehl eines Offiziers* zu erfolgen.

gez.: von Brauchitsch.

Geheime Kommandosache

Oberkommando der Wehrmacht F. H. Qu., den 6.6.1941
WFStl Abt. L (IV IQu)
Nr. 44822/41 g. K.Chefs. 20 Ausfertigungen

Im Nachgang zum Führererlass vom 14.5. über die Ausübung der Kriegsgerichtsbarkeit im Gebiet »Barbarossa« (OKW/WFSt/Abt. L (IV/Qu] Nr. 44718/41 g. Kdos. Chefs[4] werden anliegend *»Richtlinien für die Behandlung politischer Kommissare«* übersandt.

Es wird gebeten, die Verteilung nur bis zu den Oberbefehlshabern der Armeen bzw. Luftflottenchefs vorzunehmen und die weitere Bekanntgabe an die Befehlshaber und Kommandeure mündlich erfolgen zu lassen.

Der Chef des Oberkommandos der Wehrmacht
I.A.
gez.: Warlimont.

Anlage zu OKW/WFSt/Abt. L IV/Qu
Nr. 44822/41 g. K.Chefs.

Richtlinien für die Behandlung politischer Kommissare

Im Kampf gegen den Bolschewismus ist mit einem Verhalten des Feindes nach den Grundsätzen der Menschlichkeit oder des Völkerrechts *nicht* zu rechnen. Insbesondere ist von den *politischen Kommissaren aller Art* als den eigentlichen Trägern des Widerstandes eine hasserfüllte, grausame und unmenschliche Behandlung unserer Gefangenen zu erwarten.

Die Truppe muss sich bewusst sein:

1. In diesem Kampfe ist Schonung und völkerrechtliche Rücksichtnahme diesen Elementen gegenüber falsch. Sie sind eine Gefahr für die eigene Sicherheit und die schnelle Befriedung der eroberten Gebiete.

---

[4] Vgl. das Dokument 6 in diesem Band.

2. Die Urheber barbarisch asiatischer Kampfmethoden sind die politischen Kommissare. Gegen diese muss daher *sofort* und ohne Weiteres mit aller Schärfe vorgegangen werden.
Sie sind daher, wenn im Kampf oder Widerstand ergriffen, grundsätzlich sofort mit der Waffe zu erledigen.

Im übrigen gelten folgende Bestimmungen:

I. *Operationsgebiet.*
1. Politische Kommissare, die sich *gegen unsere Truppe wenden,* sind entsprechend dem »Erlass über Ausübung der Gerichtsbarkeit im Gebiet Barbarossa«[5] zu behandeln. Dies gilt für Kommissare jeder Art und Stellung, auch wenn sie nur des Widerstandes, der Sabotage oder der Anstiftung hierzu verdächtig sind.
Auf die »Richtlinien über das Verhalten der Truppe in Russland«[6] wird verwiesen.
2. Politische Kommissare *als Organe der feindlichen Truppe* sind kenntlich an besonderem Abzeichen – roter Stern mit goldenem eingewebten Hammer und Sichel auf den Ärmeln – (Einzelheiten siehe »Die Kriegswehrmacht der UdSSR.« OKH/GenStdH O Qu IV Abt. Fremde Heere Ost [II] Nr. 100/41 g. vom 15.1.1941 unter Anlage 9 d). Sie sind aus den Kriegsgefangenen *sofort,* d.h. noch auf dem Gefechtsfelde, abzusondern. Dies ist notwendig, um ihnen jede Einflussmöglichkeit auf die gefangenen Soldaten zu nehmen. Diese Kommissare werden nicht als Soldaten anerkannt; der für Kriegsgefangene völkerrechtlich geltende Schutz findet auf sie keine Anwendung. Sie sind nach durchgeführter Absonderung zu erledigen.
3. *Politische Kommissare, die sich keiner feindlichen Handlung schuldig machen oder einer solchen verdächtig sind,* werden zunächst unbehelligt bleiben. Erst bei der weiteren Durchdringung des Landes wird es möglich sein zu entscheiden, ob verbliebene Funktionäre an Ort und Stelle belassen werden können oder an die Sonderkommandos abzugeben sind. Es ist anzustreben, dass diese selbst die Überprüfung vornehmen.
Bei der Beurteilung der Frage, ob »schuldig oder nicht schuldig«, hat grundsätzlich der persönliche Eindruck von der Gesinnung und Haltung des Kommissars höher zu gelten als der vielleicht nicht zu beweisende Tatbestand.
4. In den Fällen 1. und 2. ist eine kurze Meldung (Meldezettel) über den Vorfall zu richten:
a) von den einer Division unterstellten Truppen an die Division (Ic),
b) von den Truppen, die einem Korps-, Armeeober- oder Heeresgruppenkommando oder einer Panzergruppe unmittelbar unterstellt sind, an das Korps- usw. Kommando (Ic).

---

5 Vgl. Dokument 6 in diesem Band.
6 Vgl. Dokument 7 in diesem Band.

5. Alle oben genannten Maßnahmen dürfen die Durchführung der Operationen nicht aufhalten. Planmäßige Such- und Säuberungsaktionen durch die Kampftruppe haben daher zu unterbleiben.

II. Im rückwärtigen Heeresgebiet.
Kommissare, die im rückwärtigen Heeresgebiet wegen zweifelhaften Verhaltens ergriffen werden, sind an die Einsatzgruppe bzw. Einsatzkommandos der Sicherheitspolizei (SD) abzugeben.

III. Beschränkung der *Kriegs- und Standgerichte.*
Die Kriegsgerichte und die Standgerichte der Regiments- usw. Kommandeure dürfen mit der Durchführung der Maßnahmen nach I und II nicht betraut werden.

Dokument 9
Geheime Absichtserklärungen zur künftigen Ostpolitik

Auszug aus einem Aktenvermerk von Reichsleiter Martin Bormann vom 16.7.1941.

Führerhauptquartier, 16.7.1941
Bo/Fu.

Geheime Reichssache!

Aktenvermerk

Auf Anordnung des Führers fand heute bei ihm um 15 Uhr eine Besprechung mit Reichsleiter Rosenberg, Reichsminister Lammers, Feldmarschall Keitel, mit dem Reichsmarschall [Göring] und mir statt. Die Besprechung begann um 15 Uhr und dauerte mit einer Kaffeepause bis gegen 20 Uhr.

Einleitend betonte der Führer, er wolle zunächst einige grundsätzliche Feststellungen treffen. Verschiedene Maßnahmen seien jetzt notwendig; dies bewiese u.a. ein von einer unverschämten Vichy-Zeitung gebrachter Hinweis, der Krieg gegen die Sowjet-Union sei ein Krieg Europas; er sei also auch für ganz Europa zu führen. Offenbar wolle diese Vichy-Zeitung mit diesen Hinweisen erreichen, dass die Nutznießer dieses Krieges nicht allein die Deutschen sein dürften, sondern dass alle europäischen Staaten daraus ihren Nutzen ziehen müssten.

Wesentlich sei es nun, dass wir unsere Zielsetzung nicht vor der ganzen Welt bekanntgäben; dies sei auch nicht notwendig, sondern die Hauptsache sei, dass wir selbst wüssten, was wir wollten. Keinesfalls soll durch überflüssige Erklärungen unser eigener Weg erschwert werden. Derartige Erklärungen seien überflüssig, denn soweit unsere Macht reiche, könnten wir alles tun und was außerhalb unserer Macht liege, könnten wir ohnehin nicht tun.

Die Motivierung unserer Schritte vor der Welt müsse sich also nach taktischen Gesichtspunkten richten. Wir müssten hier genau so vorgehen, wie in den Fällen Norwegen, Dänemark, Holland und Belgien. Auch in diesen Fällen hätten wir nichts über unsere Absichten gesagt und wir würden dies auch weiterhin klugerweise nicht tun.

Wir werden also wieder betonen, dass wir gezwungen waren, ein Gebiet zu besetzen, zu ordnen und zu sichern; im Interesse der Landeseinwohner müssten wir für Ruhe, Ernährung, Verkehr usw. usw. sorgen; deshalb unsere Regelung. Es soll also nicht erkennbar sein, dass sich damit eine endgültige Regelung anbahnt! Alle notwendigen Maßnahmen – Erschießen, Aussiedeln usw. – tun wir trotzdem und können wir trotzdem tun.

Wir wollen uns aber nicht irgendwelche Leute vorzeitig und unnötig zu Feinden machen. Wir tun also lediglich so, als ob wir ein Mandat ausüben wollten. *Uns* muss aber dabei klar sein, dass wir aus diesen Gebieten nie wieder herauskommen. Demgemäß handelt es sich darum:

1. Nichts für die endgültige Regelung zu verbauen, sondern diese unter der Hand vorzubereiten;
2. wir betonen, dass wir die Bringer der Freiheit wären.

Im Einzelnen:

Die Krim muss von allen Fremden geräumt und deutsch besiedelt werden.

Ebenso wird das alt-österreichische Galizien Reichsgebiet. [...]

Grundsätzlich kommt es also darauf an, den riesenhaften Kuchen handgerecht zu zerlegen, damit wir ihn

erstens beherrschen,
zweitens verwalten und
drittens ausbeuten können.

Die Russen haben jetzt einen Befehl zum Partisanen-Krieg hinter unserer Front gegeben. Dieser Partisanenkrieg hat auch wieder seinen Vorteil: er gibt uns die Möglichkeit, auszurotten, was sich gegen uns stellt.

Grundsätzliches:

Die Bildung einer militärischen Macht westlich des Ural darf nie wieder in Frage kommen und wenn wir hundert Jahre darüber Krieg führen müssten. Alle Nachfolger des Führers müssen wissen: Die Sicherheit des Reiches ist nur dann gegeben, wenn westlich des Ural kein fremdes Militär existiere; den Schutz dieses Raumes vor allen eventuellen Gefahren übernimmt Deutschland. Eiserner Grundsatz muss sein und bleiben:

Nie darf erlaubt werden, dass ein Anderer Waffen trägt als der Deutsche!

Dies ist besonders wichtig; selbst wenn es zunächst leichter erscheint, irgendwelche fremden unterworfenen Völker zur Waffenhilfe heranzuziehen, ist es falsch! Es schlägt unbedingt und unweigerlich eines Tages gegen uns aus. Nur der Deutsche darf Waffen tragen, nicht der Slawe, nicht der Tscheche, nicht der Kossak oder der Ukrainer! [...]

Im einzelnen:

Im Baltikum muss jetzt das Gebiet bis zur Düna nach näherer Festlegung mit Feldmarschall Keitel in Verwaltung genommen werden. [...]

Der Reichsmarschall bittet den Führer um Mitteilung, welche Gebiete anderen Staaten zugesagt seien.

Der Führer erwidert, [Ion] Antonescu[7] wolle Bessarabien und Odessa nebst einem Streifen, der von Odessa in West-Nordwest führt.

Auf die Einwände des Reichsmarschalls und Rosenbergs stellt der Führer fest, dass die neue von Antonescu gewünschte Grenze wenig außerhalb der alten rumänischen Grenze führe.

Der Führer betont weiter, den Ungarn, den Türken und den Slowaken sei nichts Bestimmtes zugesagt worden.

Der Führer stellt dann zur Erwägung, ob man nicht den alt-österreichischen Teil Galiziens sofort zum Gouvernement geben soll; auf Einwände hin bestimmt der Führer, dieser Teil solle nicht zum Gouvernement kommen, sondern lediglich gleichzeitig dem Reichsminister Frank unterstellt werden (Lemberg).

Der Reichsmarschall hält es für richtig, verschiedene Teile des Balten-Landes, z.B. die Bialystoker Forsten, Ostpreußen zuzuteilen. Der Führer betont, das gesamte Balten-Land müsse Reichsgebiet werden. Ebenso müsse die Krim mit einem erheblichen Hinterland (Gebiet nördlich der Krim) Reichsgebiet werden; das Hinterland müsse möglichst groß sein.

Hiergegen hat Rosenberg Bedenken wegen der dort wohnenden Ukrainer. [...]

Der Führer betont weiter, auch die Wolga-Kolonie müsse deutsches Reichsgebiet werden, ebenso das Gebiet um Baku; es müsse deutsche Konzession werden (Militär-Kolonie).

Die Finnen wollen Ost-Karelien, doch soll wegen der großen Nickel-Vorkommen die Halbinsel Kola zu Deutschland kommen. Mit aller Vorsicht müsse die Angliederung Finnlands als Bundesstaat vorbereitet werden. Das Gebiet um Leningrad wird von den Finnen beansprucht; der Führer will Leningrad dem Erdboden gleichmachen lassen, um es dann den Finnen zu geben. [...]

Reichsleiter Rosenberg schnitt dann die Frage der Sicherung der Verwaltung an.

Der Führer sagt dem Reichsmarschall und dem Feldmarschall, er habe immer darauf gedrängt, dass die Polizei-Regimenter Panzerwagen bekämen; für den Einsatz der Polizei in den neuen Ostgebieten sei dies höchst notwendig, denn mit einer entsprechenden Anzahl von Panzerwagen könne ein Polizei-Regiment natürlich ein Vielfaches leisten. Im übrigen, betont der Führer, aber sei die Sicherung natürlich sehr dünn. Der Reichsmarschall werde aber alle seine Übungs-Flugplätze in die neuen Gebiete verlegen, und wenn es notwendig sei, dann könnten selbst JU 52 bei Aufruhr Bomben schmeißen. Der Riesenraum müsse natürlich so rasch wie möglich befriedet werden; dies geschehe am besten dadurch, dass man Jeden, der nur schief schaue, totschieße.

---

[7] General Ion Antonescu war von 1940 bis 1944 Diktator in Rumänien und Hitlers Verbündeter im Krieg gegen die Sowjetunion.

Feldmarschall Keitel betont, für ihre Dinge müsse man die Einwohner selbst verantwortlich machen, denn es sei natürlich nicht möglich, für jeden Schuppen und für jeden Bahnhof eine Wache zu stellen. Die Einwohner müssten wissen, dass jeder erschossen würde, der nicht funktioniere, und dass sie für jedes Vergehen haftbar gemacht würden. [...]

Abschließend wird bestimmt, das Balten-Land solle *Ostland* genannt werden.

Dokument 10
Befehl des Befehlshabers der Panzergruppe 4, Generaloberst Hoepner, zur bevorstehenden Kampfführung im Osten vom 2.5.1941 (Auszug)

Geheime Kommandosache

Chef-Sache:
Nur durch Offizier.

Anlage 2 zu Kdo. d. Pz. Gr. 4, Ia
Nr. 20/41 g. Kdos. Chefsache
vom 2.5.1941

Kampfführung

7 Ausfertigungen
2. Ausfertigung

A) Grundlagen.
Der Krieg gegen Russland ist ein wesentlicher Abschnitt im Daseinskampf des deutschen Volkes. Es ist der alte Kampf der Germanen gegen das Slawentum, die Verteidigung europäischer Kultur gegen moskowitisch-asiatische Überschwemmung, die Abwehr des jüdischen Bolschewismus.

Dieser Kampf muss die Zertrümmerung des heutigen Russland zum Ziele haben und deshalb mit unerhörter Härte geführt werden. Jede Kampfhandlung muss in Anlage und Durchführung von dem eisernen Willen zur erbarmungslosen, völligen Vernichtung des Feindes geleitet sein. Insbesondere gibt es keine Schonung für die Träger des heutigen russisch-bolschewistischen Systems. [...]

(Unterschrift) Hoepner

Dokument 11
Auszüge aus dem Tätigkeitsbericht Nr. 2 der Panzergruppe 3, Abt. 1 c vom 19.8.1941 (zu Januar-Juli 1941)

Panzergruppe 3
Abt. I c vom 19.8.1941

Tätigkeitsbericht Nr. 2

Januar – Juli 1941

Feldzug gegen die Sowjet-Union.

Vorbereitungen.
Feldzug bis zum Ende der Schlacht bei Smolensk.
(handschriftlicher Vermerk: Gesehen, 25.9.41, Hoth[8])

S. 25:

[...] Die Sonderbehandlung der politischen Kommissare durch die Truppe führte zu einem baldigen Bekanntwerden auf der russischen Seite und Verschärfung des Widerstandswillens. Die Sonderbehandlung hätte zur Vermeidung des Bekanntwerdens erst in weit rückwärts gelegenen Lagern durchgeführt werden dürfen. Auch die meisten gefangenen Rotarmisten und Offiziere glauben an eine solche Sonderbehandlung, die ihnen in Dienstbefehlen und auch von entflohenen politischen Kommissaren berichtet wurde. [...]

S. 29:

Rechtsfragen.

A. Behandlung von Freischärlern usw.

Am 11.6. wurde der Ic und der Heeresrichter der Gruppe nach Warschau zu einer Besprechung des Generals z. b. V. beim Ob[erkommandierenden] d[es] H[eeres] kommandiert. General z. b. V., Generalleutnant Müller, führte nach Verlesens des Führererlasses aus, dass im kommenden Einsatz *Rechtsempfinden u.U. hinter Kriegsnotwendigkeit* zu treten habe. Erforderlich ist daher:

Rückkehr zum alten Kriegsbrauch; unser bisheriges Kriegsrecht ist erst nach dem [Ersten] Weltkrieg festgelegt. Einer von beiden Feinden muss auf der Strecke bleiben; Träger der feindlichen Einstellung nicht konservieren, sondern erledigen.

Unter den Begriff »Freischärler« fällt auch der, der als Zivilist die deutsche Wehrmacht behindert oder zur Behinderung auffordert (z.B. Hetzer, Flugblattverteiler, nicht befolgen deutscher Anordnungen, Brandstifter, zerstören von Wegweisern, Vorräten, u.a.w.).

---

8 Generaloberst Hermann Hoth (1885-1971) war bis Oktober 1941 Befehlshaber der Panzergruppe 3. Im Nürnberger OKW-Prozess 1948 wegen Verbrechen gegen die Menschlichkeit und Kriegsverbrechen (u.a. Weitergabe des »Kommissarbefehls«) zu 15 Jahren Haft verurteilt. Das Urteil wurde 1951 vom Hohen Kommissar der USA John C. McCloy bestätigt; im April 1954 wurde er aus der Haft entlassen.

Das Recht des freiwilligen Waffenergreifens durch die Bevölkerung wird nicht anerkannt. Auch wehrsportliche Vereinigung (Komsomol, Ossoaviachim) hat dieses Recht nicht.

Bestrafung. Grundsatz: sofort, jedenfalls kein Aufschieben der Verfahren. Bei *Einzelpersonen* kann in leichten Fällen u.U. auch Prügelstrafe genügen.

Die Härte des Krieges erfordert harte Strafen (Erinnerung an [Ersten] Weltkrieg: Der Russe in Gumbinnen: Erschießen aller an der Strecke Tilsit-Insterburg wohnenden Dorfbewohner, falls die Strecke beschädigt würde).

In Zweifelsfällen über Täterschaft wird häufig der Verdacht genügen müssen. Klare Beweise lassen sich oft nicht erbringen.

S. 30:

Kollektive Gewaltmaßnahmen durch Niederbrennen, Erschießen einer Gruppe von Leuten usw. Truppe soll sich aber nicht ablenken lassen oder im Blutrausch handeln. Kein unnötiges Scharfmachen, also nur soweit, als zur Sicherung der Truppe und raschen Befriedung des Landes erforderlich.

Bei Einzelpersonen trifft die *Entscheidung* jeder Offizier, bei kollektiven Gewaltmaßnahmen jeder Offizier von der Stellung eines Bataillons-Kommandeurs an aufwärts.

B. Bei Vergehen oder Verbrechen eigener Soldaten gegenüber Landeseinwohnern entscheidet der Gerichtsherr, ob gerichtlich oder disziplinar der Fall erledigt werden soll. Seiner Ansicht entgegenstehende Vorschriften sind damit aufgehoben.

C. Bei rückschauender Betrachtung am 14.8. ist festzustellen, dass entgegen den Erwartungen Freischärlerei nur in geringem Umfange vorgekommen ist und infolgedessen die strengen Strafen nur vereinzelt zur Anwendung kommen brauchten. Dagegen hat sich erwiesen, dass die *politischen Kommissare* Willensträger der bolschewistischen Idee waren. Die geistige Beeinflussung der von ihnen erfassten Truppe war erheblich. Der zähe Widerstand der bolschewistischen Truppe ist wohl in erster Linie auf seine Hetze zurückzuführen, die zahllosen Soldaten glaubhaft machte, dass ihnen Durchhalten im Kampf oder martervolle Tötung nach Gefangennahme durch die Deutschen nur zur Wahl bliebe.

In den ersten Kampfwochen wurden politische Kommissare und Offiziere nur in geringem Umfang gefangen genommen. Bis Anfang August wurden im ganzen Gruppenbereich etwa 170 politische Kommissare (innerhalb der Truppe) gefangen und als gesondert abgeschoben von den A[rmee]K[orp]s gemeldet. Die Durchführung bildete kein Problem für die Truppe. […][9]

[9] Der Bericht formuliert am Ende in Tarnsprache (»als gesondert abgeschoben«; »Durchführung bildete kein Problem«), dass rund 170 Kommissare der Sowjetarmee umgebracht wurden.

Dokument 12
Armeebefehl des Oberbefehlshabers der 6. Armee, Feldmarschall von Reichenau, vom 10.10.1941

[Anlage 324 zum Kriegstagebuch Nr. 9 des Armee-Oberkommandos 6]

Armee-Oberkommando 6
Abt. I a – Az. 7

A[rmee] H[aupt] Qu[artier],
10. Oktober 1941

Betr.: Verhalten der Truppe im Ostraum

Hinsichtlich des Verhaltens der Truppe gegenüber dem bolschewistischen System bestehen vielfach noch unklare Vorstellungen.

Das wesentlichste Ziel des Feldzuges gegen das jüdisch-bolschewistische System ist die völlige Zerschlagung der Machtmittel und die Ausrottung des asiatischen Einflusses im europäischen Kulturkreis. Hierdurch entstehen auch für die Truppe Aufgaben, die über das hergebrachte einseitige Soldatentum hinausgehen. Der Soldat ist im Ostraum nicht nur ein Kämpfer nach den Regeln der Kriegskunst, sondern auch Träger einer unerbittlichen völkischen Idee und der Rächer für alle Bestialitäten, die deutschem und artverwandtem Volkstum zugefügt wurden.

Deshalb muss der Soldat für die Notwendigkeit der harten, aber gerechten Sühne am jüdischen Untermenschentum volles Verständnis haben. Sie hat den weiteren Zweck, Erhebungen im Rücken der Wehrmacht, die erfahrungsgemäß stets von Juden angezettelt wurden, im Keime zu ersticken.

Der Kampf gegen den Feind hinter der Front wird noch nicht ernst genug genommen. Immer noch werden heimtückische, grausame *Partisanen* und entartete Weiber zu Kriegsgefangenen gemacht, immer noch werden halb uniformierte oder in Zivil gekleidete Heckenschützen und Herumtreiber wie anständige Soldaten behandelt und in die Gefangenenlager abgeführt. Ja, die gefangenen russischen Offiziere erzählen hohnlächelnd, dass die *Agenten der Sowjets* sich unbehelligt auf den Straßen bewegen und häufig an den deutschen Feldküchen mitessen. Ein solches Verhalten der Truppe ist nur noch durch völlige Gedankenlosigkeit zu erklären. Dann ist es aber für die Vorgesetzten Zeit, den Sinn für den gegenwärtigen Kampf wachzurufen.

Das *Verpflegen von Landeseinwohnern und Kriegsgefangenen,* die nicht im Dienste der Wehrmacht stehen, an Truppenküchen ist eine ebenso missverstandene Menschlichkeit wie das Verschenken von Zigaretten und Brot. Was die Heimat unter großer Entsagung entbehrt, was die Führung unter größten Schwierigkeiten nach vorne bringt, hat nicht der Soldat an den Feind zu verschenken, auch nicht, wenn es aus der Beute stammt. Sie ist ein notwendiger Teil unserer Versorgung.

Die Sowjets haben bei ihrem Rückzug häufig Gebäude in Brand gesteckt. Die Truppe hat nur soweit ein Interesse an Löscharbeiten, als notwendige Truppenunterkünfte erhalten werden müssen. Im übrigen liegt das Verschwinden der Symbole einstiger Bolschewistenherrschaft, auch in Gestalt von Gebäuden, im Rahmen des Vernichtungskampfes. Weder geschichtliche, noch künstlerische Rücksichten spielen hierbei im Ostraum eine Rolle. Für die Erhaltung der wehrwirtschaftlich wichtigen Rohstoffe und Produktionsstätten gibt die Führung die notwendigen Weisungen.

Die restlose *Entwaffnung der Bevölkerung* im Rücken der fechtenden Truppe ist mit Rücksicht auf die langen, empfindlichen Nachschubwege vordringlich. Wo möglich, sind Beutewaffen und Munition zu bergen und zu bewachen. Erlaubt dies die Kampflage nicht, so sind Waffen und Munition unbrauchbar zu machen. Wird im Rücken der Armee Waffengebrauch einzelner Partisanen festgestellt, so ist mit drakonischen Maßnahmen durchzugreifen. Diese sind auch auf die männliche Bevölkerung auszudehnen, die in der Lage gewesen wäre, Anschläge zu verhindern. Die Teilnahmslosigkeit zahlreicher angeblich sowjetfeindlicher Elemente, die einer abwartenden Haltung entspringt, muss einer klaren Entscheidung zur aktiven Mitarbeit gegen den Bolschewismus weichen. Wenn nicht, kann sich niemand beklagen, als Angehöriger des Sowjetsystems gewertet und behandelt zu werden. Der Schrecken vor den deutschen Gegenmaßnahmen muss stärker sein als die Drohung der umherirrenden bolschewistischen Restteile.

Fern von allen politischen Erwägungen der Zukunft hat der Soldat zweierlei zu erfüllen:

1. *die völlige Vernichtung der bolschewistischen Irrlehre, des Sowjetstaates und seiner Wehrmacht,*
2. die erbarmungslose Ausrottung artfremder Heimtücke und Grausamkeit und damit die Sicherung des Lebens der deutschen Wehrmacht in Russland.

Nur so werden wir unserer geschichtlichen Aufgabe gerecht, das deutsche Volk von der *asiatisch-jüdischen Gefahr ein für allemal zu befreien.*

Der Oberbefehlshaber:
(gez.) v. Reichenau
Generalfeldmarschall

Verteilt:
bis zu den K[om]p[anie]n usw.

Dokument 13
Befehl des Oberbefehlshabers der Heeresgruppe Süd, Feldmarschall von Rundstedt,[10] vom 12.10.1941

Geheim

Oberkommando der Heeresgruppe Süd
I a Nr. 2682/41 geh.

H. Qu., den 12.10.1941
(Stempel:)
Zum Kriegstagebuch
Anlage Nr. 1092

An
A.O.K. 11
A.O.K. 17
Pz. A.O.K. 1
Bef[ehls]h[aber] rückw. H[eeres] Geb[iet] Süd
nachr.: Mil. Befh. Ukraine A.O.K. 6 (ohne Anlage).

In der Anlage gebe ich einen Befehl vom 10.10.41 des Oberbefehlshabers der 6. Armee über »Verhalten der Truppe im Ostraum« zur Kenntnis, mit dessen Inhalt ich mich voll einverstanden erkläre.

Ich stelle zur Erwägung, im dortigen Befehlsbereich sinngemäße, den örtlichen Verhältnissen angepasste Weisungen zu erlassen, sofern dies noch nicht geschehen ist. Mit Rücksicht auf die bevorstehende Überwinterung und die geringen Kräfte in den rückwärtigen Gebieten ist die noch vielfach anzutreffende Sorglosigkeit und Weichheit nach dem eigentlichen Kampf nicht tragbar.

– 1 Anlage –

gez. v. Rundstedt

(Anlage: Abschrift des Befehls v. 10.10.1941)[11]

---

[10] Feldmarschall Gerd von Rundstedt (1875-1953), bis Winter 1941 Befehlshaber der Heeresgruppe Süd, befand sich seit Mai 1945 in britischer Gefangenschaft und wurde wegen Kriegsverbrechen (u.a. Beteiligung am Massenmord in den besetzten sowjetischen Gebieten) angeklagt. Im Mai 1949 wurde er angesichts seines schlechten Gesundheitszustands (Herzerkrankung) und seines hohen Alters ohne Verurteilung aus der Haft entlassen.

[11] [Vgl. vorstehendes Dokument 12 in diesem Band.] Der »Reichenau-Befehl« wurde vom Oberkommando des Heeres (OKH) auf Anordnung des Oberbefehlshabers des Heeres Feldmarschall Walther von Brauchitsch (1881-1948) uneingeschränkt unterstützt und als richtungweisend für das »Verhalten der Truppe im Ostraum« empfohlen. Er starb kurz vor Eröffnung eines Prozesses gegen ihn 1948 in britischer Militärhaft.

Dokument 14
Bestimmungen über das Kriegsgefangenenwesen im Fall Barbarossa vom 16.6.1941
[Auszüge]

Abschrift

Oberkommando der Wehrmacht	Berlin, den 16.6.1941
Abt. Kriegsgefangene	10 Ausfertigungen
Nr. 25/41 g. Kdos. Chefs.	3. Ausfertigung

Betr.: Kriegsgefangenenwesen im Fall Barbarossa

1. *Organisation.*

Die Verantwortlichkeit für das Kriegsgefangenenwesen im Fall Barbarossa erstreckt sich: für OKH auf das Operationsgebiet und das Gebiet der deutschen Heeresmission Rumänien [...], für OKW / AWA auf das Heimatgebiet einschl. Generalgouvernement.

OKW / AWA hat eingerichtet:

a) Im Generalgouvernement und im Wehrkreis I eine Kriegsgefangenen-Heimatorganisation zur Übernahme und Betreuung der aus dem Operationsgebiet abgeschobenen Kriegsgefangenen.
b) Im übrigen Reichsgebiet Lager zur Aufnahme der Kriegsgefangenen aus dem Unternehmen Barbarossa, getrennt von allen übrigen Kriegsgefangenen [...]

Die beiden Kommandeure der Kgf haben aus den ihnen unterstellten Lagern unmittelbar an der Grenze des deutschen Interessengebietes »Kgf-Übernahmestellen« eingerichtet, welche die Kgf vom Feldheer zu übernehmen und in Lager der Kgf-Heimatorganisation weiterzuleiten haben. Lage der Übernahmestellen und der Lager s. Anlage 3.

[...]

Ein Abschub der Kriegsgefangenen in die Lager des Reiches findet nur auf besonderen Befehl des OKW statt.

III. Behandlung der Kriegsgefangenen.

Der Bolschewismus ist der Todfeind des Nationalsozialistischen Deutschland. Gegenüber den Kriegsgefangenen der Roten Armee ist daher äußerste Zurückhaltung und schärfste Wachsamkeit geboten. Mit heimtückischem Verhalten insbesondere der Kriegsgefangenen asiatischer Herkunft ist zu rechnen. Daher rücksichtsloses und energisches Durchgreifen bei den geringsten Anzeichen von Widersetzlichkeit, insbesondere gegenüber bolschewistischen Hetzern. Restlose Beseitigung jedes aktiven und passiven Widerstandes! [...]

Die Gegenseite hat das Abkommen über die Behandlung von Kriegsgefangenen vom 27.7.1929 nicht anerkannt. Trotzdem bildet dieses die Grundlage für die Behandlung.

Folgende Ausnahmen werden befohlen:

[...]

2. Keine Bezahlung für die geleisteten Arbeiten. Keine Soldzahlung an Offiziere und Sanitätspersonal.
3. Keine Abnahme persönlicher Geldbeträge und Wertsachen. Wo bei Vorhandensein größerer Geldbeträge Verdacht strafbarer Handlungen oder sonstigen unrechtmäßigen Erwerbes (Verteilung von Kriegskassen usw.) vorliegt, Abnahme der Geldbeträge ohne Quittung und Sicherstellung als Beutegeld.
4. Meldungen der Kriegsgefangenen an die Wehrmacht-Auskunftstelle sind nicht erforderlich.
5. Die Karteikarten I und II nach ADV 38/5 sind nicht zu benutzen. Über die Führung von besonderen Karteikarten als Ersatz für Listenführung ergeht Sonderbefehl [...]
7. Über die Verpflegung der Kriegsgefangenen ergeht Sonderbefehl [...]
8. Die Vorschriften über »Beziehungen der Kriegsgefangenen zur Außenwelt« (Schutzmacht, Hilfsgesellschaften usw.) finden keine Anwendung.
9. Vertrauensleute gemäß ADV 38/5 Artikel 340 sind von den Kriegsgefangenen nicht zu bestimmen.
10. Strafverfahren gegen Kriegsgefangene unterliegen nicht den im Abkommen vorgesehenen Beschränkungen (Beteiligung der Schutzmacht, Aussetzung der Strafvollstreckung bei Todesurteilen usw.) [...]

Der Chef des Oberkommandos der Wehrmacht
i. A. gez. Unterschrift

Dokument 15
Verschärfte Anordnung des OKW zur Behandlung sowjetischer Kriegsgefangener in allen Kriegsgefangenenlagern vom 8.9.1941 mit dem Merkblatt für die Bewachung sowjetischer Kriegsgefangener als Anlage

Oberkommando der Wehrmacht — Berlin-Schöneberg, den 8.9.1941, Badensche Str. 51

Az. 2 f. 24. 11 AWA/Kriegsgef. (I)
Nr. 3058/41 geh.
– 2 Anlagen –

Geheim!

Betr.: Anordnungen für die Behandlung sowjetischer Kriegsgefangener.
Bezug: 1. OKW/Kriegsgef. 26141 g. K. v. 16.6.1941
(nur an Kdeur. d. Kfg. im Wehrkreis I und Gen[eral]Gouv[ernement])
2. OKW/Kriegsgef. 2144/41 geh. v. 26.6.1941.
3. OKW/Kriegsgef. 2401/41 geh. v. 17.7.1941.
4. OKW/Kriegsgef. I[5]Nr. 5015/41 v. 2.8.1941.

In der Anlage wird eine Zusammenfassung bzw. Ergänzung der bisher mit verschiedenen Befehlen gegebenen Richtlinien über die Behandlung von sowjet. Kriegsgefangenen übersandt. Die vom OKH/Gen[eral]Qu[artiermeister] für das Operationsgebiet schon gegebenen Richtlinien sind berücksichtigt. Durch diesen Befehl sind die im Bezug aufgeführten Befehle, soweit in der Anlage nicht ausdrücklich auf sie Bezug genommen ist, aufgehoben.

Der Chef des Oberkommandos der Wehrmacht
Im Auftrage:
Reinecke[12]

Anlage zu Tagebuch-Nr. *3058/41* g.
vom 8.9.1941

Geheim

Anordnungen
über die Behandlung sowjetischer Kr.Gef.
in allen Kriegsgefangenenlagern.

[12] General Hermann Reinecke (1888-1973), »einer der fanatischsten Nazis im OKW« (Christian Streit, vgl. seinen Beitrag in diesem Band, S. 175), wurde im Nürnberger »OKW-Prozess« 1948 wegen Verbrechen gegen die Menschlichkeit und Kriegsverbrechen (u.a. Mitwirkung an der Tötung von Kriegsgefangenen) zu lebenslanger Haft verurteilt. Bereits im Oktober 1954 wurde er aus der Haft entlassen.

I. Behandlung der sowjet. Kr.Gef. im allgemeinen.

Der Bolschewismus ist der Todfeind des nationalsozialistischen Deutschland. Zum ersten Male steht dem deutschen Soldaten ein nicht nur soldatisch, sondern auch politisch im Sinne des Völker zerstörenden Bolschewismus geschulter Gegner gegenüber. Der Kampf gegen den Nationalsozialismus ist ihm in Fleisch und Blut übergegangen. Er führt ihn mit jedem ihm zu Gebote stehenden Mittel: Sabotage, Zersetzungspropaganda, Brandstiftung, Mord: Dadurch hat der bolschewistische Soldat jeden Anspruch auf Behandlung als ehrenhafter Soldat und nach dem Genfer Abkommen verloren.

Es entspricht daher dem Ansehen und der Würde der deutschen Wehrmacht, dass *jeder deutsche Soldat dem sowjetischen Kriegsgefangenen gegenüber schärfsten Abstand hält.* Behandlung muss kühl, doch korrekt sein. Jede Nachsicht und sogar Anbiederung ist strengstens zu ahnden. Das Gefühl des Stolzes und der Überlegenheit des deutschen Soldaten, der zur Bewachung sowjet. Kr.Gef. befohlen ist, muss jederzeit auch für die Öffentlichkeit erkennbar sein.

Rücksichtsloses und energisches Durchgreifen bei den geringsten Anzeichen von Widersetzlichkeit, insbesondere gegenüber bolschewistischen Hetzern ist daher zu befehlen. Widersetzlichkeit, aktiver oder passiver Widerstand muss *sofort* mit der Waffe (Bajonett, Kolben und Schusswaffe) restlos beseitigt werden. Die Bestimmungen über den Waffengebrauch der Wehrmacht können nur beschränkt gelten, da sie die Voraussetzung beim Einschreiten *unter allgemein friedlichen Verhältnissen* geben. Bei den sowjet. Kr.Gef. ist es schon aus disziplinaren Gründen nötig, den Waffengebrauch sehr scharf zu handhaben. Wer zur Durchsetzung eines gegebenen Befehls nicht oder nicht energisch genug von der Waffe Gebrauch macht, macht sich strafbar.

Auf flüchtige Kr.Gef. ist *sofort ohne vorherigen Haltruf* zu schießen. Schreckschüsse dürfen niemals abgegeben werden. Die bisher bestehenden Bestimmungen, insbesondere H. Dv. 38/11, Seite 13 usw. werden insoweit aufgehoben. Auf der anderen Seite ist jede Willkür untersagt. Der arbeitswillige und gehorsame Kr.Gef. ist korrekt zu behandeln. Vorsicht und Misstrauen dem Kr.Gef. gegenüber ist jedoch niemals außer Acht zu lassen. Waffengebrauch gegenüber sowjet. Kr.Gef. gilt in der Regel als rechtmäßig.

Jeder Verkehr der Kr.Gef. mit der Zivilbevölkerung ist zu verhindern. Dies gilt insbesondere für das besetzte Gebiet. Auf die Trennung des Kr.Gef.-Führerpersonals (Offiziere und Unteroffiziere), die bereits durch das Feldheer durchgeführt ist, ist auch im Gebiet der Wehrmachtbefehlshaber und im Reichsgebiet schärfstens zu achten. Jede Verständigung zwischen Führerpersonal und Mannschaften, auch durch Zeichen, muss unmöglich gemacht werden.

[...]

II. Behandlung von Volkstumsangehörigen.

Auf Grund der bisherigen Befehle hat bereits in der bisherigen »Heimatorganisation« (Gen[eral] Gouvernement und W[ehr]K[reis] I) sowie in den Lagern des Reiches eine Aussonderung der Kr.Gef. nach ihrer Volkstumszugehörigkeit stattgefunden. Es kommen hierfür folgende Volkstumszugehörige in Frage:

Volksdeutsche, Ukrainer, Weißrussen, Polen, Litauer, Letten, Esten, Rumänen, Finnen, Georgier.

[...]

III. Aussonderung von Zivilpersonen und politisch unerwünschten Kr.Gef. des Ostfeldzuges.

1. Absicht.
Die Wehrmacht muss sich umgehend von allen denjenigen Elementen unter den Kr.Gef. befreien, die als bolschewistische Triebkräfte anzusehen sind. Die besondere Lage des Ostfeldzuges verlangt daher *besondere Maßnahmen,* die frei von bürokratischen und verwaltungsmäßigen Einflüssen verantwortungsfreudig durchgeführt werden müssen.

2. Weg zur Erreichung des gesteckten Zieles.
A. Außer der in den Kr.Gef.-Lagern erfolgten Gliederung nach Nationalitäten, s. Ziff. II, sind die Kr.Gef. (auch Volkstumsangehörige) sowie die in den Lagern vorhandenen Zivilpersonen wie folgt auszusondern:
a) politisch Unerwünschte
b) politisch Ungefährliche
c) politisch besonders Vertrauenswürdige (die für den Einsatz zum Wiederaufbau der besetzten Gebiete verwendungsfähig sind).
B. Während die Trennung nach Nationalitäten, Führerpersonal usw. durch die Lagerorgane selbst vorgenommen wird, stellt zur Aussonderung der Kr.Gef. hinsichtlich ihrer politischen Einstellung der Reichsführer SS

Einsatzkommandos der Sicherheitspolizei und des Sicherheitsdiensts

zur Verfügung. Sie sind dem Chef der Sicherheitspolizei und des SD unmittelbar unterstellt, für ihren Sonderauftrag besonders geschult und treffen ihre Maßnahmen und Ermittlungen im Rahmen der Lagerordnung nach Richtlinien, die sie von diesen erhalten haben.

Den Kommandanten, besonders deren Abwehroffizieren wird engste Zusammenarbeit mit den Einsatzkommandos zur Pflicht gemacht.

3. Weitere Behandlung der nach Ziff. 2 ausgesonderten Gruppen.
A. Militärpersonen.
Über die als »politisch unerwünschte Elemente« Ausgesonderten entscheidet das Einsatzkommando der Sicherheitspolizei und des SD. Sollten einzelne als verdächtig angesehene sich später als *unverdächtig* herausstellen, so sind sie zu den übrigen Kr.Gef. im Lager zurückzuführen. Dem Ersuchen des Einsatz-

kommandos auf Herausgabe von weiteren Personen ist stattzugeben. Offiziere werden vielfach als »politisch Unerwünschte« der Aussonderung unterliegen. Zu den Militärpersonen rechnen auch solche Soldaten, die in Zivilkleidung gefangen wurden.
B. Zivilpersonen.
Soweit unverdächtig, ist ihre baldige Zurückführung ins besetzte Gebiet anzustreben. Den Zeitpunkt hierfür gibt der zuständige Wehrmachtbefehlshaber (bzw. der Befehlshaber des rückwärtigen Heeresgebietes) nach Zustimmung der zuständigen Dienststelle des Chefs der Sicherheitspolizei und des SD an. Grundlegend für die Rückführung ist der gesicherte Einsatz in Arbeit am Heimatort oder in besonders aufzustellenden Arbeitsformationen. Für die Bewachung während der Rückführung trägt der Wehrmachtbefehlshaber (bzw. der Befehlshaber des rückwärtigen Heeresgebietes) die Verantwortung. Nach Möglichkeit stellt das Lager Begleitkommandos. Politisch unerwünschte Zivilpersonen sind wie unter A. zu behandeln.
C. Vertrauenswürdige Personen sind zur Aussonderung der politisch Unerwünschten und zu sonstigen Arbeiten der Lagerverwaltung heranzuziehen. (Auf Volksdeutsche wird besonders hingewiesen, jedoch ist damit zu rechnen, dass auch unter diesen sich Elemente befinden, die als »politisch Unerwünschte« zu gelten haben).

Erscheinen die vertrauenswürdigen Personen für den Einsatz zum Wiederaufbau im besetzten Gebiet besonders geeignet, so darf einem Freigabeersuchen des Einsatzkommandos der Sicherheitspolizei und des SD nur dann widersprochen werden, wenn ein abwehrmäßiges Interesse an einer bestimmten Person besteht.

IV. Arbeitseinsatz sowjet. Kr.Gef.

1. Allgemeines.
Sowjet. Kr.Gef. dürfen nur in geschlossenen Kolonnen unter strengster Absonderung von Zivilpersonen und Kr.Gef. anderer Nationalitäten eingesetzt werden (kolonnenmäßiger Einsatz). Es kommen nur Arbeitsstellen in Frage, an denen die Kr.Gef. unter *ständiger* Aufsicht der Wachmannschaften arbeiten können. Die Trennung von Zivilpersonen und Kr.Gef. anderer Nationalitäten muss nicht nur in der Unterkunft, sondern auch an der Arbeitsstätte durchgeführt werden. Es ist dabei zu bedenken, dass die Wachmannschaften am sofortigen Waffengebrauch nicht durch die Rücksicht auf etwa anwesende Dritte behindert werden dürfen.

2. Besondere Bestimmungen für den Arbeitseinsatz im Reichsgebiet.
Oberster Grundsatz für den Einsatz sowjet. Kr.Gef. im Reichsgebiet ist die unbedingte Sicherheit deutschen Lebens und deutschen Gutes.

Die Verantwortung für den ordnungsgemäßen Arbeitseinsatz der sowj. Kr.Gef. tragen hier *ausschließlich* die den Einsatz verfügenden *Wehrmachtdienststellen.* [...]

3. Bewachung.
Für die Bewachung der sowjet. Kr.Gef. sind möglichst gut ausgebildete, energische und umsichtige Wachmannschaften einzuteilen und ständig durch den A[bwehr] O[ffizier] des M[annschafts-]Stammlagers zu schulen.

Auf je 10 Kr.Gef. muss mindestens ein Wachmann eingesetzt werden. Es darf aber niemals nur ein Wachmann allein eingesetzt werden. Sollte ein Arbeitskommando nur eine Stärke *bis* zu 10 Mann haben, so müssen zur Bewachung zwei Wachmänner verwendet werden. Die Ausrüstung der Wachmannschaften mit Handgranaten ist anzustreben. Die Bewachungsmannschaften größerer Kolonnen müssen auch mit M.G.'s oder Maschinen-Pistolen ausgestattet werden.

Die Arbeitsstellen sind häufig durch geeignete Offiziere oder erfahrene Unteroffiziere zu kontrollieren. Sie haben für unbedingte Befolgung der gegebenen Befehle Sorge zu tragen.

Das als Anlage beigefügte Merkblatt ist zum Gegenstand häufiger und eingehender Belehrung zu machen.

Die Unterkünfte sowjet. Kr.Gef. auf Arbeitskommandos sind auch des Nachts *ständig* zu bewachen und durch Aufsichtsorgane von Zeit zu Zeit zu überprüfen.

V. Schlussbemerkungen.
Die Kommandeure der Kriegsgef. sind persönlich dafür verantwortlich zu machen, dass die vorstehenden Anordnungen von den unterstellten Einheiten mit aller Schärfe eingehalten werden. Diese Aufgabe darf auch durch den Wechsel von Dienststellen unter keinen Umständen unterbrochen oder beeinträchtigt werden. Es sind daher alle neu herangezogenen und eingesetzten Dienststellen und Einheiten eingehend über den Inhalt der Anordnungen zu belehren.

Anlage zur Verfügung OKW / AWA / Abt. Kriegsgef. Nr. 3058/41 geh. vom 8.9.1941 *(offen zu behandeln!)*

Merkblatt
für die Bewachung sowjet. Kriegsgefangener.

Der Bolschewismus ist *der Todfeind des nationalsoz. Deutschland.*
Zum ersten Male in diesem Kriege steht dem deutschen Soldaten ein nicht nur soldatisch, sondern auch politisch geschulter Gegner gegenüber, der im Kommunismus sein Ideal, im Nationalsozialismus seinen ärgsten Feind sieht. Im Kampf gegen den Nationalsozialismus ist ihm jedes Mittel recht: Heckenschützenkrieg, Bandentum, Sabotage, Brandstiftung, Zersetzungspropaganda, Mord.

Auch der in Gefangenschaft geratene Sowjetsoldat, mag er auch äußerlich noch so harmlos erscheinen, wird jede Gelegenheit benutzen, um seinen Hass gegen alles Deutsche zu betätigen. Es ist damit zu rechnen, dass die Kr.Gef. entsprechende Anweisungen für ihre Betätigung in der Gefangenschaft erhalten haben. *Ihnen gegenüber ist also äußerste Wachsamkeit, größte Vorsicht und schärfstes Misstrauen dringendes Gebot.*

Für die Bewachungsmannschaften gelten *folgende Richtlinien:*

1. *Rücksichtsloses Durchgreifen* bei den geringsten Anzeichen von Widersetzlichkeit und Ungehorsam! Zur Brechung von Widerstand ist von der Waffe schonungslos Gebrauch zu machen.
   Auf fliehende Kr. Gef. ist *sofort* (ohne Anruf) zu schießen mit der festen Absicht zu treffen.
2. Jede *Unterhaltung* mit den Kr.Gef. – auch auf dem Marsch von und zur Arbeitsstelle – soweit sie sich nicht auf unbedingt notwendige dienstliche Anweisung bezieht, ist *streng verboten.*
   Es gilt unbedingtes Rauchverbot auf Märschen zu und von Arbeitsplätzen, sowie während der Arbeit.
   Jede *Unterhaltung* der Kr.Gef. mit *Zivilpersonen* ist in gleicher Weise, notfalls unter Anwendung von Waffengewalt – auch gegen die Zivilpersonen – zu verhindern.
3. Auch auf der *Arbeitsstelle* ist *ständige scharfe Aufsicht* durch deutsche Bewachungsmannschaften erforderlich. Jeder Wachmann hat sich von den Kr.Gef. immer in *solcher Entfernung zu halten,* dass er jederzeit *sofort* von seiner Waffe Gebrauch machen kann. Nie einem Kr.Gef. den Rücken kehren!
4. Auch gegen den *arbeitswilligen und gehorsamen Kr.Gef.* ist Weichheit nicht am Platz. Er legt sie als Schwäche aus und zieht daraus seine Folgerungen.
5. Bei aller Strenge und Härte bei der rücksichtslosen Durchsetzung gegebener Befehle ist deutschen Soldaten jede *Willkür* oder *Misshandlung,* vor allem die Verwendung von Knüppeln, Peitschen usw., verboten. Dies würde der Würde des deutschen Soldaten als Waffenträger widersprechen.
6. Niemals darf eine bei den bolschewistischen Kr.Gef. in Erscheinung tretende scheinbare Harmlosigkeit dazu führen, dass von vorstehenden Anordnungen abgewichen wird.

Dokument 16
Vortragsnotiz des Chefs des Amtes Ausland/Abwehr, Admiral Wilhelm Canaris, vom 15.9.1941 zur Anordnung für die Behandlung sowjetischer Kriegsgefangener ...[13]

Amt Ausl/Abw. Berlin, den 15.9.1941
Nr. 9731/41 geh. Chef Ausl.
F XVI, E 1.

Geheim

Dem [Dem
Herrn Chef OKW vorzulegen. Herrn Chef AWA vorzulegen.]

(Vortragsnotiz)

Betr.: Anordnung für die Behandlung sowjetischer Kriegsgefangener.
Bezug: 2 f 24.11 AWA/ Kriegsgef. (I) Nr. 3058/41 geh. vom 8.9.1941.

I.
1. Die Rechtslage ist folgende:
Das Genfer Kriegsgefangenenabkommen gilt zwischen Deutschland und der UdSSR nicht, daher gelten lediglich die Grundsätze des allgemeinen Völkerrechts über die Behandlung von Kriegsgefangenen. Diese haben sich seit dem 18. Jahrhundert dahin gefestigt, dass die Kriegsgefangenschaft weder Rache noch Strafe ist, sondern lediglich Sicherheitshaft, deren einziger Zweck es ist, die Kriegsgefangenen an der weiteren Teilnahme am Kampf zu verhindern. Dieser Grundsatz hat sich im Zusammenhang mit der bei allen Heeren geltenden Anschauung entwickelt, dass es der militärischen Auffassung widerspreche, Wehrlose zu töten oder zu verletzen; er entspricht zugleich dem Interesse eines jeden Kriegführenden, seine eigenen Soldaten im Falle der Gefangennahme vor Misshandlungen geschützt zu wissen.
2. Die als An[lage] 1 beigefügten Anordnungen für die Behandlung sowjetischer Kriegsgefangener gehen, wie sich aus den Eingangssätzen ergibt, von einer grundsätzlichen anderen Auffassung aus. Nach dieser wird der Kriegsdienst für die Sowjets grundsätzlich nicht als soldatische Pflichterfüllung betrachtet, sondern – wegen der von den Sowjetrussen begangenen Mord-

[13] Der unmittelbare Anlass zu dieser Stellungnahme waren die »Anordnungen [des OKW] für die Behandlung sowjetischer Kriegsgefangener« (vgl. Dokument 15 in diesem Band, d. Hrsg.) sechs Tage zuvor. Admiral Wilhelm Canaris lehnte diese unter Hinweis auf die Normen des allgemeinen Völkerrechts ab. Die Ausformulierung des Protestschreibens übernahm Helmuth James Graf von Moltke (1907-1945), ein Begründer der Widerstandsgruppe *Kreisauer Kreis*, der im Januar 1944 von der Gestapo verhaftet und ein Jahr später in Plötzensee hingerichtet wurde. Canaris wurde am 23.7.1944 vom SD verhaftet und am 9. April 1945 hingerichtet.

taten – in seiner Gesamtheit als Verbrechen charakterisiert. Damit wird die Geltung kriegsrechtlicher Normen im Kampf gegen den Bolschewismus verneint und außerdem vieles beiseite gestellt, was nach der bisherigen Erfahrung nicht nur als militärisch zweckmäßig, sondern auch als zur Aufrechterhaltung der Manneszucht und Schlagkraft der eigenen Truppe als unbedingt erforderlich angesehen wurde.

3. Die Anordnungen sind sehr allgemein gehalten. Hält man sich aber die sie beherrschende Grundauffassung vor Augen, so müssen die ausdrücklich gebilligten Maßnahmen zu willkürlichen Misshandlungen und Tötungen führen, auch wenn Willkür formal verboten ist.
a) Das ergibt sich einmal aus den Vorschriften über den Waffengebrauch bei Widersetzlichkeit. Es wird den mit den Sprachen der Kriegsgefangenen durchweg nicht vertrauten Bewachungsmannschaften und ihren Vorgesetzten häufig nicht erkennbar sein, ob Nichtbefolgung von Befehlen auf Missverständnis oder Widersetzlichkeit zurückgeht. Der Grundsatz: »Waffengebrauch gegenüber sowjetischen Kriegsgefangenen gilt in der Regel als rechtmäßig« überhebt die Wachmannschaft jeder Pflicht zur Überlegung.
b) Die Behandlung der Kriegsgefangenen ist weitgehend der Aufsicht der Wehrmacht entzogen; nach außen wird jedoch die Verantwortung der Wehrmacht aufrecht erhalten bleiben.
aa) Die Aussonderung der Zivilpersonen und politisch unerwünschten Kriegsgefangenen sowie die Entscheidung über ihr Schicksal erfolgt durch die Einsatzkommandos der Sicherheitspolizei und des SD[14] nach Richtlinien, die den Wehrmachtstellen unbekannt sind[15] und deren Einhaltung sie nicht nachprüfen können.
bb) Die Einrichtung einer mit Stöcken, Peitschen und ähnlichen Werkzeugen ausgerüsteten Lagerpolizei widerspricht der militärischen Auffassung, auch wenn sie von Lagerinsassen ausgeübt wird; überdies geben damit die Wehrmachtstellen ein Strafmittel in fremde Hände, ohne dessen Verwendung wirklich nachprüfen zu können.
c) Durch die Schlussbemerkung der Anordnung wird den Kommandanten der Kriegsgefangenenlager nahegelegt, eher noch schärfer durchzugreifen, als die Anordnungen es vorsehen, um sicher zu sein, nicht selbst zur Verantwortung gezogen zu werden.

4. Nach allgemeinen Erfahrungssätzen fordert ungerechte Behandlung den Geist der Widersetzlichkeit heraus, so dass die Bewachung dieser Kriegsgefangenen wahrscheinlich immer schwierig bleiben wird. Schon die Anordnungen sehen für den Arbeitseinsatz für je 10 Gefangene 1 Wachmann vor, so dass schon bei der jetzigen Zahl von wohl fast 1,5 Millionen einsatzfähiger Gefangenen mindestens 150.000 Mann zur Bewachung benötigt werden.

---

14 [Randnotiz von Feldmarschall Keitel: »sehr zweckmäßig!«]

15 [Randnotiz von Keitel: »Keineswegs!«]

5. In Anlage 2 wird Übersetzung des russischen Erlasses über Kriegsgefangene beigefügt, der den Grundsätzen des allgemeinen Völkerrechts und weitgehend auch denen des Genfer Kriegsgefangenenabkommens entspricht. Dieser Erlass wird zweifellos von der russischen Truppe an der Front nicht beachtet, jedoch sind beide – der russische Erlass und die deutschen Anordnungen – vornehmlich für das Heimatgebiet bestimmt. Wenngleich kaum anzunehmen ist, dass der russische Erlass im russischen Gebiet der Sowjetunion beachtet wird, so besteht doch die Gefahr, dass die deutschen Anordnungen von der feindlichen Propaganda erfasst und dem sowjetrussischen Erlass gegenübergestellt werden.
6. Der für die deutsche Kriegswirtschaft lebenswichtige Wiederaufbau in den besetzten Gebieten wird erschwert. Es wird den Kriegsgefangenen, die für die Verwaltung dieser Gebiete wegen ihrer antibolschewistischen Einstellung, irgendeiner besonderen Ausbildung oder aus sonstigen Gründen verwendet werden könnten, politisch unmöglich gemacht, sich nach einer Freilassung für uns einzusetzen, selbst wenn sie es nach ihren Erfahrungen in den Kriegsgefangenenlagern noch tun wollten. Statt Spannungen innerhalb der Bevölkerung der besetzten Gebiete zur Erleichterung der deutschen Verwaltung auszunutzen, wird die Mobilisierung aller inneren Gegenkräfte Russlands zu einer einheitlichen Feindschaft erleichtert.
7. Bei den Besonderheiten des russischen Kriegsschauplatzes muss durch den feindlichen Nachrichtendienst und durch die dort sehr schnell wirkende Flüsterpropaganda der Widerstandswille der feindlichen Truppen außerordentlich gestärkt werden.
8. Mögliche Informationsquellen werden verschüttet. Kriegsgefangene, die als innerpolitische Gegner des bolschewistischen Regimes für Abwehrzwecke einsatzfähig sein könnten, insbesondere Angehörige von Minderheiten, müssen jede etwa vorhandene Bereitschaft, sich anwerben zu lassen, verlieren. Das gilt besonders für die Völkerschaften des kriegswirtschaftlich entscheidenden Gebietes des Kaukasus.
9. Es entfällt die Möglichkeit, sich gegen schlechte Behandlung deutscher Wehrmacht[s]angehöriger in sowjetrussischer Kriegsgefangenschaft zu wenden.[16]

II.

Amt Ausl/Abw ist vor Erlass dieser Anordnung oder ihrer Vorgangsverfügung nicht beteiligt worden. Gegen sie bestehen nach Ansicht Amt Ausl/Abw sowohl vom grundsätzlichen Standpunkt aus als auch wegen der sicherlich ein-

[16] [Randnotiz von Keitel: »Wäre auch nutzlos! K.«] Handschriftlicher Vermerk auf erster Seite: »Die Bedenken entsprechen den soldatischen Auffassungen vom ritterlichen Krieg! Hier handelt es sich um die Vernichtung einer Weltanschauung! Deshalb billige ich die Maßnahmen u[nd] decke sie. 23.9. K[eitel]«

tretenden nachteiligen Folgen in politischer und militärischer Einsicht schwere Bedenken.

Canaris

Dokument 17
Auszüge aus verschiedenen »Ereignismeldungen UdSSR« über die Tätigkeit der Einsatzgruppen A, B, C und D im Osten vom Juli 1941 bis zum März 1942[17]

Der Chef der Sicherheitspolizei
und des SD
– IV A I-B. Nr. 1 B / 41g. Rs. –

Geheime Reichssache!

»Ereignismeldung UdSSR Nr. 28« vom 20.7.1941:

[…]
II. Meldungen der Einsatzgruppen und -kommandos. […]
Lagebericht der Einsatzgruppe C:

I. Nach einer Rücksprache mit der Heeresgruppe Süd besteht auch weiterhin Einigkeit darüber, dass sämtliche Einsatzkommandos und auch der Gruppenstab sich möglichst in der Nähe der kämpfenden Truppen bewegen. Es ist damit gewährleistet, dass die Vorkommandos und auch die Hauptkommandos bei der bevorstehenden Einnahme von Kiew mit dem Gruppenstab baldmöglichst dort einrücken werden.

II. Die Arbeit der Einsatzkommandos verläuft planmäßig. Überall wird aber nach wie vor die Feststellung gemacht, dass einmal die führenden Funktionäre mit den flüchtenden Russen zurückgegangen sind und sich zum andern die hier tätig gewesenen Bolschewisten verborgen halten. Im allgemeinen ist es so, dass die Bolschewisten tagsüber sich in den Wäldern aufhalten und abends mit Einbruch der Dunkelheit entweder in die Stadt zurückkehren oder aber die in der Umgegend liegenden Dörfer überfallen und sich unter Androhung von Gewaltmaßnahmen Lebensmittel verschaffen.

So gelang es in *Rowne* [Riwne, Ukraine] am 9.7.41 bei Einbruch der Dunkelheit, unter Hinzuziehung der Miliz, 130 Bolschewisten, darunter Funktionäre und Zuträger der NKWD[18] festzunehmen, die zwischenzeitlich liquidiert wurden.

---

[17] Mithilfe und Unterstützung seitens der Wehrmacht an und hinter der Front bildeten eine entscheidende Voraussetzung dafür, dass die vier Einsatzgruppen bis zum April 1942 mehr als eine halbe Million sowjetischer Juden ermorden konnten.

[18] Die Abkürzung NKWD steht für *Volkskommissariat des Innern* der Sowjetregierung und dessen Inlandsgeheimdienst.

Nach vorliegenden Informationen betätigen sich diese Gruppen vorwiegend als Heckenschützen und organisieren planmäßig einen Kleinkrieg. Sie sind es auch, die versprengte russische Truppen mit Lebensmitteln versehen. In einem Dorfe in der Nähe von *Rowne* haben Kommunisten hinter ukrainischen Hütten hervor auf deutsche Truppen geschossen. Auf Grund dessen wurden mehrere Dörfer eingeäschert. [...]

IV. In *Rowne* wurden bis jetzt insgesamt 240 Exekutionen durchgeführt. Es handelt sich vorwiegend um jüdische, bolschewistische Agenten und Zubringer des NKWD. Ein z. b. V.-Kommando aus Lublin ist gestern hier eingetroffen und wird nunmehr mit der Miliz die weitere Durchkämmung in der Stadt und deren Umgebung vornehmen. [...]

In *Tarnopol* [Ternopil] wurden insgesamt 127 Exekutionen durchgeführt. Dortselbst hatten die Russen vor ihrer Flucht in ähnlicher Weise wie in *Lemberg* [Lwiw] und *Dubno* gewütet. Bei den Ausgrabungen wurden insgesamt 10 Leichen deutscher Soldaten festgestellt. Sie hatten fast alle die Hände auf dem Rücken mit Draht zusammengebunden, die Körper wiesen Spuren schwerster Verstümmelungen auf; so waren Augen ausgestochen, Zungen abgeschnitten und Gliedmaßen vom Körper getrennt.

Die Zahl der von den Russen ermordeten Ukrainer, unter denen sich auch Frauen und Kinder befinden, wird endgültig auf etwa 600 beziffert. [...]

In den Kellern des Gerichtsgebäudes wurden, wie auch bereits in Lemberg, Folterkammern entdeckt. Auch hier hat man offenbar zur Folterung kochendheiße und kalte Brausen verwendet. [...].

Die durchziehenden Truppen, die Gelegenheit hatten, diese Scheußlichkeiten und vor allen Dingen auch die Leichen der ermordeten deutschen Soldaten zu sehen, erschlugen insgesamt etwa 600 Juden und steckten ihre Häuser an. [...]

»Ereignismeldung UdSSR Nr. 32« vom 24.7.1941:

[...]

Einsatzgruppe B:
Standort Orscha [Orša, Weißrussland]
meldet:

1) Polizeiliche Tätigkeit. [...]
Es gelang, 67 NKWD-Agenten und Funktionäre, darunter 3 rote Kommissare, in [voraufgehend aufgeführten] kleineren Orten festzunehmen und zu liquidieren. Das in Baranowicze [Baranawitschy, Weißrussland] stationierte Kommando des E[insatz]k[ommandos] 8 arbeitet besonders erfolgreich zusammen mit den zuständigen Dienststellen der Wehrmacht. Gemeinsam mit den Feld- und Ortskommandanturen wurde die Bildung von Judenräten, die Registrierung und wohnliche Zusammenlegung der Juden sowie die Neuaufstellung der

Einwohnermeldelisten durchgeführt. Unter Heranziehung der GFP, der Abwehrtrupps und der Feldgendarmerie wurden die laufenden Aktionen gegen bolschewistische Agenten, politische Kommissare, NKWD-Angehörige usw. fortgesetzt. So wurden in Baranowicze weitere 381 Personen liquidiert. Es handelte sich dabei um jüdische Aktivisten, Funktionäre und Plünderer. Ungefähr 25.000 Rubel Bargeld wurden beschlagnahmt und eingezogen.

Das nach Slonim [Weißrussland] abgeordnete Teilkommando hat in Zusammenwirken mit der Ordnungspolizei eine Großaktion gegen Juden und andere kommunistisch belastete Elemente zur Durchführung gebracht, wobei ca. 2000 Personen wegen kommunistischer Umtriebe und Plünderns festgenommen wurden.

Von ihnen sind am gleichen Tage 1075 Personen liquidiert worden. Durch das Kommando allein wurden noch weitere 84 Personen in Slonim liquidiert. [...]

In Brest-Litowsk hat die Ordnungspolizei mit Unterstützung des dortigen Einsatztrupps 4435 Personen liquidiert. [...] In Minsk ist nunmehr die gesamte jüdische Intelligenzschicht (Lehrer, Professoren, Rechtsanwälte usw. mit Ausnahme der Mediziner) liquidiert worden. [...]

»Ereignismeldung UdSSR Nr. 40« vom 1.8.1941:

[...]
Einsatzgruppe D:
Standort Piatra-Neamt [Rumänien].

1) Festnahmen und Liquidierungen.
In Czernowitz [Tscherniwzi, Weißrussland] wurden von etwa 1200 festgenommenen Juden 682 im Zusammenwirken mit der rumänischen Polizei erschossen.

Von den festgenommenen 50 kommunistischen Funktionären sind bisher 16 liquidiert worden, während der Rest noch zu Vernehmungen benötigt wird, da zu erwarten steht, dass auf Grund der Vernehmungen Material aus sowjetischen Dienststellen gefunden wird.

In der Gegend von Czernowitz wurde Hotin [Chotyn] überholt, wobei 150 Juden und Kommunisten liquidiert wurden. In Mogilew-Podolsk erübrigte sich ein Einsatz, da die Russen die Bevölkerung restlos evakuiert und den Ort völlig zerstört und verwüstet hatten. [...]

»Ereignismeldung UdSSR Nr. 88« vom 19.9.1941:

[...]
Einsatzgruppe A:
[...]
Liquidationen:

a) Durch das Sonderkommando des Einsatzkommandos 3 wurden zusammen mit litauischem Kommando Aktionen in den Kreisen Raseiniai, Rokiskis, Sarasai, Perzai, Prienai durchgeführt. Sämtliche Kreise sind nunmehr judenfrei. Durch diese Exekutionen erhöht sich die Zahl der durch das Einsatzkommando 3 mit litauischen Partisanen liquidierten Personen auf 46.692. Die Gesamtzahl der Exekutionen beträgt rd. 85.000.

b) Nach Überprüfung des Gefängnisses in Dünaburg [Daugavpils/Lettland] wurden insgesamt 279 Personen, für die kein Haftgrund vorlag, in Freiheit gesetzt. 21 Personen wurden liquidiert. [...]

»Ereignismeldung UdSSR Nr. 90« vom 21.9.1941:

[...]
Einsatzgruppe B:
[...]

2. Zusammenarbeit:
Die Zusammenarbeit mit den polizeilichen und militärischen Führungsstellen ist auch während dieser Berichtszeit äußerst befriedigend und reibungslos verlaufen.

Bei den Wehrmachtsstellen besteht ein allgemeiner Ruf nach der Sicherheitspolizei. Man bedient sich gern unserer Hilfe, unserer Erfahrungen und Anregungen. Bei einzelnen größeren von uns durchgeführten Aktionen sind sogar ohne weiteres Truppeneinheiten unserer Führung unterstellt worden. Die Wirtschaftsdienststellen, wie überhaupt die militärische Verwaltung, verlangen nach unserem Rat und machen sich gern unsere Vorschläge zu eigen. Wie bereits mehrfach erwähnt, hat sich die laufende gegenseitige Unterrichtung zwischen der Einsatzgruppe einerseits und der Heeresgruppe [Mitte], dem Befehlshaber des rückw. Heeresgebietes, den A[rmee]O[ber]K[ommando]s, den Feld- und Ortskommandanturen andererseits äußerst fruchtbringend ausgewirkt. Unsere Wünsche sind bisher jedesmal erfüllt worden. [...]

»Ereignismeldung UdSSR Nr. 128« vom 3.11.1941:

[...]
Einsatzgruppe C:
[...]

B. Vollzugstätigkeit.
Was die eigentliche Exekutive anbelangt, so sind von den Kommandos der Einsatzgruppe bisher etwa 80.000 Personen liquidiert worden.

Darunter befinden sich etwa 8000 Personen, denen aufgrund von Ermittlungen eine deutschfeindliche oder bolschewistische Tätigkeit nachgewiesen werden konnte. Der verbleibende Rest ist aufgrund von Vergeltungsmaßnahmen erledigt worden.

Mehrere Vergeltungsmaßnahmen wurden im Rahmen von Großaktionen durchgeführt. Die größte dieser Aktionen fand unmittelbar nach der Einnahme Kiews statt; es wurden hierzu ausschließlich Juden mit ihrer gesamten Familie verwandt.

Die sich bei Durchführung einer solchen Großaktion ergebenden Schwierigkeiten – vor allem hinsichtlich der Erfassung – wurden in Kiew dadurch überwunden, dass durch Maueranschlag die jüdische Bevölkerung zur Umsiedlung aufgefordert worden war. Obwohl man zunächst nur mit einer Beteiligung von etwa 5000 bis 6000 Juden gerechnet hatte, fanden sich über 30.000 Juden ein, die infolge einer überaus geschickten Organisation bis unmittelbar vor der Exekution noch an ihre Umsiedlung glaubten.

Wenn auch bis jetzt auf diese Weise insgesamt etwa 75.000 Juden liquidiert worden sind, so besteht doch schon heute Klarheit darüber, dass damit eine Lösung des Judenproblems nicht möglich sein wird. Es ist zwar gelungen, vor allem in kleineren Städten und auch in den Dörfern eine restlose Bereinigung des Judenproblems herbeizuführen; in größeren Städten dagegen wird immer die Beobachtung gemacht, dass nach einer solchen Exekution zwar sämtliche Juden verschwunden sind, kehrt aber alsdann nach einer bestimmten Frist ein Kommando nochmals zurück, so wird immer wieder eine Anzahl von Juden festgestellt, die ganz erheblich die Zahl der exekutierten Juden übersteigt.

[...]

D. Zusammenarbeit mit der Wehrmacht und der [Geheimen Feldpolizei] *GFP.*
Was nun die Beziehungen der Einsatzgruppe und ihrer Kommandos zu anderen Dienststellen und Behörden anbelangt, so verdient das Verhältnis zur Wehrmacht besondere Beachtung. Es ist der Einsatzgruppe gelungen, zu sämtlichen Wehrmachtsdienststellen vom ersten Tage an ein ganz ausgezeichnetes Einvernehmen herzustellen. Hierdurch wurde auch ermöglicht, dass die Einsatzgruppe von Beginn ihres Einsatzes an sich niemals im Raume des rückwärtigen Heeresgebietes aufgehalten hat, dass vielmehr sogar von der Wehrmacht immer wieder die Bitte ausgesprochen wurde, die Einsatzkommandos möchten sich möglichst weit vorne bewegen. In sehr zahlreichen Fällen ist es sogar vorgekommen, dass von der kämpfenden Truppe die Unterstützung der Einsatzkommandos angefordert wurde. Bei jeder größeren militärischen Aktion befanden sich auch stets Vorausabteilungen der Einsatzgruppe, die mit der kämpfenden Truppe in die neueroberten Orte eingerückt sind. [...] Erwähnenswert ist z.B. in dieser Beziehung die Unterstützung bei der Einnahme von Shitomir [Schytomyr/Ukraine], wo unmittelbar hinter den ersten Panzern drei Wagen des Einsatzkommandos 4a in die Stadt einrückten.

Die erfolgreiche Arbeit der Einsatzgruppe hat auch dazu geführt, dass die Sicherheitspolizei ein hohes Ansehen vor allem bei den Stäben der Wehrmacht genießt. Die bei den A[rmee]O[ber]K[ommando]s eingesetzten Verbindungsführer werden [...] über sämtliche militärischen Operationen unterrichtet, und es wird ihnen außerdem weitgehendste Unterstützung zuteil. Der Befehlshaber des AOK 6, Generalfeldmarschall von Reichenau, hat auch wiederholt die Arbeit der Einsatzkommandos in anerkennender Weise gewürdigt und die Interessen des SD seinen Stäben gegenüber [...] vertreten. [...]

Lediglich in der Judenfrage war bis in die jüngste Zeit kein restloses Verständnis bei den nachgeordneten Wehrmachtsdienststellen zu finden. [...] Nur zu oft mussten die Einsatzkommandos in mehr oder minder versteckter Form Vorwürfe über ihre konsequente Haltung in der Judenfrage über sich ergehen lassen. [...] Für die Zukunft ist, soweit es sich um den Bereich des AOK 6 handelt, eine weitere Unterstützung und Hilfsbereitschaft der Wehrmachtsdienststellen zu erwarten. Generalfeldmarschall von Reichenau hat nämlich unter dem 10. Oktober 1941 einen Befehl herausgegeben, der eindeutig festlegt, dass der russische Soldat grundsätzlich als ein Vertreter des Bolschewismus anzusehen und dementsprechend auch von der Wehrmacht zu behandeln ist.

[...]

»Ereignismeldung UdSSR Nr. 186« vom 27.3.1942:

[...]

Einsatzgruppe B:
Standort: Smolensk
Partisanenbekämpfung
Am 8. März 1942 fand beim Befehlshaber rückw[ärtigen] Heeresgebiet Mitte eine Besprechung statt, bei der die Durchführung einer groß angelegten Aktion der Wehrmacht zur Partisanenbekämpfung in den Räumen von Bobruisk [Babrujsk, Weißrussland] und Briansk [Brjansk, Russland] erörtert wurde. Zur Durchführung der Partisanenbekämpfung werden zu den bereits vorhandenen Sicherungsbrigaden zwei aktive Divisionen der Wehrmacht mit schweren Waffen und mit Verbänden der Luftwaffe eingesetzt. Die Einsatzgruppe B hat auf Weisung des Befehlshabers rückw. H[eeres]G[ebiet] mit ihren Kräften die Voraussetzungen zur Durchführung der Aktion zu schaffen. [...]

Der Befehlshaber des rückw. Heeresgebietes Mitte, General von Schenkendorff, sprach zu Beginn der Besprechung der Einsatzgruppe B seinen Dank aus für die bisher geleistete sicherheitspolizeiliche und SD-mäßige Tätigkeit, ohne die ein Erfolg der Aktion durch die Wehrmacht nicht möglich sei. Er wies darauf hin, dass die Kräfte der Sicherheitspolizei und des SD aufgrund der Erfahrungen des Ostfeldzuges für die Wehrmacht unentbehrlich seien und gab den an der Besprechung teilnehmenden Offizieren (Divisionskommandeure, Ia, Ic usw.) gegenüber der Erwartung Ausdruck, dass sie gerade bei der vorgesehenen Aktion in engster Fühlungnahme mit den eingesetzten Kräften der Sicherheitspolizei und des SD arbeiten.

Zu den Stäben der eingesetzten Divisionen wurde jeweils ein geeigneter Führer des E[insatz]K[ommandos] 8 und des SK 7b für die Dauer der Aktion als Verbindungsführer abgeordnet. [...]

Dokument 18

Notizen des Chefs des Generalstabes der 18. Armee (Oberst i. G. Wilhelm Hasse) betr. Behandlung sowjetischer Kriegsgefangener aus der Chefbesprechung in Orša [Orscha] am 13.11.1941 [Auszüge]

[handschriftl. O. B.	18.11. St.
Handzeichen	[B. 18. 11. Handzeichen]
17.11.]	14.12.

Merkpunkte aus der Chefbesprechung in Orscha [Orša] am 13.11.41.

I. Einleitung der Besprechung durch Generaloberst Halder.

1. Der Krieg wird in Zukunft mehr noch als bisher und in zunehmendem Maße ein Krieg der Führung und der Organisation werden.
2. Nachdem der bisherige Teil des Krieges wie ein Film planmäßig abgerollt ist, ist jetzt der Zeitpunkt gekommen, wo das gedanklich im Generalstab Vorbereitete verlassen wird.

[…]

15. Seitens des Chefs der Heeresgruppe Mitte[19] wird die Frage der Ernährung der Kriegsgefangenen angeschnitten. Insbesondere wird seitens der Heeresgruppe Mitte darauf hingewiesen, dass die Kriegsgefangenen einen notwendigen Zuschuss an Arbeitskraft darstellten, in ihrem gegenwärtigen Zustand aber nicht arbeiten könnten, vielmehr in großem Umfange der Erschöpfung anheim fielen.
    Der Generalquartiermeister[20] greift in die Auseinandersetzung ein und erklärt:
    Nichtarbeitende Kriegsgefangene in den Gefangenenlagern haben zu verhungern.
    Arbeitende Kriegsgefangene können im Einzelfalle auch aus Heeresbeständen ernährt werden. Generell kann auch das angesichts der allgemeinen Ernährungslage leider nicht befohlen werden.
    […]

II. Bemerkungen des Generalquartiermeisters nach dem Abendessen.

1. […]
2. Von besonderer Wichtigkeit ist es, dass die Truppe alles tut, um so lange, wie möglich, aus dem Lande zu leben. Das Gebiet ostw[ärts] des Dnjepr wird Operationsgebiet bleiben.

---

19 Generalmajor Hans von Greiffenberg.

20 Generalmajor Eduard Wagner.

Die Verpflegungsfrage macht schwere Sorgen. Die Winterbevorratung konnte nicht durchgeführt werden. Die Heeresleitung wird aber wie bisher versuchen, unter Anspannung der äußersten Zugleistung alles heranzubringen, was irgend möglich ist.

3. Die Frage der Ernährung der Zivilbevölkerung ist katastrophal. Um überhaupt zu einem Ergebnis zu kommen, musste man zu einer Klassifizierung schreiten. Es ist klar, dass innerhalb dieser Klassifizierung an oberster Stelle die Truppe und ihre Bedürfnisse stehen müssen. Der Bevölkerung kann nur ein Existenzminimum zugebilligt werden. Dabei wird das flache Land immer noch einigermaßen erträglich dastehen. Unlösbar dagegen ist die Frage der Ernährung der Großstädte. Es kann keinem Zweifel unterliegen, dass insbesondere Leningrad verhungern muss, denn es ist unmöglich, diese Stadt zu ernähren. Aufgabe der Führung kann es nur sein, die Truppe hiervon und von den damit verbundenen Erscheinungen fern zu halten.

Dokument 19

Schreiben des Rüstungsinspekteurs Ukraine, Generalleutnant Hans Leykauf, an den Chef des Wehrwirtschafts- und Rüstungsamtes im OKW, General d. Inf. Thomas, vom 2.12.1941

Rü In Ukraine
Inspekteur

O. U., den 2. Dezember 1941
Geheim

An den
Chef des Wi Rü Amtes
im O.K.W.
Herrn General der Inf. Thomas

Berlin W
Kurfürstenstr. 63-67
Zur persönlichen Unterrichtung des Herrn Chef Wi Rü Amt übergebe ich einen Gesamtbericht über die derzeitige Lage im Reichskommissariat Ukraine [...].

c) Judenfrage

Die Ordnung der Judenfrage in der Ukraine war schon deshalb ein schwieriges Problem, weil die Juden in den Städten einen Großteil der Bevölkerung ausmachten. Es handelt sich also – ebenso wie im G[eneral] G[ouvernement] – um ein bevölkerungspolitisches Massenproblem. Viele Städte wiesen einen Judenteil von über 50% auf. Vor den deutschen Truppen geflohen waren nur die reichen Juden. Das Gros der Judenheit verblieb der deutschen Verwaltung. Für diese komplizierte sich die Frage dadurch, *dass diese Juden fast das gesamte Handwerk*, sogar *einen Teil der Arbeiterschaft der Klein- und Mittel-Industrien erfüllten,* abgesehen vom Handel, der z.T. infolge der direkten oder indirekten Kriegseinwirkung überflüssig geworden war. *Die Beseitigung musste mithin tiefgreifende wirtschaftliche, ja direkt wehrwirtschaftliche Rückwirkungen* (Fertigung für Truppenbedarf) haben.

[…] Insgesamt dürften bisher etwa 150.000 bis 200.000 Juden in dem zum R[eichs] K[ommissariat] gehörigen Teil der Ukraine exekutiert [worden sein], bisher wurde auf diese wirtschaftlichen Belange keine Rücksicht genommen.

Insgesamt kann gesagt werden, dass die in der Ukraine durchgeführte Art der Lösung der Judenfrage, offenbar von prinzipiell-weltanschaulichen Gedankengängen getragen, nachstehende Folgen gehabt hat:

a) Beseitigung eines Teils z.T. überflüssiger Esser in den Städten

b) Beseitigung eines Bevölkerungsteils, der uns zweifellos hasste

c) Beseitigung dringend notwendiger Handwerker, die auch für Wehrmachtsbelange vielfach unentbehrlich waren […].

Eine Abschöpfung landwirtschaftlicher Überschüsse aus der Ukraine für Ernährungszwecke des Reiches ist mithin nur denkbar, wenn der ukrainische Binnenverkehr auf ein Minimum gedrückt wird. Es wird versucht das zu erreichen

1. durch Ausmerzung überflüssiger Esser (Juden, Bevölkerung der ukrainischen Großstädte, die wie Kiew überhaupt keine Lebensmittelzuteilung erhalten);
2. durch äußerste Reduktion der den Ukrainern der übrigen Städte zur Verfügung gestellten Rationen;
3. durch Verminderung des Verzehrs der bäuerlichen Bevölkerung.

Man muss sich darüber klar sein, dass in der Ukraine letzten Endes nur die Ukrainer durch Arbeit Wirtschaftswerte erzeugen können. Wenn wir die Juden totschießen, die Kriegsgefangenen umkommen lassen, die Großstadtbevölkerung zum erheblichen Teile dem Hungertode ausliefern, im kommenden Jahre auch einen Teil der Landbevölkerung durch Hunger verlieren werden, bleibt die Frage unbeantwortet: *Wer denn hier eigentlich Wirtschaftswerte produzieren soll.* […] Wenn der Ukrainer aber arbeiten soll, muss er physisch erhalten werden, nicht aus einem Sentiment sondern aus sehr nüchternen wirtschaftlichen Erwägungen. Dazu gehört aber in erster Linie auch die Schaffung eines geordneten Verhältnisses zwischen Geld, Warenpreisen und Arbeitslohn.

[…]

Bevölkerung.

Die Haltung der ukrainischen Bevölkerung ist trotz der in den letzten Monaten erfolgten Verschlechterung ihrer materiellen Lage *noch* gutwillig. Bei einer mit Sicherheit vorauszusehenden weiteren Verschlechterung ihrer Ernährungslage ist mit einem Stimmungsumschwung zu rechnen.

Die Volksdeutschen der Ukraine bilden kein Element, auf das sich Verwaltung und Wirtschaft des Landes stützen können.

Ein erheblicher Teil der Juden, die in den Städten des R. K. [Ukraine] teilweise mehr als die Hälfte der Bevölkerung ausmachten, sind hingerichtet worden. Damit ist der größte Teil der Handwerker ausgefallen und dadurch auch Belange der Wehrmacht (Truppenbedarf, Unterkünfte) berührt.

Unterkunft, Verpflegung, Bekleidung und Gesundheitszustand der Kriegsgefangenen ist schlecht, die Sterblichkeit sehr groß. Mit dem Abgang vieler Zehn-, ja Hunderttausende[r] in diesem Winter ist zu rechnen. Darunter befinden sich Kräfte, die für die Wirtschaft der Ukraine erfolgreich hätten nutzbar gemacht werden können, auch Facharbeiter und Handwerker.

Dokument 20
Deutsche Kriegsgefangene über ihren Einsatz an der Ostfront – drei Berichte

Die folgenden Berichte schrieben deutsche Soldaten im April 1943 in sowjetischen Kriegsgefangenenlagern. Sie wurden angefordert von einer 1942 geschaffenen Zentralstelle zur Untersuchung von NS- und Kriegsverbrechen in der Sowjetunion, um Material für Kriegsverbrecherprozesse zu sammeln. Den Gefangenen war die Funktion ihrer Niederschriften in der Regel bekannt. Die Geständnisse sind heute im russischen Staatsarchiv Moskau – Fonds 2071/Register 148 – archiviert.

* * * * *

Obergefr[eiter] Karl Hirth
12./Geb.Jg.Rgt. 137, II. Geb. Div.
Bildhauer
10.4.1943

Beim Vormarsch der Gebirgstruppen am 3.7.1941 an der Murmanskfront wurden vom Unteroffz. Anton Wilcheimer (ein Kärntner) von der 12./Geb.Jg.Rgt. 137, grundlos 5 russische Soldaten welche mit erhobenen Händen dastanden, aus 6 m Entfernung mit der M.Pist. erschossen.

[...]

Regimentskom[mandeur] jetzt Gen. Ritter v. Hengel [Hengl][21] gab am 10.7.41, also am Vormarsch, den Befehl sämtliche Gefangenen zu erschießen.

Quelle: Hannes Heer (Hrsg.), »Stets zu erschießen sind Frauen, die in der Roten Armee dienen«. Geständnisse deutscher Kriegsgefangener über ihren Einsatz an der Ostfront, Hamburg 1995, S. 12

---

[21] Georg Ritter von Hengl (1897-1952), Reichswehroffizier, SS-Obersturmbannführer, stieg bis zum General der Gebirgstruppe auf. 1944 wurde er Chef des NS-Führungsstabes im Oberkommando des Heeres. In einer Ansprache im Juli 1944 forderte er, die Soldaten zu einem »*unbändigen Vernichtungswillen und zum Hass*« zu erziehen.

Gefreiter Rolf Wetzel
6./I.R. 88
Bankangestellter, Gera
10.4.43

Nach der Einnahme von Mogilew [Mahiljou, Weißrussland], Ende Juli 1941, wurden gefangene Rotarmisten aus der Stadt abgeführt. Im Beisein des K[omman]d[eu]r[s] der 1.+2. Kompanie des Marschbtl. 15, Ob[er]l[eutnan]t Woll, wurden 8 oder 9 Rotarmisten, z.T. verwundet, durch M.G. niedergeschossen und ließ sie einfach am Straßengraben liegen. Sie hatten sich seitwärts gebückt, um Wasser zu trinken. Oblt. Woll äußerte dabeistehend »Immer weg, davon haben wir sowieso genug«.
Zeuge: Unteroffizier Helmut Koch, 6./I.R. 88. in russischer Gefangenschaft.

Quelle: Hannes Heer (Hrsg.), a.a.O., S. 17

Heinz Ackermann, Unteroffizier
13, Infanterie Regiment 11, 14. Div[ision][22]
Buchdrucker aus Eisleben
15. April 1943

1.) Anfangs Juli 1941 war ich bei Baranowitschi [Baranawitschy, Weißrussland] der 3. Komp[anie] Inf[anterie] Rgt. 11 als Fernsprecher unterstellt. Nach dem Kampf wurden drei Gefangene zum Kompanieführer Oberleutnant Pinkert gebracht. Er übergab sie einem Unteroffizier mit der Weisung: »Schicken sie die Bande dorthin, wohin sie gehört.« Der Unteroffizier wusste schon, was dieser Befehl bedeutet. Mit einem Fußtritt setzte er die Gefangenen in Richtung auf den Teich in Bewegung. Am Ufer tötete er zwei Gefangene durch Genickschüsse. Bei dem dritten Rotarmisten hatte die Pistole eine Ladehemmung. Dann schoss der Unteroffizier wieder, aber der Schuss war nicht tödlich. Der Rotarmist lag nun mit dem Gesicht nach oben auf dem versumpften Teich. Der Mörder veranstaltete nun ein regelrechtes Übungsschießen auf ihn. Die Kompanie sah zu.
2.) September 1941 lagen wir in Sakki bei Welisch [Russland]. Eine Kolchosbäuerin, die für die Viehzucht verantwortlich war, setzte sich gegen die Beschlagnahme von Kühen energisch durch. Sie leistete stets passiven Widerstand. Der Ortskommandant Oberleutnant Max Schmidt 14. Komp[anie] I.R. 11 erfuhr, dass sie Kommunistin war. Sie wurde auf die nächste Grenzgendarmeriestation geschickt, kam aber nach ein paar Tagen ins Dorf zurück.

[22] Die 14. Infanterie-Division war mit dem Infanterie-Regiment 11 im Juli 1941 der 3. Panzergruppe (Heeresgruppe Mitte) unterstellt und rückte von Brest-Litowsk über Baranawitschy nach Minsk vor. Etwa im September marschierte sie von einer Stellung zwischen Smolensk und Welisch in den Raum vor Moskau. Beim Rückzug im Januar 1942 befand sie sich erneut im Raum Welisch.

Noch am gleichen Abend wurde sie erschossen, weil sie angeblich den Ort verlassen wollte und auf Anruf nicht stehen geblieben sei.
3.) In Sakki bei Welisch ließ der Ortskommandant Oberleutnant Max Schmidt 14. Komp. I.R. 11 einen Ortseinwohner hängen, der angeblich Kommunist gewesen ist. Die ganze Bevölkerung musste auf den Hinrichtungsplatz. [...] Drei Tage ließ man den Leichnam hängen. Am Galgen wurde eine Bekanntmachung angebracht, in der jeder mit dem gleichen Los bedroht wird, der die Arbeit der deutschen Wehrmacht sabotiere.

Quelle: Hannes Heer (Hrsg.), a.a.O., S. 31